◎ 万春晖 徐翔 著

看好你的钱袋子

投资理财避坑问答

华中科技大学出版社
http://press.hust.edu.cn
中国·武汉

图书在版编目(CIP)数据

看好你的钱袋子:投资理财避坑问答 / 万春晖,徐翔著. -- 武汉 : 华中科技大学出版社,
2024.4 (2025.6重印)

ISBN 978-7-5772-0489-5

Ⅰ. ①看… Ⅱ. ①万… ②徐… Ⅲ. ①投资-问题解答 Ⅳ. ①F830.59-44

中国国家版本馆 CIP 数据核字(2024)第 060210 号

看好你的钱袋子——投资理财避坑问答

Kanhao Nide Qiandaizi——Touzi Licai Bikeng Wenda

万春晖　徐　翔　著

策划编辑：袁　冲

责任编辑：王亚钦　阮　敏

封面设计：原色设计

责任校对：程　慧

责任监印：朱　玢

出版发行：华中科技大学出版社(中国·武汉)　　　电话：(027)81321913

　　　　　武汉市东湖新技术开发区华工科技园　　　邮编：430223

录　　排：华中科技大学惠友文印中心

印　　刷：武汉科源印刷设计有限公司

开　　本：710mm×1000mm　1/16

印　　张：21.5　插页：2

字　　数：279 千字

版　　次：2025 年 6 月第 1 版第 4 次印刷

定　　价：88.00 元

前言

学习投资理财应该学习哪些知识？

现在有很多人都对投资理财感兴趣，也愿意去学习一些知识，最常见的方式就是上网找资料进行学习。网络平台上确实有一些很好的学习资料，但是由于鱼龙混杂，再加上作者的水平参差不齐，很多资料可能有悖常理。

有些人的目光聚焦在一些书籍上，他们认真地研读各种名人传记，试图从名人的经验中学到一些知识，但久而久之又会发现自己没有好的机遇。市面上还有介绍操作技巧和投资理念的书籍，阅读时觉得还挺有用，可是等到实战的时候却发现效果很差。

笔者通常并不赞成阅读类似书籍，试想，如果这些方法有用，作者没有必要把秘籍传授于他人，自己用秘籍赚钱岂不是更好？目前市面上的很多炒股软件也同样如此，如果有效何必要拿出来卖呢？

如果想学习投资理财，还是得自己下点功夫，先学好以下基础知识。

1. 基础会计学

基础会计学：会计核算的基本理论（包括会计的发展、职能、目标、要素、基本假设和信息质量要求）；复式记账法的基本原理及其在企业的供应、生产、销售环节中的应用，以及会计核算的专门方法；会计核算的组织程序；最终形成的会计报表。

乍一看,以上这些内容晦涩难懂,没有一定的基础知识很难看懂。而且这些内容似乎和日常的投资理财没什么关系。实际上,以上这些知识不需要精通,大致了解就可以。上市公司每年都会定期公布季度报表,其中包含大量的财务数据和完整的会计报表。通过翻看财务报表找到值得投资的公司,实际上难度是非常大的,但是通过翻看财务报表,发现某些公司的财务数据存在疑问却是完全可能的,用这种方式可以有效规避一些陷阱。例如,本书中写到的乐视网与暴风集团,就非常典型地运用了会计手段来处理账簿,如果大家能熟练阅读财务报表,一定能规避类似的问题。

2. 财务管理学

财务管理学是研究如何通过计划、决策、控制、考核、监督等管理活动对资金运用进行管理,以提高资金效益的一门经营管理学科。相比基础会计学,这两门学科都和资金的流动有关,但是财务管理学中最重要的实际是"管理"二字,现代企业管理制度中,资金管理也是非常重要的。如何对企业资金分配与管理中的细节进行分辨,进而判断企业的投资价值,也是投资实务中非常重要的问题。

3. 行为金融学

行为金融学将心理学尤其是行为科学的理论融入金融学中,是一门新兴边缘学科。行为金融学从微观个体行为以及产生这种行为的心理等动因来解释、研究和预测金融市场的发展。其中的折现准则、资产定价理论、时间价值理论、有效市场假说、现金流量折现法、交易成本理论、资本资产定价模型等内容是各个券商研究员在写研究报告的时候经常采用的,投资者了解这些内容有助于更好地阅读研究报告。2013年,瑞典皇家科学院在授予罗伯特·席勒等人诺贝尔经济学奖时指出:几乎没有方法能准确预测未来几天或几周股市债市的走向,但也许可以通过研究对三年以上的价格进行预测。这句话简直是对那些试图用技术分析判断股价走势人士的暴击。

以上三类知识是所有想学习投资理财人士都应该了解的,可以满足大家掌握基础知识的需要。

哪些法律是做投资之前应该了解的?

对于广大投资者来说,证券方面的法律当然是大家应该遵守的,同时这些规定也是保护大家合法权益的利器。了解相关法律并且熟练掌握其中的相关章节,对于每一个投资者来说都是非常重要的。哪些证券方面的法律是大家需要了解的呢?下面列举了一些做投资之前大家应该了解的基本法律。

一、《中华人民共和国刑法》

《中华人民共和国刑法》(以下简称《刑法》),是规定犯罪和刑罚的法律,似乎和投资理财行为没有关系。很多看似可行实际不可行的行为,在《刑法》里都能找到相关限制。而且在《刑法》中也有大量条文是关于商业行为和投资的,投资者很有必要先学习和了解。

其中和投资者关系最为密切的有如下四条。

第一百七十九条 未经国家有关主管部门批准,擅自发行股票或者公司、企业债券,数额巨大、后果严重或者有其他严重情节的,处五年以下有期徒刑或者拘役,并处或者单处非法募集资金金额百分之一以上百分之五以下罚金。

单位犯前款罪的,对单位判处罚金,并对其直接负责的主管人员和其他直接责任人员,处五年以下有期徒刑或者拘役。

第一百八十条 证券、期货交易内幕信息的知情人员或者非法获取证券、期货交易内幕信息的人员,在涉及证券的发行,证券、期货交易或者其他对证券、期货交易价格有重大影响的信息尚未公开前，买入或者卖出该证券，或者从事与该内幕信息有关的期货交易，或者泄露该信息，或者明示、暗示他人从事上述交易活动，情节严重的，处五年以下有期徒刑或者拘役，并处或者单处违法所得一倍以上五倍以下罚金；情节特别严重的，处五年以上十年以下有期徒刑，并处违法所得一倍以上五倍以下罚金。

单位犯前款罪的，对单位判处罚金，并对其直接负责的主管人员和其他直接责任人员，处五年以下有期徒刑或者拘役。

内幕信息、知情人员的范围，依照法律、行政法规的规定确定。

证券交易所、期货交易所、证券公司、期货经纪公司、基金管理公司、商业银行、保险公司等金融机构的从业人员以及有关监管部门或者行业协会的工作人员，利用因职务便利获取的内幕信息以外的其他未公开的信息，违反规定，从事与该信息相关的证券、期货交易活动，或者明示、暗示他人从事相关交易活动，情节严重的，依照第一款的规定处罚。

第一百八十一条　编造并且传播影响证券、期货交易的虚假信息，扰乱证券、期货交易市场，造成严重后果的，处五年以下有期徒刑或者拘役，并处或者单处一万元以上十万元以下罚金。

证券交易所、期货交易所、证券公司、期货经纪公司的从业人员，证券业协会、期货业协会或者证券期货监督管理部门的工作人员，故意提供虚假信息或者伪造、变造、销毁交易记录，诱骗投资者买卖证券、期货合约，造成严重后果的，处五年以下有期徒刑或者拘役，并处或者单处一万元以上十万元以下罚金；情节特别恶劣的，处五年以上十年以下有期徒刑，并处二万元以上二十万元以下罚金。

单位犯前两款罪的，对单位判处罚金，并对其直接负责的主管人员和其他直接责任人员，处五年以下有期徒刑或者拘役。

第一百八十二条　有下列情形之一，操纵证券、期货市场，影响证券、期货交易价格或者证券、期货交易量,情节严重的,处五年以下有期徒刑或者拘役,并处或者单处罚金;情节特别严重的,处五年以上十年以下有期徒刑,并处罚金:

(一)单独或者合谋,集中资金优势、持股或者持仓优势或者利用信息优势联合或者连续买卖的;

(二)与他人串通,以事先约定的时间、价格和方式相互进行证券、期货交易的;

(三)在自己实际控制的账户之间进行证券交易,或者以自己为交易对象,自买自卖期货合约的;

(四)不以成交为目的,频繁或者大量申报买入、卖出证券、期货合约并撤销申报的;

(五)利用虚假或者不确定的重大信息,诱导投资者进行证券、期货交易的;

(六)对证券、证券发行人、期货交易标的公开作出评价、预测或者投资建议,同时进行反向证券交易或者相关期货交易的;

(七)以其他方法操纵证券、期货市场的。

单位犯前款罪的,对单位判处罚金,并对其直接负责的主管人员和其他直接责任人员,依照前款的规定处罚。

这四条条文可以很好地解释部分投资者在日常投资过程中遇到的问题,避免投资者误入歧途。

二、《中华人民共和国证券法》

《中华人民共和国证券法》(以下简称《证券法》)是中国证券行业最基本的法律,从证券的发行、上市、交易到信息披露、投资者保护都有很全面的规定,也对证券公司和服务机构进行了约束。投资者熟练掌握相关条文可以有效地利用《证券法》中的相关规定来保护自身权益。

三、《中华人民共和国公司法》

《中华人民共和国公司法》(以下简称《公司法》)是一部规范公司的组织和行为,保护公司、股东和债权人的合法权益,维护社会经济秩序的法律。上市公司除了要受《证券法》约束,同时还要受《公司法》约束。当上市公司某些行为侵害投资者利益的时候,投资者可以通过这两部法律中的相关条文规定来保护自身权益不受侵害,同时发起索赔。

四、《中华人民共和国证券投资基金法》

《中华人民共和国证券投资基金法》(以下简称《证券投资基金法》)是为了规范证券投资基金活动,保护投资者及相关当事人的合法权益,促进证券投资基金和资本市场的健康发展而制定的。凡是公开或者非公开募集资金设立证券投资基金,由基金管理人管理,基金托管人托管,为基金份额持有人的利益,进行证券投资活动,都适用《证券投资基金法》。

《证券投资基金法》对基金的发行、募集、管理、交易等都有详细的规定,当自身权益发生损害时,投资者也可以凭借《证券投资基金法》的相关规定来保护自身合法权益。

五、《证券期货投资者适当性管理办法》

《证券期货投资者适当性管理办法》是证监会发布的部门规章,虽然级别低于法律(例如,《刑法》《证券法》《公司法》《证券投资基金法》等),但是其实际可操作性非常高,也是投资者在日常投资过程中维护自身权益最有效的规章制度之一。

其中的第二十二条,是每一位投资者都必须熟练掌握的。因为掌握了这条规定,也就意味着投资者可以规避一些投资风险,减少不必要的亏损。具体内容为:

第二十二条　禁止经营机构进行下列销售产品或者提供服务的活动:

(一)向不符合准入要求的投资者销售产品或者提供服务;

(二)向投资者就不确定事项提供确定性的判断,或者告知投资者有可能使其误认为具有确定性的意见;

(三)向普通投资者主动推介风险等级高于其风险承受能力的产品或者服务;

(四)向普通投资者主动推介不符合其投资目标的产品或者服务;

(五)向风险承受能力最低类别的投资者销售或者提供风险等级高于其风险承受能力的产品或者服务;

(六)其他违背适当性要求,损害投资者合法权益的行为。

此外,如果有相关证券经营机构和个人向投资者出售了不适合投资的金融产品,或者为投资者提供了投资意见造成损失,投资者都有获得赔偿的权利。

法律法规虽然看起来枯燥无味,似乎离大家的投资生活非常远,但实际上如果投资者能熟练掌握并运用以上法律,在进行投资的时候就能做到心中有数,最大限度地保护自己的权益。

对于投资的几点浅见

笔者从 20 世纪 90 年代开始接触证券市场到现在,差不多 30 年了。2000 年开始进入证券公司工作,接触了大量的投资者。再后来,因工作参与了电视财经节目的制作,有机会能以媒体团成员身份参与由上海证券交易所和深圳证券交易所组织的"中小投资者走进上市公司"的活动。通过上述活动,笔者眼界大开。在和诸多中小投资者、公募基金、私募基金、券商研究机构、投资咨询机构等群体接触的过程中,发现了很多信息,很想和大家分享一下。

在进入资本市场投资的时候,大多数普通投资者都会经历以下四个阶段:不知道自己不知道、知道自己不知道、不知道自己知道、知道自己知道。

所谓不知道自己不知道,说的是很多投资者刚刚开始入市的时候,根本就不知道自己什么都不懂,完全是凭借一个"勇"字。当然,更多的时候是因为看到或者听到自己身边的某些朋友、邻居、同事等在股市里赚到钱的精彩故事而心动,内心觉得他们都能赚钱,自己一定也可以赚钱,抱着类似的想法就进了股市。如果用比例来衡量,几乎100%的中小投资者都会经历这一阶段。

也许初期运气还不错,在某些股票上小赚了一笔,或者听从某个"高人"的建议做了几次精彩的交易,顿时觉得自己已经是个"股神"了。但是很不幸,好运气很快消失,接下来的都是坏运气,一次又一次被套,本金损失殆尽。可以说,绝大部分的中小投资者都会经历这个阶段,这个阶段也是最痛苦的。因为无论是之前的赚钱还是亏钱,投资者根本就不知道原因,出现这种结果几乎是必然的。

当出现严重亏损之后,有些投资者开始冷静下来,意识到自己的不足,于是便开始学习。这个时候就进入第二个阶段——知道自己不知道。当意识到自己的不足之后,学习各种投资知识就成了必然,这个阶段的中小投资者是学习最积极的,各大网络平台、电视、报纸、书籍等都是他们常见的学习工具。

这一阶段也是投资者最迷茫的时候,他们花费了大量的时间、精力和金钱遍访名师,学习了很多诸如××操盘大法、××理论、××战法等短线交易技巧,也学习了各种价值投资理论和某些国际知名投资大师的投资经验。可是最后的结果仍然不理想,亏损还是主基调。其实他们没想明白,那些短线交易战法如果真的很有效,作者为什么还要把它们便宜卖掉?

当然也有一些投资者,经过多年的学习和经验总结,再加上各种机缘巧合,便进入了第三个阶段:不知道自己知道。这个阶段的投资者有时候盈利,有时候亏损,但是盈亏比例比以前要高很多,基本上可以持平。他们也会有一些自己的方法和理论,只不过就如同金庸先生笔下段誉练习的六脉神剑,时常失灵。其实他们已经掌握了一些投资技巧,只不过还没有很好地进行总结,所以成功率不高。能走到这个阶段的投资者已经是很小众了,大家常说的十个人炒股七赔两平一赚,这里的两平说的就是他们。

第四个阶段是知道自己知道,达到这个阶段的投资者数量非常少,也许万中无一。他们除了能熟练掌握各种投资的知识与技巧,也很清楚对自己的定位。一夜暴富不是他们的梦想,循序渐进才是他们追求的方向。

无论是技术分析还是基本面分析,在中国资本市场面前都显得苍白无力,效果很差。最后发现都错了!凡是炒股的人,谁不知道巴菲特呢?巴菲特年化收益率只有20%左右,成了投资圈的神话。但是看看基金动辄一年收益率大于100%,什么地方错了?笔者曾问过很多投资者,大家期望一年赚多少,回答是年收益率至少在30%。可是连股神巴菲特的收益率都只有20%,大家哪有底气要求每年赚30%呢?

笔者曾多次走访上市公司,与高管面对面交谈,发现真正衡量上市公司价值的指标是股息率。别看那些花里胡哨的概念多么炫目,不赚钱的公司根本就做不长久。笔者的习惯是,上市公司连续5年以上股息率大于5％为基本条件,如果股息率达到8％则是买入的好时机。一旦买入需耐心等待数年,直到最终兑现。

什么情况下可以兑现呢? 笔者认为是拿到20年股息收益的时候。假如某只股票8元的时候买进,每年每股分红是0.6元,20年的总股息就是0.6元×20＝12元,再加上买股票时候的本金8元,也就是当股价达到20元的时候就该卖出了(不考虑通胀等其他因素,仅简单示例)。

需要提醒的是,进行以上分析时笔者排除了银行、公用事业、高速公路、医药和周期性行业。因为银行、公用事业、高速公路等行业都存在政策风险,服务由政府定价。周期性行业不适合用这种方法投资。

最后郑重声明:①书中所举真实案例均来自官网,有据可查,但所有案例仅限于当时情形的说明与解读,不代表案例对象的现状;②凡涉及具体的实操部分,仅是笔者本人的经验之谈,不构成推荐。

依然是那句老话"投资有风险,入市需谨慎"。请看(kān 第一声)好、看(kàn 第四声)好自己的钱袋子!

目录

一、“钱袋子”市场ABC

1. 股市下跌钱去哪儿了？

相信很多人都有类似的疑问,股市下跌钱去哪儿了？在很多散户看来,股市下跌了,钱要么是被证券公司拿走了,要么是被上市公司拿走了,也可能是被别人赚走了,更有甚者认为是证监会拿走了。如果有类似这样的想法,只能说明投资者并不懂最基本的经济学知识。投资者没有学过相关理论就贸然炒股,亏钱就是非常正常的一件事了。

在回答"股市下跌钱去哪儿了？"这个问题之前,大家先要来了解这么一个基本概念:股市的财富效应。意思就是:在牛市,股票价格上涨,投资人持股的总市值在增加,就会导致投资者股市财富增长,也就是赚钱了,投资人消费支出可能因此增加;反之,熊市中股票价格下跌,投资人持股的总市值在减少,就会导致投资者股市财富的减少,也就是亏钱了,投资人消费支出可能因此而减少。

假设股票市场仅有一家公司发行一只股票,总股份为 1 亿股,投资人钱一、钱二……钱十等分别持有 1000 万股,股价为 10 元,十位投资人初始财富都是 1 亿元。此后依次有如下交易:①贝一以 11 元/股的价格买入钱一所有股票,股价涨到 11 元,钱一兑现盈利 1000 万元,钱二等九人各有账面盈利 1000 万元;②贝二以 15 元/股的价格买入贝一的所有股票,股价上涨到 15 元,贝一兑现盈利 4000 万元,钱二等九人各有账面盈利 4000 万元;③贝三以 20 元/股的价格买入贝二的所有股票,股价上涨到 20 元,贝二兑现盈利 5000 万元,钱二等九人各有账面盈利 5000 万元。

因此,在股价由 10 元涨到 20 元的过程中,只有钱一、贝一和贝二等少数股票易手的投资人真正赚了共计 1 亿元利润,其他人赚取的只是账面利润共计 9 亿元。这是股票价格上涨导致投资者股市财富增长的情形。

假设股价涨到 20 元后开始下跌且依次有如下交易:①贝三以 18 元/股的价格向贝四卖出所有股票,股价下跌到 18 元,贝三亏损 2000 万元,钱二等九人各遭受账面亏损 2000 万元;②贝四以 14 元/股的价格向贝五卖出所有股票,股价下跌到 14 元,贝四亏损 4000 万元,钱二等九人各遭受账面亏损 4000 万元;③贝五向贝六以 8 元/股的价格卖出所有股票,股价下跌到 8 元,贝五亏损 6000 万元,钱二等九人各遭受账面亏损 6000 万元。因此,在股价由 20 元下跌到 8 元的过程中,全体投资人总计亏损为 12 元/股×1 亿股=12 亿元。

在这个下跌过程中,亏损的 12 亿元是证券公司拿了吗?显然不是。证券公司作为券商,整个交易过程它都不允许参与,只是收取了些许的交易费用(交易费用并不包含在这亏损的 12 亿元里面)。那是上市公司拿走了吗?并没有。上市公司早在发行市场(也就是通称的一级市场)就把钱拿走了,上述的亏损发生在流通市场(也就是通称的二级市场),和上市公司没有任何关系。那是有人拿走了钱吗?也不是。大家要注意到一个关键词叫账面亏损,是指投资者买进去亏了,但是没抛出,没做交易,就没真正扣钱。所以在上面的例子中,全体投资人总计亏损 12 亿元并没有成为他人的利润,这些财富是直接"蒸发"掉了。

股价上涨市值增加,股价下跌市值蒸发。资本市场本身不创造财富,只是在交易过程中进行财富的再分配而已。这就是股票市场的特性,虚拟资本的本质。股票和期货是不一样的,期货是多头和空头的一一对应,有人赚多少,就一定有人亏多少,它是零和市场,而股票市场不是。

2。年化收益率多少你会满意?

曾经问过一位散户,一年赚多少钱合适,他回答年化收益率要达到 30%。

这个世界上,最知名的投资人巴菲特做了 60 年左右的投资,一度成为世界首富,他的年化平均收益率是 20% 左右。

詹姆斯·西蒙斯(James Simons),世界级的数学家,也是著名的对冲基金经理之一,全球收入最高的对冲基金经理,年净赚 15 亿美元。2020 年,詹姆斯·西蒙斯以 1400 亿元人民币财富名列"胡润全球百强企业家"第 45 位。

詹姆斯·西蒙斯是目前已知的管理年限长且投资回报率超过巴菲特的人。其他人要么是管理年限太短,要么是投资回报率太低。西蒙斯创立了文艺复兴科技公司,公司运营的基金叫作文艺复兴制度资本基金。公司旗下的大奖章基金创下最高回报率,大奖章基金从 1989 年到 2007 年间的平均年化收益率高达 35%,即使在 2008 年全球金融危机的重挫下,大奖章基金的年化收益率也高达 80%。很遗憾的是大奖章基金仅接受公司内部人员的资金进行投资。

詹姆斯·西蒙斯是全世界有名的数学家,1976 年获得过美国数学界荣誉——维布伦(Veblen)奖。如此杰出的人全世界屈指可数,而他管理的基金年化收益率勉强超过 30%,还不是所有管理的基金都能达到这个水平。作为一个散户,能要求自己年化收益率超过巴菲特,比肩西蒙斯?所以,想赚钱的第一步就是降低自己的预期。

那么降低到多少合适呢?笔者认为最好低于 10%。估计有人会有意见,收益率这么低,一个涨停都不够。问题在于,投资者一年抓到涨停的机会大,还是跌停的机会大?如果真的容易,为什么市场上只有少数人赚钱呢?可能有人不理解,找一个好的投资顾问不就可以了吗?那么请问哪个投资顾问能做到年化收益率达到 20% 的投资回报?假定能做到,大家觉得他会选择每天打卡上班完成考核 KPI,还是选择回家自己投资?那些研究员和分析师如果真的能做到他们所说、所写的投资回报,为什么不自己赚大钱,还要辛苦打工呢?

更残酷的是,国内现在有数千名基金经理,作为高智商、高学历的高薪人才,管理年限在 10 年以上的基金经理能做到年化收益率超过 10% 的只有寥寥十几位。绝大部分的基金经理是做不到年化收益率超过 10% 的。目前成立年限大于 3 年的基金共有 5979 个,中位数第 2990 名的基金叫万家自主创新(截至 2023 年 3 月),近 3 年总收益率为 13%,年化收益率约为 4.2%。

也就是说大约有一半的基金经理在过去的 3 年中每年的收益率都达不到 4%,从这个角度来说,把目标设定为 10% 甚至是 8%,似乎都太高了。作为散户,在投资知识、法规、经验等方面都远不如基金经理专业的情况下,如果基金经理的实际战绩也只有这么多,散户想超越这个数字实在是太难了。

比较	序号	基金代码	基金简称	日期	单位净值	累计净值	日增长率	近1周	近1月	近3月	近6月	近1年	近2年	近3年↓	今年来	成立来
☐	2977	006557	海富通研究精	03-07	1.4168	1.4168	-1.92%	-2.43%	-3.74%	0.41%	-8.09%	-5.82%	-9.79%	13.05%	2.93%	41.68%
☐	2978	005219	华夏聚惠(F	03-03	1.2963	1.2963	-0.02%	0.09%	0.07%	0.66%	-1.70%	-3.38%	-2.73%	13.04%	1.35%	29.63%
☐	2979	519625	银河君盛混合	03-07	1.2010	1.4280	-0.96%	-0.68%	0.43%	-1.16%	-5.78%	-7.17%	-5.03%	13.04%	1.52%	46.18%
☐	2980	005156	嘉实箭航资产	03-03	1.2556	1.2556	0.05%	0.14%	-0.80%	1.54%	-0.96%	-3.51%	-5.96%	13.04%	3.36%	25.56%
☐	2981	003063	银华通利混合	03-07	1.3087	1.3087	-0.18%	-0.09%	-0.28%	0.08%	-3.19%	-1.13%	-1.74%	13.03%	0.14%	30.87%
☐	2982	519221	海富通欣益混	03-07	1.5847	1.6782	-1.58%	-0.89%	-1.09%	3.83%	1.59%	-2.49%	-1.63%	13.03%	4.84%	71.67%
☐	2983	005078	富国宝利增强	03-07	1.2395	1.2795	-0.35%	0.08%	-0.31%	0.37%	-1.16%	-0.11%	4.71%	13.03%	1.54%	27.96%
☐	2984	501041	汇添富弘安(	03-07	1.2500	1.2500	-0.16%	-0.09%	-0.34%	-0.49%	-0.68%	-0.18%	1.35%	13.03%	-0.37%	25.00%
☐	2985	006928	长城创业板指	03-07	1.8708	1.8708	-1.67%	-1.77%	-5.76%	-5.53%	-14.38%	-10.93%	-14.86%	13.03%	-2.02%	115.21%
☐	2986	410001	华富竞争力优	03-07	1.1008	3.4536	-2.18%	-0.82%	-3.95%	4.26%	-7.61%	-8.90%	11.07%	13.02%	6.17%	419.79%
☐	2987	460002	华泰柏瑞积极	03-07	1.2311	1.8847	-1.69%	-0.68%	-1.62%	1.79%	1.08%	1.68%	4.27%	13.00%	4.13%	107.05%
☐	2988	290007	泰信债券增强	03-07	1.1361	1.5461	0.05%	0.22%	0.70%	1.23%	1.16%	3.25%	14.82%	13.00%	1.25%	66.24%
☐	2989	005823	泰康顾享混合	03-07	1.3311	1.3311	-0.34%	0.07%	-0.04%	2.16%	-2.59%	-1.60%	-0.38%	13.00%	2.48%	33.11%
☐	2990	008120	万家自主创新	03-07	1.1510	1.1510	-2.10%	0.06%	-4.63%	2.08%	8.15%	-10.29%	-17.18%	13.00%	5.39%	15.10%
☐	2991	007250	广发养老20	03-03	1.2226	1.2226	0.27%	0.53%	-1.38%	2.60%	-1.15%	-8.10%	-12.58%	12.99%	4.86%	22.26%
☐	2992	040010	华安稳定收益	03-07	1.1236	1.8838	-0.32%	0.10%	-0.50%	1.04%	-1.51%	3.38%	7.63%	12.98%	1.83%	123.90%
☐	2993	050007	博时平衡配置	03-07	0.9540	2.8270	-0.83%	-0.73%	-0.63%	1.17%	-1.45%	-0.73%	-5.95%	12.98%	1.60%	289.89%
☐	2994	162212	泰达宏利红利	03-07	1.0810	1.9090	-2.17%	-2.79%	-1.37%	4.55%	5.16%	8.02%	-13.82%	12.97%	4.44%	101.63%
☐	2995	001135	益民品质升级	03-07	0.7670	0.7670	-1.29%	-0.52%	-2.54%	-0.39%	-6.35%	-20.60%	-33.30%	12.96%	3.51%	-23.30%
☐	2996	006382	华夏中证50	03-07	0.7139	0.7139	-1.63%	-1.09%	-0.56%	1.12%	-0.47%	-3.88%	0.58%	12.96%	6.57%	37.29%
☐	2997	001116	广发聚安混合	03-07	1.2980	1.5480	-0.46%	0.00%	-0.15%	0.23%	-3.28%	-2.33%	-2.26%	12.95%	1.17%	61.95%
☐	2998	001589	天弘中证80	03-07	1.1671	1.1671	-1.45%	-0.72%	-1.04%	1.99%	-0.04%	-4.34%	-14.10%	12.94%	4.89%	16.71%
☐	2999	217022	招商产业债券	03-07	1.6840	1.9240	0.06%	0.18%	0.60%	1.26%	0.30%	3.25%	9.35%	12.94%	1.14%	110.94%
☐	3000	020019	国泰双利债券	03-07	1.5530	1.9730	-0.32%	0.52%	-0.77%	0.34%	0.22%	0.63%	8.97%	12.93%	1.64%	118.22%

3. 什么是价格优先、时间优先原则？

很多人在买卖股票的时候都有一些疑问，为什么自己的委托不能成交，其他人的委托却可以成交？为什么成交价格会有差异？大户买股票会不会比散户更有优势？类似的问题很常见，其实想知道答案，就要知道交易规则中的两个原则：一是价格优先，二是时间优先。

《上海证券交易所交易规则》(以下简称《交易规则》)第三章第五节明确规定：证券竞价交易按价格优先、时间优先的原则撮合成交。成交时价格优先的原则为：较高价格买入申报优先于较低价格买入申报，较低价格卖出申报优先于较高价格卖出申报。成交时时间优先的原则为：买卖方向、价格相同的，先申报者优先于后申报者。先后顺序按交易主机接受申报的时间确定。

假设某股票当天集合竞价开盘价 5 元，如果某投资者在 9 点 28 分委托以 5 元的价格买入，而 9 点 30 分进入连续竞价阶段的第一个成交价格是 4.99 元，这一买入一定会成交吗？在很多人看来，委托价格是 5 元，而现在市场价格是 4.99 元，委托价格高于市场价格，很显然应该成交。可答案却是不一定。

根据《交易规则》，开盘价的成交原则是成交最大化原则，也就是开盘价上方的所有买入价和开盘价下方的所有卖出价都会成交，然后以开盘价委托的买入和卖出尽量配对成交，同时这个价格要满足成交总数量最大的原则。开盘价是以 9 点 15 分到 9 点 25 分之间的委托作为依据的，9 点 25 分之后的委托单是只保留委托而不成交，等待进入连续竞价阶段再撮合成交。连续竞价阶段从 9 点 30 分开始,所以 9 点 28 分的委托会等到 9 点 30 分才开始撮合。在 9 点 30 分之后,虽然有 4.99 元的成交价,但是如果在 9 点 25 分到 9 点 30 分之间有投资者以 4.99 元委托卖出,又有投资者以 5.01 元或者更高的价格委托买入,此时根据价格优先交易规则,5.01 元的买入价会优于 5 元的买入价,因此 5.01 元的委托会成交,而 5 元的委托只能在后面排队。

但是为什么卖出委托价是 4.99 元,买入委托价是 5.01 元,成交价是 4.99 元呢? 这是因为在《交易规则》中还有一条,叫时间优先。这个 4.99 元的卖出委托时间可能早于 5.01 元的买入委托,因此就按照 4.99 元的卖出委托价成交。

经常会听到有些散户说,大户优先或者机构优先,这完全是一部分散户的误解,事实上在《交易规则》里是没有这一条规定的。而有些所谓的"专家"就经常利用散户的这种误解,制造出类似的骗局,宣称把散户的资金集中起来共同进行交易,用这种方式来达到机构交易的优先性,然后在某些机构专用席位进行交易(机构专用席位确实存在,但是通常那只是基金或者保险公司租用的交易席位而已)。这种骗局很容易迷惑不了解交易规则的散户。

4. 资金流入和流出是怎么回事?

投资者经常会在一些评论文章中看到资金流入和流出,往往看到资金流入就觉得股价要上涨,资金流出就感觉不妙会下跌。有时候还会在不同的软件上看到同一只股票显示得不一样,有的显示流入,有的却显示流出,这究竟是怎么回事呢?

在了解这个问题之前,需要知道两个概念——内盘和外盘。

内盘是指主动卖出成交的数量,即卖方主动以低于或等于当前买一、买二、买三等价格下单卖出股票时成交的数量,用绿色显示。由于是买方先委托,卖方主动接受了买方的价格,卖方处于主动地位,所以一般也叫主动性卖盘。

外盘是指主动买入成交的数量,即买方主动以高于或等于当前卖一、卖二、卖三等价格下单买入股票时成交的数量,用红色显示。这是卖方先委托,买方主动接受了卖方的价格,买方处于主动地位,一般也叫主动性买盘。

观察以上两张图片,可以看到:买一价格为 7.32 元,卖一价格为 7.33元。14:56 有卖方主动以 7.32 元买一价格委托 136 手,于是成交记录显示为 7.32 元,同时成交数量用绿色表示。紧接着连续有 2 笔买单出现,分别是以 7.34 元买入 125 手和 7.33 元买入 31 手,由于是买方主动以卖一和卖二的价格委托买入,所以成交数量用红色表示。股票软件在设计的时候,会自动把这些买单和卖单都统计出来,于是就有了大家常见的内盘和外盘数据。

那么资金流入和流出又是怎么回事呢?其实有一个基本原理大家应该明白,股票的成交是一一对应的,即有一位买入就必然有另一位卖出,总的成交数量是完全相等的。所以不可能出现完全意义上的资金流入和流出。现在股票软件上显示的资金流入和流出,是把每天的所有委托进行了分类。根据委托成交数量的多少,人为将成交分成机构、大户、中户、散户等类别,事实上这些都是以每笔委托的数量来确定的,并非真的就是机构或者大户的委托,这种分类和账户属性之间是没有关系的。如果机构委托买入几百股,那么这笔交易会被计入散户类别;如果某位投资者一次性买入数十万股,那么这笔交易会被计入机构类别。

股票软件在计算资金流入和流出时,通常是把成交量大的累加起来,然后内盘和外盘进行抵消。如果大笔的成交显示外盘比内盘多,就说是资金流入,反之就是资金流出。一般情况下代表投资者急于买入或者卖出的态度。

软件是一种计算机的程序,在编制这些程序的时候需要遵循一定的逻辑,这种逻辑被称作算法。不同的股票软件是由不同的程序员进行编制的,所以算法肯定是不一样的。例如,甲软件把单笔委托 10 万股以上(含)的定义为机构,单笔委托 5 万股以上(含)10 万股以下的定义为大户,单笔委托 1 万股以上(含)5 万股以下的定义为中户,单笔委托 1 万股以下的定义为散户;乙软件把单笔委托 100 万股以上(含)的定义为机构,单笔委托 10 万股以上(含)100 万股以下的定义为大户,单笔委托 1 万股以上(含)10 万股以下的定义为中户,单笔委托 1 万股以下的定义为散户。

假设当天的股价 10 元,100 万股的只有 1 笔卖出,10 万股到 100 万股的有 1000 万股净买入,1 万股到 10 万股没有成交。那么在统计的时候,甲软件会统计为:机构买入 900 万股,大户和中户没买卖,散户净卖出。甲软件会告诉大家机构资金净流入 9000 万元。而乙软件会统计为机构资金净流出 1000 万元,大户资金净流入 1 亿元,散户净卖出。

在这种情况下,两种软件都没错,但是投资者作为软件的使用者,就很可能会产生错误判断。总而言之,资金的流入和流出作为技术分析的手段之一,并不是绝对可靠的,很多时候只能作为参考。

5. 为什么它退市了？（1）

进入股市的人,最怕的就是买的股票退市。为了防止这种事情的发生,大家必须要清楚地知道什么情况下公司会退市。

除了上市公司主动终止上市以外,现在上市公司的强制退市,一般有以下几种情况:交易类强制退市、财务类强制退市、规范类强制退市、重大违法类强制退市。下面分别进行介绍。

《上海证券交易所股票上市规则(2023 年 2 月修订)》中关于交易类强制退市的规定如下。

9.2.1 上市公司出现下列情形之一的,本所决定终止其股票上市:

(一)在本所仅发行 A 股股票的上市公司,连续 120 个交易日通过本所交易系统实现的累计股票成交量低于 500 万股,或者连续 20 个交易日的每日股票收盘价均低于 1 元;

(二)在本所仅发行 B 股股票的上市公司,连续 120 个交易日通过本所交易系统实现的累计股票成交量低于 100 万股,或者连续 20 个交易日的每日股票收盘价均低于 1 元;

(三)在本所既发行 A 股股票又发行 B 股股票的上市公司,其 A、B 股股票的成交量或者收盘价同时触及第(一)项和第(二)项规定的标准;

(四)上市公司股东数量连续 20 个交易日(不含公司首次公开发行股票上市之日起 20 个交易日)每日均低于 2000 人;

(五)上市公司连续 20 个交易日在本所的每日股票收盘总市值均低于 3 亿元;

（六）本所认定的其他情形。

《深圳证券交易所股票上市规则》中关于交易类强制退市的规定如下。

9.2.1 上市公司出现下列情形之一的，本所终止其股票上市交易：

（一）在本所仅发行 A 股股票的公司，通过本所交易系统连续一百二十个交易日股票累计成交量低于 500 万股；

（二）在本所仅发行 B 股股票的公司，通过本所交易系统连续一百二十个交易日股票累计成交量低于 100 万股；

（三）在本所既发行 A 股股票又发行 B 股股票的公司，通过本所交易系统连续一百二十个交易日其 A 股股票累计成交量低于 500 万股且其 B 股股票累计成交量低于 100 万股；

（四）在本所仅发行 A 股股票或者仅发行 B 股股票的公司，通过本所交易系统连续二十个交易日的每日股票收盘价均低于 1 元；

（五）在本所既发行 A 股股票又发行 B 股股票的公司，通过本所交易系统连续二十个交易日的 A 股和 B 股每日股票收盘价同时均低于 1 元；

（六）公司连续二十个交易日在本所的股票收盘市值均低于 3 亿元；

（七）公司连续二十个交易日股东人数均少于 2000 人；

（八）本所认定的其他情形。

到目前为止，其他条款的交易类强制退市几乎没有见到，但是因为股价跌破 1 元而退市的公司则数不胜数。

例如，2023 年 2 月 9 日湖北凯乐科技股份有限公司发布公告，根据上海证券交易所《关于湖北凯乐科技股份有限公司股票终止上市的决定》（上海证券交易所自律监管决定书〔2023〕22 号），上交所决定终止公司股票上市。

2022 年 12 月 29 日至 2023 年 2 月 2 日，公司股票连续 20 个交易日

证券代码：600260　　　证券简称：*ST 凯乐　　　编号：临 2023-039

湖北凯乐科技股份有限公司
关于股票终止上市暨摘牌的公告

本公司董事会及全体董事保证本公告内容不存在任何虚假记载、误导性陈述或者重大遗漏，并对其内容的真实性、准确性和完整性承担个别及连带责任。

重要内容提示：

● 公司股票不进入退市整理期交易。

● 公司股票将于 2023 年 2 月 15 日终止上市暨摘牌。

● 公司目前正与券商进行接洽，拟签订《委托股票转让协议书》，委托其提供股份转让服务，并授权其办理股份退出登记，股份确权及股份登记和挂牌转让的有关事宜。鉴于该事项尚需公司董事会审议，因此最终将以董事会决议为准，公司将尽快召开董事会审议聘请主办券商事宜。关于终止上市后公司股票办理股份确权、登记和托管的手续及具体安排，公司将另行公告。

● 公司股票终止上市后，将进入全国中小企业股份转让系统有限责任公司依托主板券商代办股份转让系统设立并代为管理的两网公司及退市公司板块挂牌转让。敬请广大投资者关注主办券商后续刊登在全国中小企业股份转让系统指定信息披露平台（www.neeq.com.cn）的股份确权公告，尽快完成股份确权手续，并办理加挂资金账户等交易结算手续。

湖北凯乐科技股份有限公司（以下简称"公司"）于 2023 年 2 月 8 日收到上海证券交易所（以下简称"上交所"）《关于湖北凯乐科技股份有限公司股票终止上市的决定》（上海证券交易所自律监管决定书〔2023〕22 号），上交所决定终止公司股票上市。现将公司股票摘牌后续有关事项安排公告如下：

一、终止上市股票的证券种类、简称、代码、终止上市决定日期

（一）证券种类：人民币普通股

（二）证券简称：*ST 凯乐

（三）证券代码：600260

的每日收盘价均低于人民币 1 元。这种情况属于《上海证券交易所股票上市规则(2022 年 1 月修订)》第 9.2.1 条第（一）项规定的股票终止上市情形。根据《上海证券交易所股票上市规则》第 9.1.10 条、第 9.2.1 条和第 9.2.7 条的规定,经上交所上市委员会审核,上交所决定终止公司股票上市。

在之前也曾经多次发生股价低于 1 元退市的情况。需要特别注意的一种情况是,如果股价已经低于 1 元,然后回升到 1 元以上,很多投资者认为企业已经解除了退市的危机,但实际上绝大多数曾经股价跌到 1 元以下的股票最终都退市了,只是延迟了退市时间而已。

为什么它退市了？（2）

在所有可能会导致退市的类型中，普通投资者最为熟悉的可能就是财务类强制退市条款了。绝大多数人都知道，以前的退市规则只有一条，就是连续三年亏损。而现在退市的规则已经比以前要完善很多，连续三年亏损退市的规则也因为不符合现在的市场情况从而被删除了。

在2023年2月第十六次修订的《上海证券交易所股票上市规则》和2023年2月第十三次修订的《深圳证券交易所股票上市规则》中对财务类强制退市分别作出了如下规定。

《上海证券交易所股票上市规则》中对财务类强制退市的规定如下。

9.3.11 上市公司股票因第9.3.2条规定情形被实施退市风险警示后，公司出现下列情形之一的，本所决定终止其股票上市：

（一）公司披露的最近一个会计年度经审计的财务会计报告存在第9.3.2条第一款第（一）项至第（三）项规定的任一情形或财务会计报告被出具保留意见审计报告；

（二）公司未在法定期限内披露最近一年年度报告；

（三）公司未在第9.3.6条第一款规定的期限内向本所申请撤销退市风险警示；

（四）半数以上董事无法保证公司所披露最近一年年度报告的真实性、准确性和完整性，且未在法定期限内改正；

（五）公司撤销退市风险警示申请未被本所同意。

其中提到的第9.3.2条第一款第(一)项至第(三)项规定指的是：(一)最近一个会计年度经审计的净利润为负值且营业收入低于1亿元，或追溯重述后最近一个会计年度净利润为负值且营业收入低于1亿元；(二)最近一个会计年度经审计的期末净资产为负值，或追溯重述后最近一个会计年度期末净资产为负值；(三)最近一个会计年度的财务会计报告被出具无法表示意见或否定意见的审计报告。

《深圳证券交易所股票上市规则》中对财务类强制退市的规定如下。

9.3.11 上市公司因触及本规则第9.3.1条第一款第(一)项至第(三)项情形其股票交易被实施退市风险警示后，首个会计年度出现下列情形之一的，本所决定终止其股票上市交易：

(一)经审计的净利润为负值且营业收入低于1亿元，或者追溯重述后最近一个会计年度净利润为负值且营业收入低于1亿元；

(二)经审计的期末净资产为负值，或者追溯重述后最近一个会计年度期末净资产为负值；

(三)财务会计报告被出具保留意见、无法表示意见或者否定意见的审计报告；

(四)未在法定期限内披露过半数董事保证真实、准确、完整的年度报告；

(五)虽符合第9.3.7条的规定，但未在规定期限内向本所申请撤销退市风险警示；

(六)因不符合第9.3.7条的规定，其撤销退市风险警示申请未被本所审核同意。

其中提到的9.3.1条第一款第(一)项至第(三)项情形为：(一)最近一个会计年度经审计的净利润为负值且营业收入低于1亿元，或者追溯重述后最近一个会计年度净利润为负值且营业收入低于1亿元；(二)最近一个会计年度经审计的期末净资产为负值，或者追溯重述后最近一个会计年度期末净资产为负值;(三)最近一个会计年度的财务会计报告被出具无法表示意见或者否定意见的审计报告。而第9.3.7条的规定指上市公司向深圳证券交易所申请撤销退市风险警示的相关条件。

把以上这些规定对比一下,会发现沪深交易所的财务类强制退市的基本流程还是相似的。上市公司因年营收低于1亿元且净利润为负数、净资产为负数、被会计师出具无法表示意见或者否定意见的审计报告等三种情况被实施退市风险警示。如果是因为这三种情况被实施了退市风险警示,上市公司再违反了退市规定,就会被终止上市了。

最后这次退市就显得容易许多:营业收入低于1亿元且净利润为负数;净资产为负数;会计师出具保留意见(比前面一次更严格)、无法表示意见、否定意见的审计报告;未在法定期限内披露过半数董事保证真实、准确、完整的年度报告;未向交易所申请撤销退市风险警示或申请不批准,这些情况只要发生任何一种,上市公司就会被执行财务类强制退市。

营业收入低于1亿元且净利润为负数退市的例子还有很多。例如2022年6月24日厦门华侨电子股份有限公司发布了《关于公司股票终止上市暨摘牌的公告》,公告称公司收到了上海证券交易所终止股票上市的决定,理由是"因2020年度经审计的净利润为负值且营业收入低于1亿元,你公司股票自2021年5月6日起被实施退市风险警示(编者注:第一次违规被戴星)。2022年4月29日,你公司披露的2021年年度报告和年审会计师出具的《关于对厦门华侨电子股份有限公司2021年度营业收入扣除情况的专项核查意见》显示,你公司扣除非经常性损益后的净利润为-623.77万元,营业收入1.52亿元,扣除与主营业务无关或不具备商业实质的收入后的金额为零元。"(编者注:第二次违规被退市)

因净资产为负数被退市的例子还有很多,例如2021年1月13日上交所发布的《关于终止东方金钰股份有限公司股票上市的公告》中有这

证券代码:600870　证券简称:退市厦华　公告编号:临 2022-066

厦门华侨电子股份有限公司
关于公司股票终止上市暨摘牌的公告

本公司董事会及全体董事保证本公告内容不存在任何虚假记载、误导性陈述或者重大遗漏,并对其内容的真实性、准确性和完整性承担法律责任。

重要内容提示:

● 截至 2022 年 6 月 23 日,公司股票已于退市整理期交易满十五个交易日,退市整理期已结束。

● 公司股票将于 2022 年 6 月 30 日被上海证券交易所予以摘牌。

● 公司股票终止上市后,将进入全国中小企业股份转让系统有限责任公司依托原证券公司代办股份转让系统设立并代为管理的两网公司及退市公司板块挂牌转让。关于终止上市后办理公司股份确权、登记和托管的相关手续及具体安排等相关事项,主办券商将在公司股票摘牌后第 5 个交易日前在退市板块发布股份确权公告。敬请广大投资者关注山西证券股份有限公司后续刊登在全国中小企业股份转让系统指定信息披露平台(www.neeq.com.cn)的股份确权公告。

● 敬请广大投资者持续关注托管券商通知和主办券商发布的股份确权公告,并按上述通知和公告的时间要求,尽快联系托管券商或主办券商完成股份确权手续,并办理加挂资金账户等交易结算手续。

样一段:根据《上海证券交易所股票上市规则(2019 年 4 月修订)》第 14.3.1 条、第 14.3.8 条和第 14.3.16 条的规定,经本所上市委员会审核,本所决定终止东方金钰股份有限公司股票上市。

这个案例其实比较特殊,因为这家公司同时违反了多条退市规则,不仅营业收入低于 1 亿元且为负数,而且净资产也为负数,同时股价也低于 1 元面值。最终因为股价连续 20 个交易日低于 1 元,时间略早于公布财务报告的时间就直接退市了。

关于终止东方金钰股份有限公司股票上市的公告

2021-01-13

上证公告（股退）【2021】006 号

东方金钰股份有限公司股票自 2020 年 11 月 25 日至 2020 年 12 月 22 日，通过上海证券交易所交易系统连续 20 个交易日的每日收盘价均低于股票面值（1 元）。上述情形属于《上海证券交易所股票上市规则（2019 年 4 月修订）》第 14.3.1 条规定的股票终止上市情形。

根据《上海证券交易所股票上市规则（2019 年 4 月修订）》第 14.3.1 条、第 14.3.8 条和第 14.3.16 条的规定，经本所上市委员会审核，本所决定终止东方金钰股份有限公司股票上市。

根据《上海证券交易所股票上市规则（2019 年 4 月修订）》第 14.3.20 条、第 14.3.21 条和第 14.3.25 条等规定，自本所公告本决定之日后的 5 个交易日届满的下一交易日起，东方金钰股份有限公司股票进入退市整理期交易。退市整理期为 30 个交易日，涨跌幅限制为 10%。本所在退市整理期届满后 5 个交易日内，对公司股票予以摘牌，东方金钰股份有限公司股票终止上市。退市整理期间，东方金钰股份有限公司及相关信息披露义务人仍应当遵守法律、行政法规、部门规章、其他规范性文件、《上海证券交易所股票上市规则（2019 年 4 月修订）》及本所其他规定，并履行相关义务。

根据《上海证券交易所股票上市规则（2019 年 4 月修订）》第 14.3.27 条、第 14.3.28 条等规定，东方金钰股份有限公司应当立即准备股票转入全国中小企业股份转让系统挂牌转让的相关事宜，保证公司股票在摘牌之日起的 45 个交易日内可以挂牌转让。

如东方金钰股份有限公司对本所作出的终止上市决定不服，可以在本公告之日后的 5 个交易日内，向本所申请复核。

上海证券交易所

二〇二一年一月十三日

因审计报告为保留意见、无法表示意见、否定意见而导致上市公司退市的例子也有很多。例如新光圆成股份有限公司 2022 年 6 月 22 日发布的《关于公司股票终止上市暨摘牌的公告》中有这样一段，深交所下发的《关于新光圆成股份有限公司股票终止上市的决定》（深证上〔2022〕第 492 号），主要内容如下："因你公司 2018 年度、2019 年度连续两年经审计的归属于上市公司股东的净利润均为负值，你公司股票交易自 2020 年 4 月 29 日起被实施退市风险警示（编者注：第一次违规被戴星）。因你公司 2020 年经审计的期末净资产为负值，你公司股票交易被继续实施退市风险警示（编者注：第二次违规被继续警告）。2022 年 4 月 30 日，你公司披露的 2021 年年度报告显示，你公司 2021 年年度财务会计报告被出具保留意见的审计报告，触及本所《股票上市规则（2022 年修订)》第 9.3.11 条第一款第(三)项规定的股票终止上市情形(编者注:第三次违规,退市)。"

证券代码:002147　　　证券简称:新光退　　　公告编号:2022-074

新光圆成股份有限公司

关于公司股票终止上市暨摘牌的公告

> 本公司及监事会全体成员保证公告内容的真实、准确和完整,不存在虚假记载、误导性陈述或者重大遗漏。

重要内容提示:

1、公司股票已被深圳证券交易所决定终止上市,公司股票于 2022 年 6 月 1 日进入退市整理期,在退市整理期交易十五个交易日,最后交易日为 2022 年 6 月 22 日。

2、公司股票已被深圳证券交易所决定终止上市,将在 2022 年 6 月 23 日被摘牌。

3、公司股票终止上市后,将进入全国中小企业股份转让系统有限责任公司依托原证券公司代办股份转让系统设立并代为管理的两网公司及退市公司板块挂牌转让。关于终止上市后办理公司股份确权、登记和托管的相关手续及具体安排等相关事项,公司聘任的主办券商国都证券股份有限公司将在退市板块发布股份确权公告。

4、敬请广大投资者持续关注托管券商通知和主办券商发布的股份确权公告,并按上述通知和公告的时间要求,尽快联系托管券商或主办券商完成股份确权手续,并办理加挂资金账户等交易结算手续。

新光圆成股份有限公司(以下简称"公司")于 2022 年 5 月 24 日收到深圳证券交易所(以下简称"深交所")下发的《关于新光圆成股份有限公司股票终止上市的决定》(深证上【2022】第 492 号)。鉴于公司股票被深圳证券交易所决定终止上市,根据《深圳证券交易所股票上市规则(2022 年修订)》、《关于退市公司进入退市板块挂牌转让的实施办法》等的有关规定,公司应当在股票被终止上市后及时做好相关工作,以确保公司股份在摘牌后 45 个交易日内可以进入全国中小企业股份转让系统有限责任公司依托原证券公司代办股份转让系统设立并代为管理的两网公司及退市公司板块(以下简称"退市板块")挂牌转让。

到目前为止,在上市公司退市总数量中,财务类强制退市的公司比例最大。至笔者撰稿为止,2022 年是退市数量最多的一年,43 家 A 股公司从 A 股退市,除 ST 平能被吸收合并外,剩余 42 家公司均因触及退市指标,被实施强制退市。其中,沪深两市分别有 18 家、24 家。上述公司退市的原因,九成以上是触及财务类退市指标。＊ST 新亿因连续多年财务造假,被证监会出具行政处罚书,属于重大违法退市;＊ST 艾格连续 20 个交易日的每日股票收盘价均低于 1 元,属于交易类强制退市;剩余 40 家公司均因触及财务类强制退市指标被终止上市。

由此可见,财务类强制退市的比例非常高,投资者一定要对上市公司的财务状况给予充分重视。以往通过资产重组等方式保壳的行为在如今已经行不通了,除非有特殊原因,要尽量回避存在财务类原因而被实施退市风险警示的股票,否则退市可能性实在是太高了。

7. 为什么它退市了？（3）

在上市公司退市的行列中,最为稀少的退市原因就是规范类强制退市,因为到笔者撰稿时为止尚未真正发生过。但这并不意味着这条规定就是无效的,因为某些上市公司曾险些因为这条规定而退市,只不过及时消除了风险而已。

在 2023 年 2 月第十六次修订的《上海证券交易所股票上市规则》和 2023 年 2 月第十三次修订的《深圳证券交易所股票上市规则》中对规范类强制退市分别有如下规定。

《上海证券交易所股票上市规则》中对规范类强制退市的规定如下。

9.4.13 上市公司出现下列情形之一的,本所决定终止其股票上市:

(一)公司股票因第 9.4.1 条第(一)项规定情形被实施退市风险警示之日后 2 个月内,仍未披露经改正的财务会计报告;

(二)公司股票因第 9.4.1 条第(二)项规定情形被实施退市风险警示之日后 2 个月内,仍未披露符合要求的年度报告或者半年度报告;

(三)公司股票因第 9.4.1 条第(三)项规定情形被实施退市风险警示之日后 2 个月内,半数以上董事仍然无法保证公司所披露半年度报告或年度报告的真实性、准确性和完整性;

(四)公司股票因第 9.4.1 条第(四)项规定情形被实施退市风险警示之日后 2 个月内,仍未按要求完成整改;

(五)公司股票因第 9.4.1 条第(五)项规定情形被实施退市风险警示之日后 6 个月内,仍未解决股本总额、股权分布问题;

（六）公司股票因第 9.4.1 条第（六）项、第（七）项规定情形被实施退市风险警示后，公司依法被吊销营业执照、被责令关闭或者被撤销等强制解散条件成就，或者法院裁定公司破产；

（七）公司未在规定期限内向本所申请撤销退市风险警示；

（八）公司撤销退市风险警示申请未被本所同意。

在这个条款中提到的 9.4.1 条内容分别为：财务会计报告存在重大会计差错或者虚假记载，被中国证监会责令改正未在规定期限内改正，此后公司在股票及其衍生品种停牌 2 个月内仍未改正；未在法定期限内披露半年度报告或者经审计的年度报告，此后公司在股票及其衍生品种停牌 2 个月内仍未披露；半数以上董事无法保证公司所披露半年度报告或年度报告的真实性、准确性和完整性，且未在法定期限内改正，此后公司在股票及其衍生品种停牌 2 个月内仍未改正；信息披露或者规范运作等方面存在重大缺陷，未在规定期限内改正，此后公司在股票及其衍生品种停牌 2 个月内仍未改正；公司股本总额、股权分布发生变化，导致连续 20 个交易日不再具备上市条件，此后公司在股票及其衍生品种停牌 1 个月内仍未解决；公司可能被依法强制解散；法院依法受理公司重整、和解和破产清算申请。

《深圳证券交易所股票上市规则》中对规范类强制退市的规定如下。

9.4.17 上市公司出现下列情形之一的，本所决定终止其股票上市交易：

（一）因第 9.4.1 条第（一）项情形其股票交易被实施退市风险警示之日起的两个月内仍未披露过半数董事保证真实、准确、完整的相关年度报告或者半年度报告；

（二）因第 9.4.1 条第（二）项情形其股票交易被实施退市风险警示之日起的两个月内仍有半数以上董事无法保证年度报告或者半年度报告的真实、准确、完整；

（三）因第 9.4.1 条第（三）项情形其股票交易被实施退市风险警示

之日起的两个月内仍未披露经改正的财务会计报告；

（四）因第 9.4.1 条第（四）项情形其股票交易被实施退市风险警示之日起的两个月内仍未改正的；

（五）因第 9.4.1 条第（五）项情形其股票交易被实施退市风险警示之日起的六个月内股本总额或者股权分布仍不具备上市条件的；

（六）因第 9.4.1 条第（六）项、第（七）项情形其股票交易被实施退市风险警示，公司依法被吊销营业执照、被责令关闭或者被撤销等强制解散条件成就，或者法院裁定公司破产的；

（七）虽符合第 9.4.12 条和第 9.4.13 条规定的条件，但未在规定期限内向本所申请撤销退市风险警示；

（八）因不符合第 9.4.12 条和第 9.4.13 条规定的条件，其撤销退市风险警示申请未被本所审核同意。

在以上规定中提到的 9.4.1 条所列的各种情况分别为：未在法定期限内披露年度报告或者半年度报告，且在公司股票停牌两个月内仍未披露；半数以上董事无法保证年度报告或者半年度报告真实、准确、完整，且在公司股票停牌两个月内仍有半数以上董事无法保证；因财务会计报告存在重大会计差错或者虚假记载，被中国证监会责令改正但未在要求期限内改正，且在公司股票停牌两个月内仍未改正；因信息披露或者规范运作等方面存在重大缺陷，被本所要求改正但未在要求期限内改正，且在公司股票停牌两个月内仍未改正；因公司股本总额或者股权分布发生变化，导致连续二十个交易日股本总额、股权分布不再具备上市条件，在规定期限内仍未解决；公司可能被依法强制解散；法院依法受理公司重整、和解或者破产清算申请。

历史上从未发生过上市公司因为这个原因惨遭退市的，导致绝大多数的投资者会觉得这条规定用处不大。如果这样认为，那就大错特错了，确实有公司发生过类似的情况险些退市。

例如,徐州海伦哲专用车辆股份有限公司2022年11月8日就发布了《关于公司未在规定期限内披露定期报告暨股票可能被终止上市的风险提示性公告》,其中明确说明:如公司在被深圳证券交易所叠加实施退市风险警示之日起的两个月内(即自2022年11月2日起至2023年1月1日止)仍未披露过半数董事保证真实、准确、完整的2022年半年度报告,深圳证券交易所将决定终止公司股票上市交易。

证券代码:300201 证券简称:＊ST海伦 公告编号:2022-050

徐州海伦哲专用车辆股份有限公司

关于公司未在规定期限内披露定期报告暨股票可能被终止上市的风险提示性公告

本公司及董事会全体成员保证信息披露内容的真实、准确和完整,没有虚假记载、误导性陈述或重大遗漏。

徐州海伦哲专用车辆股份有限公司(以下简称"海伦哲"或"公司")未在法定期限内(即2022年8月31日前)披露2022年半年度报告,公司股票自2022年9月1日起停牌,且在停牌两个月后仍未披露2022年半年度报告,公司股票已于2022年11月2日起复牌并被叠加实施退市风险警示。

《深圳证券交易所创业板股票上市规则(2020年12月修订)》规定:"10.4.10上市公司股票交易被实施退市风险警示期间,应当每五个交易日披露一次风险提示公告,提示其股票可能被终止上市的风险,直至相应情形消除或本所终止其股票上市。"

根据上述规定,公司应当每五个交易日披露一次公司股票可能被终止上市的风险提示公告,敬请广大投资者理性投资,注意风险。现就公司股票可能被终止上市的风险提示如下:

一、公司股票可能被终止上市的原因

公司未在法定期限内(即2022年8月31日前)披露2022年半年度报告,公司股票于2022年9月1日起停牌,且在停牌两个月后仍未披露2022年半年度报告,公司股票已于2022年11月2日起复牌并被叠加实施退市风险警示。

《深圳证券交易所创业板股票上市规则(2020年12月修订)》10.4.17:上

1

之所以会发生这种情况,是因为公司董事会在审议定期财务报告时,总有董事投出弃权票,导致议案在董事会层面无法通过,所以,＊ST海伦 2022 年的一季报、半年报、三季报未能及时发布。最后公司的多位股东召开了临时股东大会并且通过了免除现任董事、监事,选举新的董事和监事的议案,最终赶在最后时限之前发布了 2022 年的半年报,解除了退市风险。

8. 为什么它退市了？(4)

在所有的退市条款中,最为严重的就是重大违法类强制退市。上海和深圳交易所对重大违法类强制退市的规则描述十分相似,如《上海证券交易所股票上市规则》(2023 年 2 月第十六次修订)的规定如下。

9.5.1 本规则所称重大违法类强制退市,包括下列情形:

(一)上市公司存在欺诈发行、重大信息披露违法或者其他严重损害证券市场秩序的重大违法行为,且严重影响上市地位,其股票应当被终止上市的情形;

(二)上市公司存在涉及国家安全、公共安全、生态安全、生产安全和公众健康安全等领域的违法行为,情节恶劣,严重损害国家利益、社会公共利益,或者严重影响上市地位,其股票应当被终止上市的情形。

相比其他退市条款来说,这个章节应该是所有投资者都相对熟悉且支持的。因为造假上市也是所有投资者最痛恨的情形,给投资者造成的损失也最大。截至目前这一退市条款的第一款情形已经多次发生,而第二款情形则非常罕见。重大违法强制退市的规定也是不断延伸的,2014年的退市制度改革首次新增重大违法退市概念,将欺诈发行和重大信息披露违法列入退市情形。但直到 2016 年博元投资实现 A 股首单重大违法退市公司的落地,2017 年欣泰电气的退市填补了欺诈上市的"空缺"。2018 年,重大违法退市标准再次完善,明确了上市欺诈发行、重组上市欺诈发行、年报造假规避退市以及交易所认定的其他情形四种情况的证券重大违法,同时新增社会公众安全类重大违法。因为修订标准的时候长生生物已经严重违规,这一条款几乎可以说是为它量身定做的。2019

年,长生生物因危害社会公众安全利益被退市。

历史上比较有名的案例,当属康得新造假案。康得新全名为康得新复合材料集团股份有限公司,股票代码002450。康得新成立于2001年8月,由康得投资集团有限公司持股53.16%。康得新有三大主要业务,分别是以预涂材料和光电材料为核心的新材料,以SR、3D、大屏触控为中心的智能显示,以及碳纤维业务。

公司名称	康得新复合材料集团股份有限公司		
英文名称	Kangde Xin Composite Material Group Co.,Ltd.		
A股代码	---	A股简称	---
A股扩位简称	---	曾用名	康得新→ST康得新→*ST康得
B股代码	---	B股简称	---
H股代码	---	H股简称	---
证券类别	深交所风险警示板A股	所属东财行业	基础化工-化学新材料-化学新材料
上市交易所	深圳证券交易所	所属证监会行业	制造业-橡胶和塑料制品业
总经理	冯文书	法人代表	冯文书
董秘	韩静	董事长	邬兴均
证券事务代表	朱烨	独立董事	李玲,秦立,梁振东,王筱榆,冯凯燕
联系电话	0512-80151177	电子信箱	kdx@kdxfilm.com
传真	010-80107261-6218	公司网址	www.kangdexin.com
办公地址	江苏省张家港市江苏环保新材料产业园晨港路85号	注册地址	江苏环保新材料产业园晨港路北侧、港华路西侧
区域	江苏	邮政编码	215600
注册资本(元)	35.41亿	工商登记	913200006000091495G
雇员人数	5	管理人员人数	15
律师事务所	北京德恒律师事务所	会计师事务所	公证天业会计师事务所(特殊普通合伙)
公司简介	康得新复合材料集团股份有限公司成立于2001年8月,是一家高分子材料科技企业。近二十年来,康得新作为行业龙头,填补了国内预涂膜和光学膜两大产业的多项国内空白,成功实现了产品进口替代、走向行业前沿,成为领先的国内高分子膜材料技术和产业平台。公司始终坚持技术研引领发展。截至2020年,公司累计申请专利1600多件,并获得授权近900件,专利数量业内领先,公司是国家绿色印刷标准制定单位,主导和参与制定光学膜行业技术标准30余项,掌握从产业链最前端的树脂、精密模具、光学膜系结构设计,到末端生产的共挤出拉伸、高精密涂布、多腔真空溅渡、UV瞬间固化和柔性电子印刷与封装等覆盖产业链各个环节前沿的8大核心技术。2017年,康得新被《福布斯》评为"全球最具创新力百强企业",同时也是当年榜单中唯一的高分子材料企业。目前,公司主要包括显示材料、电子材料、隔热与防护材料、挤出材料和包装与印刷材料五大业务板块。康得新产品在屏幕显示及通讯设备等消费电子、汽车与建筑玻璃、家电家居装饰及各类产品包装等下游行业得到了广泛的应用。康得新将不断整合资源,构建领先的先进高分子膜材料产业平台,在向市场提供系列化产品的同时,更支持下游行业开展前沿产品研发,为中国工业发展提供强大战略支撑,为中国制造走向中国创造贡献力量。		

康得新的全年营业收入从2007年的1.64亿元攀升到2010年的5.24亿元,4年间涨幅达219.51%,显示出良好的发展态势。2011年上市后,由于发展势头良好吸引了大量基金和散户的关注,康得新的股价不断上涨,2017年在蓝筹牛市中创下历史新高,涨幅达27倍,一度被誉为"中国的3M"和"千亿白马股"。

2018年10月29日,公司第一次收到了证监会对公司及控股股东、实际控制人立案调查通知。当时各方面都认为没有什么大问题,甚至还正常安排了定增股份的解禁流通。

康得新复合材料集团股份有限公司
关于公司及控股股东、实际控制人
收到中国证监会立案调查通知的公告

本公司及董事会全体成员保证信息披露的内容真实、准确、完整，没有虚假记载、误导性陈述或重大遗漏。

康得新复合材料集团股份有限公司（下称：公司）收到中国证券监督管理委员会（以下简称"中国证监会"）对公司及控股股东康得投资集团有限公司（下称：康得集团）、实际控制人钟玉先生的《调查通知书》（编号分别为稽总调查字 181637、稽总调查字 181624、稽总调查字 181628），因未披露股东间的一致行动关系，公司及公司控股股东康得集团、实际控制人钟玉先生涉嫌信息披露违法违规，根据《中华人民共和国证券法》的有关规定被证监会立案调查。

一、本次被立案调查事项相关说明

2016 年 10 月中泰创赢举牌康得新期间，由于康得集团要求中泰创赢持有三年以上，因此康得集团与中泰创赢签署了带有保底条款的协议。康得集团及中泰创赢双方认为根据中国证监会颁布的《上市公司收购管理办法》第 83 条对一致行动人的规定，双方并不符合构成一致行动关系的条件，也不存在共同扩大其所能够支配的上市公司股份表决数量的行为。

二、对公司的影响和措施

本次调查不影响公司目前的正常生产经营活动，亦不影响钟玉先生的正常履职，公司目前总体经营情况一切正常。公司及公司控股股东康得集团、实际控制人钟玉先生是否涉及信息披露违法违规将以中国证监会最终的意见为准。

目前公司经营情况良好，调查期间，公司及钟玉先生将积极配合中国证监会的调查工作，并严格按照相关法律法规及监管要求履行信息披露义务。

公司指定的信息披露媒体为《证券日报》、《证券时报》、《上海证券报》、《中国证券报》和巨潮资讯网（www.cninfo.com.cn），公司所有信息均

2019 年 1 月 15 日，一则公告让整个市场一片哗然。康得新连续发了两则公告，《2018 年度第一期超短期融资券到期兑付存在不确定性的特别风险提示公告》和《2018 年度第二期超短期融资券到期兑付存在不确定性的特别风险提示公告》宣称，由于公司流动资金紧张，本期债券本

息兑付存在不确定性。次日,直接宣布违约,无法兑付。

证券代码:.002450　　证券简称:康得新　　公告编号:2019-002

康得新复合材料集团股份有限公司
2018 年度第一期超短期融资券到期兑付
存在不确定性的特别风险提示公告

本公司及董事会全体成员保证信息披露的内容真实、准确、完整,没有虚假记载、误导性陈述或重大遗漏。

康得新复合材料集团股份有限公司(以下简称:"康得新"或"公司")2018年度第一期超短期融资券(债券简称:18康得新SCP001,债券代码:011800757)应于 2019 年 1 月 15 日兑付,由于公司流动资金紧张,本期债券本息兑付存在不确定性。现将有关事宜公告如下:

一、本期债券基本情况

1、发行人:康得新复合材料集团股份有限公司

2、债券名称:康得新复合材料集团股份有限公司 2018 年度第一期超短期融资券

3、债券简称:18康得新SCP001

4、债券代码:011800757

5、发行总额:10 亿元

6、发行期限:270 天

7、评级情况:上海新世纪主体评级 BBB

8、本计息期债券利率:5.5%

9、本期本息兑付日:2019 年 1 月 15 日

10、本期应偿付本息金额:人民币 1,040,684,931.51 元

11、主承销商:北京银行股份有限公司、中国建设银行股份有限公司

12、登记托管机构:银行间市场清算所股份有限公司

这一消息让所有投资者都震惊了,在之前公布的财务报告中,康得新应该有高达百亿元的银行存款,却无法支付 10 亿元的债券,这只有一种可能——财务造假。后来经过调查,康得新通过虚构收入、虚增预付账款、虚构货币资金、隐瞒关联担保情况、隐瞒募集资金使用等多种手段造假,直到东窗事发。最终深交所决定对公司实施重大违法强制退市。

事实上因欺诈发行和重大信息披露违法等原因退市的上市公司有很多,但是符合重大违法强制退市规定,即上市公司存在涉及国家安全、公共安全、生态安全、生产安全和公众健康安全等领域的违法行为被实施重大违法强制退市的却很少。

例如,2018 年 7 月,国家药监局在对长生生物展开的检查中,发现该企业冻干人用狂犬病疫苗生产存在记录造假等现象,严重违反《药品生产质量管理规范》,生产了大量不合格的疫苗。这是长生生物自 2017 年 11 月份被发现百白破疫苗效价指标不符合规定后不到一年,再曝疫苗质量问题。

消息披露之后舆论哗然,2018 年 7 月 27 日,中国证监会发布修改后的退市规则,对现行涉及重大违法公司的强制退市规定作出修改,明确规定将涉及国家安全、公共安全、生态安全、生产安全和公众健康安全等领域的重大违法行为纳入重大违法公司强制退市的情形。不久沪深交易所正式发布实施上市公司重大违法强制退市实施办法,并修订完善相关规则办法。当天,深交所就宣布,根据最新的实施办法,＊ST 长生可能触及重大违法强制退市情形,启动对＊ST 长生重大违法退市机制。可以说长生生物这一案例促成了一个法规的诞生。

2019 年 10 月 8 日,深圳证券交易所发布《关于长生生物科技股份有限公司股票终止上市的决定》(深证上〔2019〕618 号),决定公司股票终止上市。

关于康得新复合材料集团股份有限公司
股票终止上市的公告

根据中国证监会《行政处罚决定书》（〔2020〕71 号）认定的事实，康得新复合材料集团股份有限公司（以下简称"公司"）2015 年至 2018 年披露的年度报告存在虚假记载，追溯重述后公司 2015 年至 2018 年度归属于上市公司股东的净利润（以下简称"净利润"）连续为负值。

同时，因 2018 年、2019 年连续两个会计年度财务会计报告被出具无法表示意见的审计报告，公司股票自 2020 年 7 月 10 日起暂停上市。公司股票暂停上市后的首个年度报告（2020 年年度报告）显示，公司 2020 年净利润、扣除非经常性损益后的净利润、归属于上市公司股东的期末净资产均为负值，且公司财务会计报告被出具保留意见的审计报告。

根据《深圳证券交易所上市公司重大违法强制退市实施办法》的规定、《深圳证券交易所股票上市规则（2018 年 11 月修订）》第 14.4.1 条、第 14.4.2 条的规定以及本所上市委员会的审核意见，2021 年 4 月 6 日，本所决定对公司股票实施重大违法强制退市，公司股票终止上市。

公司股票自 2021 年 4 月 14 日起进入退市整理期，退市整理期届满的次一交易日，本所对公司股票予以摘牌。本所要求公司严格按照相关规定，做好退市整理期以及终止上市后续有关工作。

深圳证券交易所

2021 年 4 月 6 日

长生生物科技股份有限公司

证券代码：002680	证券简称：*ST长生	公告编号：2019-046

长生生物科技股份有限公司
关于公司股票终止上市的公告

> **本公司及董事会全体成员保证信息披露内容的真实、准确和完整，没有虚假记载、误导性陈述或重大遗漏。**

长生生物科技股份有限公司（以下简称"公司"）于 2019 年10月8日收到深圳证券交易所《关于长生生物科技股份有限公司股票终止上市的决定》（深证上 [2019]618号），2019 年10月8日，深圳证券交易所决定公司股票终止上市。

一、终止上市的证券种类、证券简称、证券代码

1、证券种类：人民币普通股

2、证券简称：*ST长生

3、证券代码：002680

二、终止上市决定的主要内容

因公司触及《深圳证券交易所上市公司重大违法强制退市实施办法》第二条、第五条规定的重大违法强制退市情形，深交所于2019年1月14日作出对公司股票实施重大违法强制退市的决定。公司股票自2019年3月15日起暂停上市。

根据《深圳证券交易所股票上市规则（2018年11月修订）》第14.4.1条第（十）项、第14.4.2条的规定以及深交所上市委员会的审核意见，深交所决定公司股票终止上市。公司股票自2019年10月16日起进入退市整理期，退市整理期届满的次

美国股市为什么可以持续十多年的牛市？

很多人都特别好奇为什么美国的股市可以连续上涨十几年，持续这么多年牛市的原因是什么？原因是多方面的。首先大家要明确美国是一个以金融服务为主要产业的国家，从政府到企业都特别在意股市，所以他们会想尽一切办法让股市上涨，即使很多办法根本不合理。

在了解详细原因之前，投资者还必须明确指数的编制方法：算术平均法和加权平均法。算术平均法是先确定指数的起始日期，以起始日期的股价作为基准，然后实时计算现在的股价，再除以起始日期的股价，最后乘以基期指数。加权平均法是以起始日期的市值作为基准，实时计算所有成分股最新的市值，再用最新的市值除以基期市值，最后乘以基期指数。综上所述，算术平均法的计算只和股价有关，加权平均法的计算不仅和市值有关，还和股票的股本有关。股本越大、股价越高的股票在加权平均指数中对指数的影响就越大。

说起美国股市，可以联想到三个最常用的指数，分别是道琼斯指数、标准普尔指数和纳斯达克指数，这三个指数都不是单个的指数，而是一组指数。道琼斯指数由四种股价平均指数构成，分别为：①以 30 家著名的工业公司股票为编制对象的道琼斯工业股价平均指数；②以 20 家著名的交通运输业公司股票为编制对象的道琼斯运输业股价平均指数；③以15 家著名的公用事业公司股票为编制对象的道琼斯公用事业股价平均指数；④以上述三种股价平均指数所涉及的 65 家公司股票为编制对象的道琼斯股价综合平均指数。

通常说的道琼斯指数实际上指的是道琼斯工业平均指数(Dow Jones Industrial Average)。在公司名单里大家可以看到很多熟悉的名字,如高盛、麦当劳、微软、苹果、波音等。在过去的十年中,道琼斯工业平均指数上涨的幅度比较大,从2012年之前的1万点左右上涨到笔者撰稿时的3万点以上。指数上涨的原因是多方面的,除了这些公司确实因为经营得当利润不断上升,还有一个重要的原因就是美国的指数公司有一个妙招——及时把可能下跌的股票从指数中剔除。例如,2023年3月美国部分银行因发生挤兑破产导致股价大跌,多个指数公司立即将这些银行从相应的指数中剔除,避免了指数的下跌。

名称	代码	最新价	涨跌额	涨跌幅	振幅	昨收/今开盘	最高/最低价	成交量	市值(亿)	市盈率	行业板块
美国联合健康	UNH	464.58	+0.90	+0.19%	2.33%	463.68/464.65	469.84/459.05	3,258,078	4,333.82	21.63	健康护理服务
高盛集团	GS	322.15	+6.64	+2.10%	2.36%	315.51/324.77	326.38/318.95	3,785,873	1,080.57	10.55	银行
家得宝公司	HD	285.57	-0.95	-0.33%	2.94%	286.52/289.30	289.80/281.39	5,115,816	2,910.49	17.07	零售
麦当劳公司	MCD	265.90	+2.82	+1.07%	1.65%	263.08/263.12	266.94/262.60	3,194,391	1,945.05	31.69	零售
微软公司	MSFT	260.79	+6.87	+2.71%	2.05%	253.92/256.75	261.07/255.86	33,619,474	19,412.70	28.88	软件
安进公司	AMGN	230.58	-2.60	-1.12%	1.74%	233.18/233.46	233.46/229.41	3,227,067	1,231.24	18.93	生物技术
卡特彼勒公司	CAT	225.67	+0.97	+0.43%	3.29%	224.70/228.99	229.59/222.20	3,754,920	1,165.24	17.74	机械-建筑-矿业
维萨卡公司	V	218.66	+4.19	+1.95%	1.79%	214.47/218.00	219.87/216.04	7,985,139	4,496.82	30.37	商业服务
波音公司	BA	207.28	+3.91	+1.92%	4.21%	203.37/207.53	213.56/205.00	8,245,618	1,241.97	--	航空航天/国防
霍尼韦尔国际	HON	192.97	-0.13	-0.07%	3.11%	193.10/196.06	196.17/190.17	4,853,104	1,289.31	26.29	电子
赛富时公司	CRM	182.89	+7.38	+4.20%	3.53%	175.51/180.00	185.31/179.11	10,138,054	1,828.90	870.90	软件
旅行者财产险	TRV	171.76	-0.46	-0.27%	2.59%	172.22/174.42	174.42/169.96	2,320,345	398.65	14.42	保险
美国运通公司	AXP	163.91	+6.28	+3.98%	2.18%	157.63/161.50	164.32/160.88	5,283,889	1,219.81	16.62	多元化金融服务
雪佛龙公司	CVX	160.76	+2.05	+1.29%	3.87%	158.71/158.26	164.02/157.88	10,035,193	3,065.17	8.77	油气
强生公司	JNJ	153.92	+0.86	+0.56%	1.39%	153.06/153.28	154.03/151.90	8,421,091	4,008.52	22.54	制药
苹果公司	AAPL	152.59	+2.12	+1.41%	2.19%	150.47/151.28	153.40/150.10	73,695,880	24,142.71	25.78	计算机
宝洁公司	PG	139.85	+1.71	+1.24%	1.96%	138.14/138.29	140.11/137.40	9,219,554	3,299.26	23.82	化妆品/护理
沃尔玛公司	WMT	138.10	+0.73	+0.53%	0.92%	137.37/137.69	138.27/137.00	8,514,167	3,724.28	32.19	零售

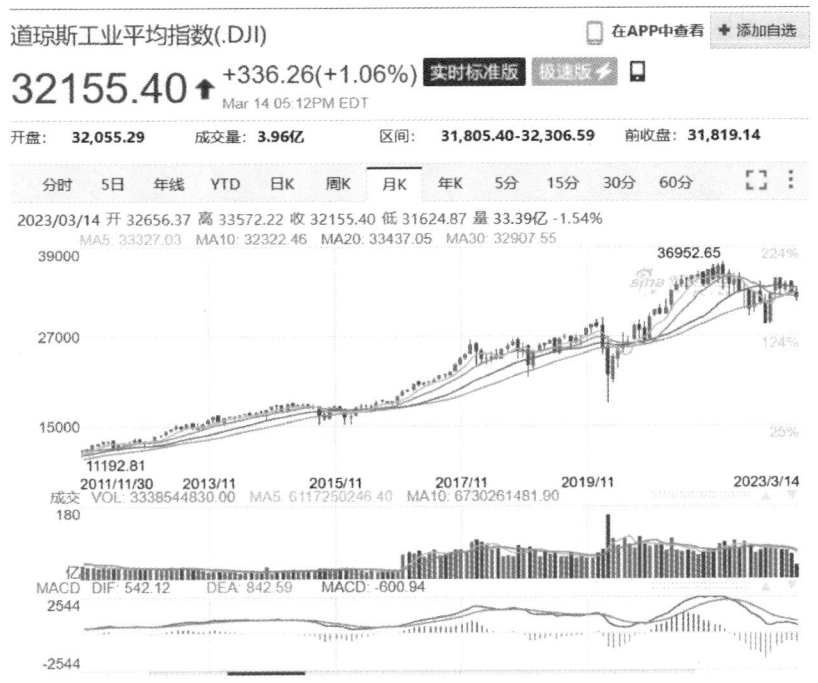

例如,2008 年卡夫食品取代了著名的保险公司美国国际集团(AIG)进入道琼斯 30 种工业平均指数,但是 2012 年因规模缩小被剔除出去,它的位置被美国健康保险公司联合健康集团取代。2013 年已经在道琼斯指数中存在了 54 年的美铝公司被耐克取代。美国银行原本是美国最大的银行之一,但是受金融危机的影响,被高盛取代了。2013 年惠普被维萨(VISA)取代,2015 年美国电话电报公司 AT&T 被苹果公司取代。道琼斯创立的时候就存在于指数中的美国通用被药店连锁店沃博联取代。由此可见,只要是指数中的公司其经营状况不断下滑,哪怕公司规模依旧很大,哪怕是非常知名的公司,也会被及时从指数中剔除。由于不断地迎新换旧,也能保持指数持续走高。谁的股价将上涨,就会被及时调入指数中。由此可见,道琼斯指数持续上涨的原因之一就是不断调整道琼斯指数中的股票。

名称	代码	最新价	涨跌额	涨跌幅	振幅	昨收/今开盘	最高/最低价	成交量	市值(亿)	市盈率	行业板块
苹果公司	AAPL	152.59	+2.12	+1.41%	2.19%	150.47/151.28	153.40/150.10	73,695,880	24,142.71	25.78	计算机
微软公司	MSFT	260.79	+6.87	+2.71%	2.05%	253.92/256.75	261.07/255.86	33,619,474	19,412.70	28.88	软件
谷歌	GOOG	94.25	+2.59	+2.83%	2.24%	91.66/93.07	94.83/92.78	32,303,657	12,070.60	20.53	互联网
谷歌A类股	GOOGL	93.97	+2.86	+3.14%	2.11%	91.11/92.56	94.36/92.44	36,049,777	12,034.74	20.47	互联网
亚马逊公司	AMZN	94.88	+2.45	+2.65%	2.55%	92.43/93.83	95.07/92.71	60,912,618	9,722.60	--	互联网
伯克希尔-哈III	BRK.B	305.33	+2.45	+0.81%	1.94%	302.88/306.92	307.55/301.68	5,254,877	6,678.64	--	
英伟达公司	NVDA	240.63	+10.97	+4.78%	3.30%	229.66/234.96	242.19/234.60	47,490,901	5,943.56	136.72	半导体
特斯拉	TSLA	183.26	+8.78	+5.03%	3.82%	174.48/177.31	183.80/177.14	143,717,897	5,798.53	45.59	汽车制造
Meta Platfor	META	194.02	+13.12	+7.25%	4.29%	180.90/187.58	194.32/186.56	41,642,494	5,030.24	22.51	
维萨卡公司	V	218.66	+4.19	+1.95%	1.79%	214.47/218.00	219.87/216.04	7,985,139	4,496.82	30.37	商业服务
埃克森美孚公	XOM	106.94	+0.40	+0.38%	3.80%	106.54/106.35	109.01/104.96	18,263,511	4,353.51	8.03	油气
美国联合健康	UNH	464.58	+0.90	+0.19%	2.33%	463.68/464.65	469.84/459.05	3,258,078	4,333.82	21.63	健康护理服务
强生公司	JNJ	153.92	+0.86	+0.56%	1.39%	153.06/153.28	154.03/151.90	8,421,091	4,008.52	22.54	制药
摩根大通公司	JPM	134.62	+3.37	+2.57%	3.23%	131.25/135.28	135.53/131.29	29,647,757	3,962.34	11.13	银行
沃尔玛公司	WMT	138.10	+0.73	+0.53%	0.92%	137.37/137.69	138.27/137.00	8,514,167	3,724.28	32.19	零售
万事达卡公司	MA	352.82	+8.11	+2.35%	2.19%	344.71/351.00	356.11/348.56	3,373,409	3,363.23	34.39	商业服务
宝洁公司	PG	139.85	+1.71	+1.24%	1.96%	138.14/138.29	140.11/137.40	9,219,554	3,299.26	23.82	化妆品/护理
礼来公司	LLY	327.07	+2.58	+0.80%	1.80%	324.49/324.05	327.28/321.44	4,214,156	3,108.13	47.96	制药

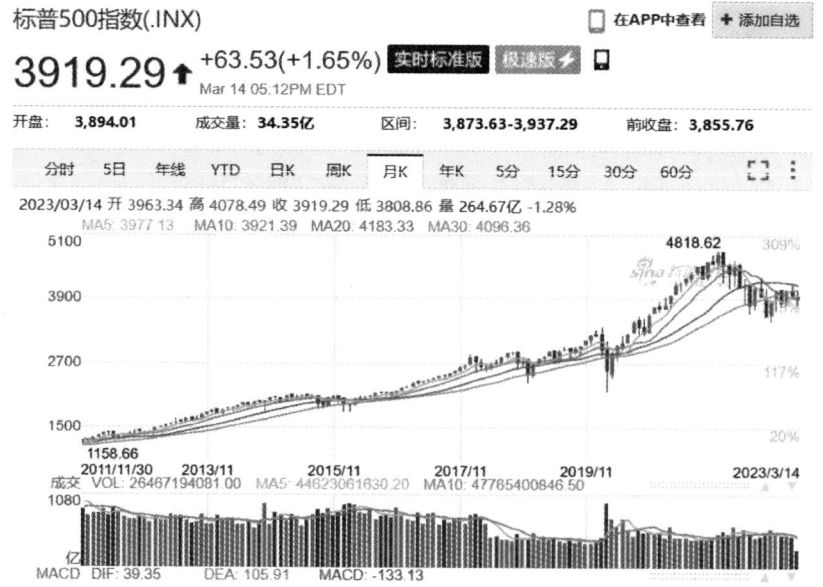

标普500指数(.INX)　　　　　　　　　　　📱 在APP中查看　✚ 添加自选

3919.29 ↑ +63.53(+1.65%) 实时标准版 极速版⚡ 📱

Mar 14 05:12PM EDT

| 开盘：3,894.01 | 成交量：34.35亿 | 区间：3,873.63-3,937.29 | 前收盘：3,855.76 |

| 分时 | 5日 | 年线 | YTD | 日K | 周K | 月K | 年K | 5分 | 15分 | 30分 | 60分 |

2023/03/14 开 3963.34 高 4078.49 收 3919.29 低 3808.86 量 264.67亿 -1.28%
MA5: 3977.13　MA10: 3921.39　MA20: 4183.33　MA30: 4096.36

成交 VOL: 26467194081.00　MA5: 44623061630.20　MA10: 47765400846.50

MACD DIF: 39.35　DEA: 105.91　MACD: -133.13

从 1957 年开始编制的标普 500 指数,目前其成分股包含在美国主要交易所上市的 400 种工业股票、20 种运输业股票、40 种公用事业股票和 40 种金融业股票。以 1942 年为基期,基期指数为 10。纳斯达克综合指数则是仅选取在纳斯达克市场上市的数千只股票编制而成。纳斯达克是美国的创业板,上市公司主要是科技公司,侧重反映科技创业公司的行情,类似国内的创业板指数。这两种指数都是加权平均指数,既然是加权平均指数,那么市值越大对指数的影响就越大。从这两个指数的名单来看,苹果、微软、谷歌、亚马逊、特斯拉、伯克希尔哈撒韦等公司由于市值较大,对这两种指数的影响也特别大。

名称	代码 ⇕	最新价 ⇕	涨跌额 ⇕	涨跌幅 ⇕	振幅 ⇕	昨收/今开盘	最高/最低价	成交量 ⇕	市值(亿) ▼	市盈率 ⇕	行业板块 ⇕
苹果公司	AAPL	152.59	+2.12	+1.41%	2.19%	150.47/151.28	153.40/150.10	73,695,880	24,142.71	25.78	计算机
微软公司	MSFT	260.79	+6.87	+2.71%	2.05%	253.92/256.75	261.07/255.86	33,619,474	19,412.70	28.88	软件
谷歌	GOOG	94.25	+2.59	+2.83%	2.24%	91.66/93.07	94.83/92.78	32,303,657	12,070.60	20.53	互联网
谷歌A类股	GOOGL	93.97	+2.86	+3.14%	2.11%	91.11/92.56	94.36/92.44	36,049,777	12,034.74	20.47	互联网
亚马逊公司	AMZN	94.88	+2.45	+2.65%	2.55%	92.43/93.83	95.07/92.71	60,912,618	9,722.60	--	互联网
英伟达公司	NVDA	240.63	+10.97	+4.78%	3.30%	229.66/234.96	242.19/234.60	47,490,901	5,943.56	136.72	半导体
特斯拉	TSLA	183.26	+8.78	+5.03%	3.82%	174.48/177.31	183.80/177.14	143,717,897	5,798.53	45.59	汽车制造
Meta Platfor	META	194.02	+13.12	+7.25%	4.29%	180.90/187.58	194.32/186.56	41,642,494	5,030.24	22.51	
博通	AVGO	632.46	+15.99	+2.59%	2.41%	616.47/623.39	633.37/618.50	2,589,090	2,636.88	20.63	半导体
阿斯麦公司	ASML	620.30	+15.52	+2.57%	1.52%	604.78/617.49	620.45/611.28	844,043	2,447.64	42.11	半导体
百事可乐公司	PEP	173.53	-0.18	-0.10%	1.29%	173.71/172.49	173.81/171.57	6,480,629	2,389.94	26.90	饮料
开市客公司	COST	481.92	+9.92	+2.10%	2.58%	472.00/475.43	485.16/473.00	2,422,835	2,137.23	35.36	零售
阿斯利康公司	AZN	65.09	-0.09	-0.14%	1.01%	65.18/64.79	65.13/64.47	4,896,201	2,017.57	61.41	制药
思科系统公司	CSCO	49.05	+0.64	+1.32%	1.55%	48.41/48.68	49.26/48.51	17,679,559	2,009.00	17.90	电信
T-Mobile US	TMUS	143.01	+3.28	+2.35%	1.63%	139.73/141.30	143.19/140.91	6,487,469	1,743.84	68.75	
德州仪器公司	TXN	175.73	+1.84	+1.06%	1.94%	173.89/175.95	176.20/172.83	5,034,777	1,592.48	18.48	半导体
Adobe	ADBE	333.33	+9.06	+2.79%	2.00%	324.27/332.21	335.17/328.70	3,850,858	1,528.57	32.94	软件
康卡斯特公司	CMCSA	35.28	-0.23	-0.65%	3.04%	35.51/35.98	36.01/34.93	27,424,253	1,487.42	28.92	媒体

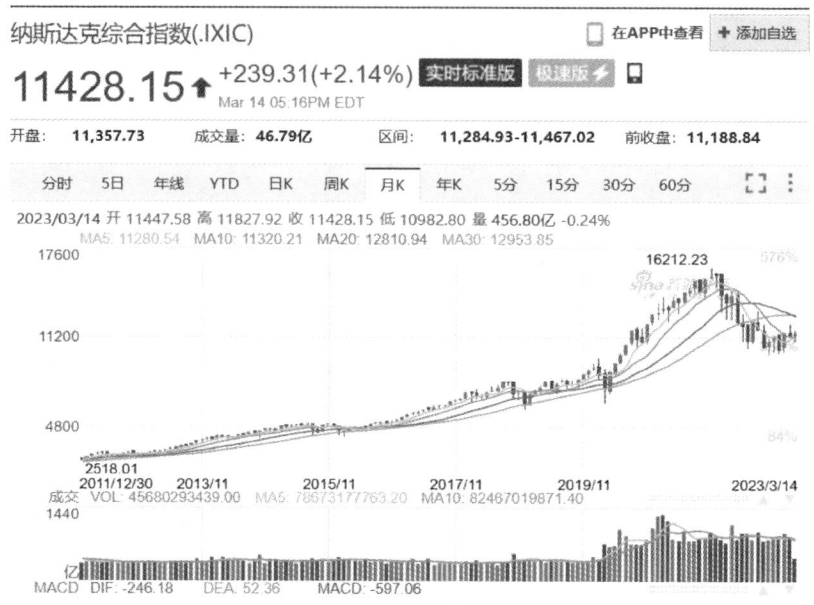

其中苹果、微软、谷歌、亚马逊这四家公司由于市值远远超过其他公司,因此只要这几家公司的股价保持稳定,其他公司的股票即使股价下跌得很厉害,对指数的影响也比较小。大家都知道这十年来这些公司的股价始终处于上涨阶段,因此造就了美国股市过去十年的指数牛市。

10. 为什么 A 股一直在 3000 点左右徘徊?

经常会听到有些股民抱怨,从 2008 年之后到现在,股市始终维持在 3000 点左右。虽然有过上下波动,但是这么多年过去了,大家常提到的上证综合指数确实只有 3000 点左右。

为什么会这样呢? 为什么中国的股市不像美国股市那样能获得十几年的牛市呢? 在前一篇里,笔者解释了指数是怎么编制出来的。在中证指数有限公司官网上可以找到上证综合指数的编制方案。

中证指数有限公司
CHINA SECURITIES INDEX CO., LTD

上证综合指数编制方案

上证综合指数由在上海证券交易所上市的符合条件的股票与存托凭证组成样本,反映上海证券交易所上市公司的整体表现。

一、指数名称和代码

指数名称:上证综合指数

指数简称:上证指数

英文名称:SSE Composite Index

英文简称:SSE Index

指数代码:000001

二、指数基日和基点

该指数以 1990 年 12 月 19 日为基日,以 100 点为基点。

根据上证综合指数编制方案，上证综合指数是以 1990 年 12 月 19 日为基日，以 100 点为基点，由在上海证券交易所上市的股票和红筹企业发行的存托凭证组成，ST、＊ST 证券除外。上市以来日均总市值排名在沪市前 10 位的证券于上市满三个月后计入指数，其他证券于上市满一年后计入指数。被实施风险警示的样本，从被实施风险警示措施次月的第二个星期五的下一交易日起将其从指数样本中剔除；被撤销风险警示措施的证券，从被撤销风险警示措施次月的第二个星期五的下一交易日起将其计入指数。当样本退市时，及时将其从指数样本中剔除。

从这一编制方案可以得知：上证综合指数和美国纳斯达克指数相似，在上海证券交易所上市的所有股票都参与编制，只不过需要剔除 ST 股和＊ST 股；上证综合指数包含的股票中，贵州茅台、工商银行、农业银行、中国石油、招商银行、中国人寿、中国银行、中国电信、中国石化、中国平安是目前权重最大的股票，同时对指数影响最大。需要特别说明的是，根据指数编制规则，中国移动虽然总市值高达 2 万亿元，但是由于它在 A 股上市部分只有 9 亿股左右，市值约 900 亿元，低于前十名的市值而未能列入这个名单。

十大权重　　　　　　　　更新日期 2023-03-14

证券代码	证券名称	中证一级行业分类	中证二级行业分类	权重(%)
600519	贵州茅台	主要消费	食品、饮料与烟草	4.72
601398	工商银行	金融	银行	2.53
601288	农业银行	金融	银行	2.05
601857	中国石油	能源	能源	1.91
600036	招商银行	金融	银行	1.52
601628	中国人寿	金融	保险	1.51
601988	中国银行	金融	银行	1.49
601728	中国电信	通信服务	电信服务	1.20
600028	中国石化	能源	能源	1.12
601318	中国平安	金融	保险	1.05

　　了解了指数是如何编制的,再来看看为什么这么多年上证综合指数还在原地踏步呢?第一个原因是以前每一只新股在上市的第 11 天就被纳入指数,但是大家都知道很多新股上市的时候价格都非常高,后来都会经历比较长时间的下跌,因为新股上市计入指数的问题,上证综合指数有非常大的涨幅都被吞掉了。2020 年终于把新股纳入指数的时间推后到上市 1 年之后。第二个原因是上证综合指数是全指数,也就是所有股票都被计入,那些退市的股票,特别是曾经的大牛股,在退市的时候都给市值造成了巨大的损失,而这些损失也要计算到指数中,因此指数还会被拖累。第三个原因是上证综合指数是加权指数,也就是市值越大的股票影响就越大,而大量超级大盘股的上市造成了指数波动率下降。特别是现在一些万亿市值股票的出现,要知道现在全市场的总市值也才几十万亿元,十几只万亿股票原地不动,指数也就动不了了。这些超级大盘股稳稳地压住了指数的波动,使得指数平稳维持在 3000 点附近。

　　相比上证综合指数的原地踏步,以中小型企业为主的深圳成分指数、中小 100 指数、创业板指数等都有较大幅度的上涨。例如,深圳成分指数在 2008 年的时候只有 6000 多点,在 2023 年 3 月的时候达到 11000 多点,几乎翻倍。中小 100 指数在 2008 年的时候只有 2400 多点,在 2023 年 3 月的时候已经达到了 7500 点以上,是当时的三倍多。从 2010 年开始编制的创业板指数,基期为 1000 点,虽然中途一度跌到了 500 多点,但是在 2023 年 3 月的时候有 2400 点,比基期也有 140% 的涨幅!

　　事实上这些数据可以说明上证综合指数的 3000 点明显是存在失真情况的,但是失真的主要原因还是大量大型企业的上市,导致指数的总市值过于庞大,因此波动率下降,涨幅明显下降。

11. 为什么中国股市暂时不实行 $T+0$?

大家经常会看到有人呼吁股市实行 $T+0$,那么什么是 $T+0$ 呢? $T+0$(transaction plus 0 days)是证券交易与结算制度的一种简称。就是当天卖出股票获得的资金在当天就可以买入股票、当天买入的股票在当天就可以卖出($T+0$ 交易),而买卖成交实际发生当天证券和资金就清算交割完成($T+0$ 结算)。上述两者并不能混为一谈,$T+0$ 结算是 $T+0$ 交易的充分不必要条件。

充分不必要条件是一个数学上的概念,意思是如果有事物 A,则必然有事物 B;如果有事物 B 不一定有事物 A,A 就是 B 的充分不必要条件。$T+0$ 结算必定会有 $T+0$ 交易,但是已经实行了 $T+0$ 交易,却未必能实行 $T+0$ 结算。从投资者角度来理解,就是当天买入的股票当天可以卖出($T+0$ 交易),当天卖出股票而获得的资金,当天可以取走($T+0$ 结算)。

为什么那么多人呼吁实行 $T+0$ 呢? 其实只是为了刺激股市上涨而已。股市里有一个说法,叫价升量增,就是指成交量放大,股价就会上涨。而在现行的 $T+1$ 下,当天买入的股票当天不能卖出,这就限制了股票的交易和流通,成交量没办法持续放大,所以股票涨不上去。还有很多人提出实行 $T+0$ 的理由是买入股票之后发现做错了,但是当天不能卖出,由此造成了损失。

为什么这么多年过去,却一直不实行 $T+0$ 呢? 在旧版《证券法》中明确提到,"证券公司接受委托或者自营,当日买入的证券,不得在当日再行卖出",但是现在这条规定已经删除,也就是说从法律的角度来看已经不存在障碍。目前 $T+1$ 是交易所交易规则中予以明确的,也就是只要交易所修改规则就可以变更。当然该操作在技术上也不存在难度,因为在 1995 年之前就已经可以实现 $T+0$ 了。

不实行 $T+0$ 的原因,笔者认为有以下方面。

(1)股市确实已经好几年没有牛市了,但是这是不是用刺激手段可以把股市搞起来的充分必要条件? 简单来说,就是只要开放 $T+0$ 就一定有牛市,有牛市就必定实行 $T+0$。证监会已经多次对股市表态,明确不把指数涨跌纳入考量。因此,监管部门不会再用这种强刺激手段来刺激股市。

(2)股价下跌较大,是不是就意味着公司已经被低估了? 很多投资者都会拿出非常多的研究报告,以此作为股价被低估的依据。笔者多年走访了大量的上市公司,发现目前股市里很多公司的股价并不是报告里面写的"低估",而是高估太多了。如果股价本身不是被低估,为什么要用 $T+0$ 这种强刺激手段来刺激股价呢?

(3)开放 $T+0$ 最大的作用是刺激成交,现在股市的成交量太低了吗? 不是,而是太高了。很多投资者都喜欢拿现在的指数高低、成交量同以前高峰时代相比,结果自然是萎缩了不少。但是如果放在全世界的股市范围之内来看,A 股的换手率仍然遥遥领先数倍。这就好比一个高血压病人,医生说超过 140 mmHg 就叫高血压,他长期都是 200 mmHg 甚至超过 200 mmHg,可是个人感觉良好。这种情况下,能说这个人没生病吗? 显然是不能的。但是投资者早已习惯了 A 股市场的高换手率,换手率稍微降低,并不代表换手率是真的很低。

所以在 A 股市场喜欢以短炒为主的习惯改变之前,盲目变成 $T+0$,对整个市场并没有好处,无异于饮鸩止渴。

12。 为什么要执行涨跌停板限制？

这些年除了 $T+1$ 以外，广大投资者最诟病之一的还有涨跌停板限制。投资者以外也有不少专家多次提出取消涨跌停板限制，每年的两会都有代表提案。虽然多次提案，但是一直以来涨跌停板限制却从未取消。唯一的例外就是新股上市前 5 天是没有涨跌停板限制的，创业板和科创板的涨跌停板比例为 20%。

可是大家有没有注意过两个细节：一个细节是，提案被接受，但没有下文；另一个细节是，提案大多由非业内人士提出，真正业内的券商，基金、资产管理机构的相关从业者，很少提出这种提案。大家有没有想过背后的原因呢？

涨跌停板限制是不是如专家所说是中国独有的呢？答案显然不是。大家最熟悉的美国证券市场是没有涨跌停板限制的，但是不代表世界上的股市都没有。日本、韩国、泰国、马来西亚、法国等，都是有涨跌停板限制的，只不过幅度大小不一致。即使是美国，虽然没有涨跌停板限制，却有熔断机制。因此以国际惯例来片面地批评我国股市的涨跌停板限制，是不公平的。

为什么要执行涨跌停板限制？答案是防止无序炒作。

2006 年 6 月 19 日，在经历了长期的涨跌停板限制之后，中工国际作为新股，取消涨跌停板限制的第一股亮相了，结果是在发行价只有 7.4 元的基础上，开盘为 17.11 元，最高为 50 元，收盘为 31.97 元，随后连续 5 个跌停，最后一路跌回开盘价附近，难道这就是大家想要的吗？难道

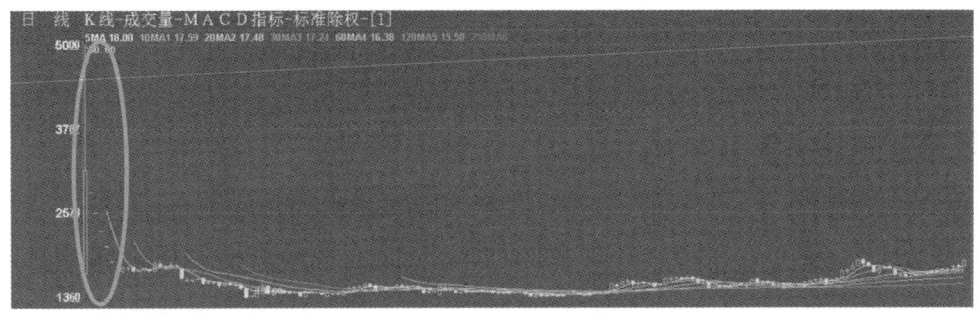

这还不能说明,取消了涨跌停板限制,也并没有给散户带来想要的盈利吗?

涨跌停板限制,不能简单地推行,必须和 $T+0$ 共同配合,否则会造成更严重的后果。在这样一个大背景之下,如果盲目地取消涨跌停板限制,只会造成更疯狂的炒作和更高的换手率。表面上股市繁荣,但是实际上都是泡沫。而这类风险,是那些行业之外的人体会不到的。隔行如隔山,频频对股市谏言和提案的人士在各自的领域可能是专家,但是面对金融市场,面对有中国特色的证券市场,第一步是稳定投资者焦躁的情绪,在市场稳定下来之前,任何一味提高成交量和刺激股价的做法都只是一剂兴奋剂而已,都只是饮鸩止渴。

13. 融资融券之融资

很多人应该都听说过融资炒股与一些融资炒股爆仓的案例,那么融资炒股究竟是怎么回事?简单来说,融资就是借钱,所以融资炒股自然就是借钱炒股。目前,资本市场上为客户提供融资的机构有很多,有些是合法的,有些是不合法的。

先说不合法的,某些个人或企业(资金方)私下与客户(融资方)达成协议,给客户提供用于股票投资的资金。在大多数情况下,为了保护资金方资金的安全,资金方会要求客户将自有资金转入他们提供的账户中,然后资金方按照一定比例放大用于股票或者期货交易的资金,通常这种比例从 1∶3 到 1∶10 不等。首先这种行为违反了证券交易实名制的规定,属于出借账户;其次之前发生过多起该类型的诈骗案例,有些资金方实际上提供的是虚拟账户,借机诈骗客户资金。同时,由于杠杆比率过高,即使账户信息真实并且双方顺利完成融资交易,但由于客户所承担的风险过大,血本无归的案例也不在少数。

多年前,笔者曾协助解决过一次发生在武汉的纠纷。2010 年前后,客户原本是武汉盘龙城某服装厂的老板,在银行办理业务时遇到了某证券公司的员工,该员工多次暗示可以协助提供融资资金,并介绍了某自然人给客户提供数倍资金用于炒股。在多次补仓后,最终客户还是因为股票杠杆比率过高输掉。短短 1 年时间,不仅个人账户内数百万元灰飞烟灭,连厂房和年盈利 300 万元的企业也被迫出售用于还债。

目前,合法的股票融资融券交易只有证券公司提供的融资融券业务和信托公司提供的信托计划。融资融券交易,又称证券信用交易或保证金交易,是指客户向具有融资融券业务资格的证券公司提供担保物,借入资金买入证券(融资交易)或借入证券并卖出(融券交易)的行为。信托计划一般门槛较高,普通客户能接触到的最普遍的融资交易方式,只有证券公司提供的融资。

如果想开通融资融券业务,需要具备以下基本条件。

(1)年满 18 周岁,从事证券交易不少于六个月;

(2)最近 20 个交易日的日均证券类资产不低于 50 万元(结算资金、股票、债券、资产管理计划等);

(3)测评时间在 2 年内,风险测评结果须为积极型/进取型(风险承受能力高);

(4)信誉良好,为不在券商信用业务"黑名单"库内的个人或机构;

(5)非本公司的股东和关联人;

(6)不为法律法规禁止参与融资融券业务的个人或机构;

(7)符合公司适当性管理的规定,未有不适合开通融资融券业务的情况。

进行融资交易的时候,大家需要牢记以下重要信息。

(1)标的证券:是指在证券交易所上市交易,经证券交易所认可及证券公司确定的,可作为融资买入或融券卖出的证券,包括符合规定的股票、证券投资基金、债券、其他证券。证券公司可根据证券交易所公布的标的证券名单和市场情况,确定和调整公司标的证券名单。也就是说,如果客户计划融资买入一些非标的证券,是不被允许的。一般情况下,ST 股票、有退市风险的股票、公司存在严重风险的股票、流动性很差的股票等都有可能被交易所和证券公司从标的证券名单中剔除。

(2)可充抵保证金证券:是指标的证券和证券公司认可的其他可用以充抵保证金的证券。证券公司可根据证券交易所公布的可充抵保证金的证券范围和市场情况,确定和调整公司可充抵保证金的证券范围。简单来说,市值 100 万元的股票并不能当作 100 万元保证金,需要根据每只股票的可充抵保证金证券折算率来折算。例如某股票的折算率是 90％,那么市值 100 万元的该股票可以冲抵 90 万元保证金。如果某股票的折算率是 60％,那么市值 100 万元的该股票只能冲抵 60 万元的保证金。

(3)融资额度:一般情况下,目前券商为客户提供的最大融资额度为客户保证金的 100％,也就是客户资产为 100 万元时最多可以提供 100 万元的融资额度。但是在实际开仓的时候,由于客户保证金是需要按照可充抵保证金证券折算率折算的,所以客户实际融资额度一般是小于证券公司为客户设定的总额度的。例如某客户持有证券市值 100 万元,证券公司为客户提供的最大融资额度为 100 万元。但该证券可充抵保证金证券折算率为 50％,所以该客户在实际融资买入的时候,最大可使用的资金额度为 50 万元。

(4)维持担保比例:是指客户担保物的价值与其融资融券债务之间的比例。例如客户自有资产 100 万元,融资买入某证券 50 万元,总资产为 150 万元,总负债为 50 万元,维持担保比例为 150 万元 ÷ 50 万元 × 100％＝300％。

(5)警戒线:由证券公司确定并公布的警戒线的维持担保比例。目前绝大多数的证券公司执行的标准是 140％～150％。

(6)平仓线:由证券公司确定并公布的平仓线的维持担保比例。目前绝大多数的证券公司执行的标准是 130％。

(7)最低线:由证券公司确定并公布的最低线的维持担保比例。目前绝大多数的证券公司执行的标准是 110％～120％。

每一位参与融资交易的投资者都必须了解以上信息,否则很可能在进行交易的时候遇到问题或者发生纠纷。在融资买入股票的时候,如果发生维持担保比例低于警戒线的情况,证券公司会按照合同约定的方式(如短信或电话)提醒客户注意风险。现在以某国大型券商融资融券合同为例进行介绍。

某公司警戒线为150%,当客户持仓的维持担保比例低于150%时,当天(T日)收市后,按照合同约定方式(如短信或电话)进行提醒,如果客户持仓的股票继续下跌,维持担保比例跌破140%,就会触发新一级的警示。此时会有两种情况发生,第一种情况是 T−1日维持担保比例高于平仓线130%。如果当日(T日)日终清算后维持担保比例高于120%但低于130%,客户 T+1日需追保以确保维持担保比例不低于140%。如果 T+1日日终清算后维持担保比例低于140%,T+2日证券公司有权强制平仓。如果当日(T日)日终清算后维持担保比例低于最低线120%,证券公司 T+1日有权直接强制平仓。第二种情况是 T−1日维持担保比例低于平仓线130%。客户当日应补交担保物以保证当日(T日)日终清算后维持担保比例达到或高于140%,否则证券公司有权自次一交易日(T+1日)起执行强制平仓。如果遇到极端情况,也就是客户重仓的某只股票出现快速大跌,导致某日维持担保比例直接跌破至最低线,次日开盘后会直接强平。(以上两种情况只是就该券商融资融券合同细则进行介绍,由于各家证券公司在合同细则上存在不同,因此投资者需要详细阅读合同内容,避免产生误解。)

由于绝大多数客户不具备杠杆交易常识和证券交易的经验,在进行融资交易的时候很容易发生高风险事件,因此不建议普通客户进行融资交易。当然,某些高净值客户同样也不具备这些知识,因此也会发生高风险事件。

例如,媒体曾经报道过广州一位69岁的老太太,在某证券公司开通了融资融券业务并申请了融资额度后,于2017年3月买入股票。在2018年2月跌破合同约定的追保线且未能及时追保,于是依据合同约定,券商执行了平仓操作,最终完成平仓后仍然有部分融资额度未能偿还,为 1000 万元左右。

从披露的数据来看,截至 2018 年 2 月 1 日,维持担保比例为 128%,负债总额、融资负债总额均为 33355176.80 元,即当时账户的总额是 4270 万元左右,但是在强制平仓之后,客户原有的 900 多万元资产跌没了,还倒欠证券公司 1026 万元。这个过程中证券公司收回融资资金大约 2300 万元,约 4270 万元的一半,究竟是买了什么股票才会发生这种短期下跌 50% 的情况?翻查历史资料,2018 年 1 月底到 2 月初证券市场确实发生了较大的下跌,但是指数实际下跌大约 10%,账户下跌却接近 50%。从这个细节来看,该客户账户中股票的集中度应该比较高,或者同时持仓的类型较为一致,由此产生了非常高的风险。

再次慎重提醒,不要轻易进行融资交易。

14。 融资融券之融券

很多投资者应该都听说过融券,也能理解这是一种做空行为。绝大多数人都痛恨做空,甚至闻之色变,由此产生了非常多的误解。

首先,参与这项业务的资格和融资是一样的(详细条件可以参看前一节)。融券业务和融资业务的最大不同是参与方式:融资业务是向证券公司借入资金买入股票,而后卖出股票偿还或者直接用现金偿还,借入的是资金;融券业务是向证券公司借入股票,卖出后在适当的时机用股票偿还,可以用原有的股票来偿还,也可以用重新买入的股票偿还,借入的是股票。

融资买入股票,只要客户的融资额度没有用完,而且券商也有可供融资的资金,就可以融资买入标的股票。而融券卖出股票,除了融资额度还没用完,还需要有券可以融。这个券从哪里来呢?我国证券市场是不允许卖空的,即手上没有股票的时候就去做空。所有用于融券的股票都是借来的,来源主要有两种:一种是各个券商的自有券,多数是券商自营部门的券,就是自己买了做多的券,暂时不考虑卖,所以可以借给客户用于做空。券商自营部门借出这个券本身还是想通过股价上涨赚差价,他们看涨,而此时你看跌,那就不如大家对赌一下,何况你还要给他利息。这种券一般很少见,因为自营部门很少在某只股票上集中大量购入,而且又不打算卖。这种券基本上都是大白马股(指增长比较稳定,业绩优异,规模大,行业领先或垄断产品在行业内、公司市场内有竞争力的股票)。另一种就是转融通,即上市公司大股东不打算减持,就借一部分股票给证金公司,接着证金公司把这个股票借给证券公司,证券公司再借给有做空需要的人。经过这一系列的手续,大家都要赚钱,所以你应该能想到,大股东其实没得到多少好处,年利率大概只有一到两个点。你觉得会有大股东愿意这么做吗?有肯定会有,但不会很多。

可能这样说大家还不太理解,我们举个例子。假设某客户想融券工商银行,市场价格为 5 元,计划融券卖出 100 万股股票。但此时券商自营部门账户里没有那么多工商银行的券,或者虽然有足够多的券却不想借出,那么这笔融券交易就无法达成。如果刚好券商也愿意借出这部分股票用于客户做空,那么这笔融券交易就可以成功。在具体实施的时候,客户账户上并没有这部分股票,而是直接进行融券卖出。在融券卖出 100 万股股票之后,客户需要在约定的时间内买回这部分股票用于偿还。

融券不是散户们理解的"砸盘"。依据融券规则,融券时的委托价格不得低于当前成交价。这句话是什么意思呢?假设现在有某只股票,买一到买五分别为 10.00 元、9.99 元、9.98 元、9.97 元、9.96 元,卖一到卖五分别为 10.01 元、10.02 元、10.03 元、10.04 元、10.05 元,当前最新成交价为 10.01 元。在这种情况下,如果要进行融券交易,你的最低卖出价为 10.01 元,也就是你只能按照卖一的价格委托,并且排在之前委托卖出的人之后,按照时间顺序依次等待成交。但是如果当前最新成交价为 10.00 元,那么你的最低卖出价可以为 10.00 元。通过这一规则可以很清楚地看出,融券是不能砸盘的,只能增加市场上的抛售量而已。

除了直接融券卖出以外,融券交易有时候也能起到特定的作用。例如,根据现有业务规则,如果大股东减持,买方在通过大宗交易买入股票之后需要锁定 6 个月不能卖出,通常这种减持大股东会提供约 15% 的折扣。假设某股票市场价格为 10 元,大股东通过大宗交易减持的价格为 9 元,然后直接补偿买方每股股票 0.5 元(详细细节可以翻看有关大宗交易的章节）。大宗交易的买方在完成接盘行为之后，为了规避可能会出现的市场波动风险，可以向有券的机构借入股票然后在市场上抛售，等待 6 个月的锁定期结束，偿还接盘买入的股票就可以了。

除此之外，也有机构在进行定增之前就先寻找相应的券源，因为定增通常会折价，那么左手定增买入股票，右手融券卖出股票，待半年后定增股票解禁，就可以偿还融券的股票，同样也可以起到特定的作用。

15. 到新三板上市？错啦！

相信大家经常可以在新闻媒体上看到一些关于企业上市的报道。例如,2020 年 7 月新三板精选层开市,首批挂牌了 32 家企业。一些非专业媒体记者和自媒体写的文章标题,很多时候都写成了"32 只新股集体上市"(挂牌不等于上市,两者的概念完全不同)。

在媒体上经常会看到某企业上市的消息,然后这些企业在自己的产品、网站甚至名片上都写上公司的名称以及股票代码。如果大家认真观察,会发现这些企业写的代码和大家常见的(上交所以 600 或者 688 开头,深交所以 00、300 等开头,港交所以 0 开头等)不同,这些企业的股票代码往往以 8、4 等开头。这是怎么回事呢？其实这些企业并非在上交所、深交所、港交所等地上市,而是在新三板甚至是各地的一些股权交易平台挂牌。

"上市"是一个证券市场术语。狭义的上市即首次公开募股,指企业通过证券交易所首次公开向投资者增发股票,以期募集用于企业发展资金的过程。而目前国内能够公开增发股票募集资金的只有上交所、深交所、北交所和港交所,其他地方包括新三板都不能叫"上市",只能叫"挂牌"。

除了新三板以外,各地股权托管中心也是中国证监会统一监管下的多层次资本市场的重要层级和有机组成部分,是区域性股权市场的运营机构,俗称"四板",是服务各类中小微企业的股权托管登记、股权规范交易和股权投资融资综合性金融服务平台。它们主要为企业提供非上市公司股权、债权、私募债券、理财产品、金融非衍生产品等产品的挂牌、转让、登记、托管、结算、过户等服务；为非上市公司的投资、融资、并购、资本运作等提供财务顾问服务；组织开展金融产品创新与交易活动；提供与前述业务相关的查询、信息服务，投资咨询、顾问服务，项目投资，资产管理等其他相关业务。

四板挂牌和主板上市的区别有多大？主板、中小板、创业板、科创板、新三板都属于公募资本市场，该板块的上市企业可面向公众发行股票，股东数量不低于 200 人；四板属于私募资本市场，该板块的挂牌企业只能面向特定人群通过私募方式进行股权交易，股东数量必须在 200 人以内。

四板挂牌可以像原始股那样赚钱吗？答案是：不一定。投资都是有风险的，既有赚钱的可能，也有赔钱的可能。作为企业来说，融资是它们的需求，四板市场是提供这种中介和交易服务的场所，但是谁都不能保证可以赚钱。更关键的是，这个市场的流动性很差，并且不是以市场价格计价，基本上都是以协议价格及净资产为基准定价的。

例如，武汉股权托管交易中心成立 9 年以来（2020 年 8 月为止），累计托管总股本达到了 1772 亿股，累计成交量 121 亿股，累计成交额 239 亿元。也就是说，在武汉股权托管交易中心成立的 9 年中的平均年换手率不足 1％，而且每股平均成交价格不足 2 元。这不仅和主板市场无法相比，甚至和新三板都相距甚远。因此如果客户是一个散户又期望借原始股赚取暴利，这恐怕会让客户大失所望。

目前确实存在一些企业以原始股为幌子，以上市为诱饵，诱导一些中小投资者进行投资，当募资完成后以四板挂牌作为已上市的回应。要知道在四板挂牌的要求是非常低的。例如，某股权托管交易中心的挂牌条件是非上市企业存续期需满一年，并且满足下列四项标准之一，即可申请在新四板挂牌。

（1）盈利指标：最近 12 个月的净利润累计不少于 300 万元。

（2）营业收入＋成长指标：最近 12 个月的营业收入累计不少于 2000 万元。

（3）最近 24 个月的营业收入累计不少于 2000 万元，且增长率不小于 30%。

（4）净资产＋营业收入指标：净资产不少于 1000 万元，且最近 12 个月营业收入不少于 500 万元。

由此可见，这种挂牌条件和主板上市条件完全不能相比。

还有比这更荒谬的事。例如，2022 年某企业宣称在香港上市且为此举办了一场上市敲钟仪式，可是这个仪式却非常蹊跷。首先，大多数企业上市敲钟仪式都是在交易所上市大厅举行（上交所有一个很大的场地，场地中间有一个大锣，可以用一个木槌去敲那个锣。而深交所是真的敲钟，只不过经历了几代不同的钟，钟高悬在大厅上方的灯笼里，只有举行仪式的当天才会降下来，方便敲钟），而这家企业却是在厦门国际会议中心大酒店举办敲钟仪式，让人感到奇怪，现场的锣也显得不伦不类。我们在港交所网站去查询这家企业却没有相关的信息。大家可以凭借自己的经验进行判断，一家企业如果在香港上市，现有的股票行情软件中应该可以看到企业的行情信息等资料，但是这家企业在软件中也查不到相关信息。

之后不久，厦门市地方金融监督管理局官网就发布公告，称这家企业宣称"在香港上市"为虚假信息。事后经过调查，这家企业相关人员称"那个活动只是一个代理商年会"。公司为代理商举办这样一场仪式，其目的是让代理商觉得企业实力雄厚可以合作而已。但企业未上市，而虚构企业上市的行为，要结合其目的和造成的后果来看其是否构成违法行为。若企业虚构上市来宣传和销售企业的产品，那么就构成虚假宣传行为；若企业虚构上市来募集资金，则可能构成欺诈行为。

这些企业为什么要拼命把自己和上市公司联系起来呢？原因也很简单，一方面，想利用老百姓对上市公司的好感推销自己的产品和业务；另一方面，就是试图推动公司的股权融资行为。还有一些代理机构公然召开所谓的"认股大会"，推销原始股，以即将上市可获取暴利为诱饵，吸引不明真相的投资者上钩，然后将一些一文不值的股权出售给投资者。几年之后则以经营不善等理由宣布公司倒闭，或者随意送到某个股权交易平台挂牌搪塞，其实这些推销原始股的行为从一开始就存在欺诈。其中欺骗性最强的就是所谓的"去美国上市"。大家熟知的纽约证交所、纳斯达克证交所是美国的大型股票市场，除此之外美国还有很多地方性的证券交易所（例如，中西部证券交易所、费城证券交易所等），美国不仅有二级市场，还有三级和四级市场，那些所谓的在美国上市的企业很多都是到场外交易市场挂牌，股票无人问津，几乎等同于废纸。

在经济领域，有一句话永远都是有效的——"天下熙熙皆为利来，天下攘攘皆为利往"，请不要上当。

16. 什么是做市商？

现在科创板、新三板、北交所等都有做市商，那么什么是做市商，作用又是什么呢？做市商是指在证券市场上，由具备一定实力和信誉的独立证券经营法人作为特许交易商，不断向公众投资者报出某些特定证券的买卖价格(即双向报价)，并在该价位上接受公众投资者的买卖要求，以其自有资金和证券与投资者进行交易。买卖双方不需要等待交易对手出现，只要有做市商出面担任交易对手即可达成交易。

为什么要引入做市商呢？从定义中可以看出，其原因是为了增加市场流动性，也就意味着被引入做市商的市场目前流动性不足。流动性不足具体表现在买一价格和卖一价格之间差距非常大，而且成交少，如果要买这只股票很可能会出现把股价拉高，或者想卖出这只股票的时候把股价降低的情况，这种股票就属于典型的流动性不足。目前 A 股市场上有些小盘股，特别是价格比较高的小盘股，经常会出现每天成交量只有几十万股甚至十几万股的情况，换手率很低，这就是流动性不足导致的。科创板从开板以来就受到各界人士的关注，大家参与的兴趣很高，公司的股价涨幅很大，但是成交量却开始呈现出明显的递减趋势。如果只看每个公司股票的日均成交量，2020 年初每个公司股票的日均成交量都在 2000万股以上，但是 3 年之后有 50 家公司日均成交量都低于 50 万股，90％的公司日均成交量低于 500 万股。成交金额也出现巨大分化，成交量最大的中芯国际每日成交金额通常会超过 10 亿元，而最小的公司往往只有几百万元，例如，秦川物联在 2021 年 5 月 6 日只成交了 20.46 万股，成交金额只有 273 万元。

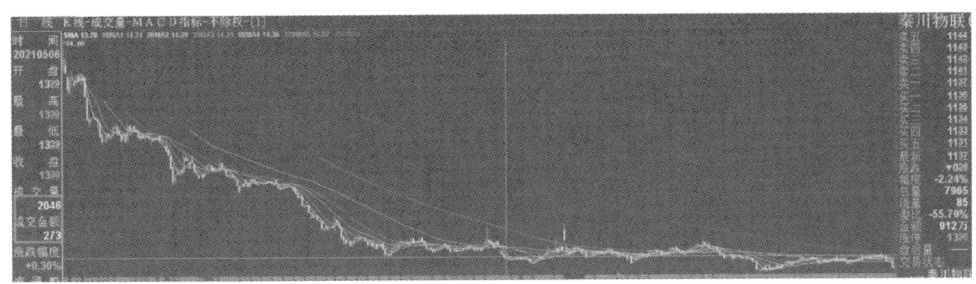

例如,科创板的公司瑞松科技上市约一年半的时候,每天成交量只有 30 万股左右,换手率也只有 0.5％左右。2021 年 5 月 18 日甚至只成交了 10.07 万股!并且买卖单的委托差距非常大,买一价格和卖一价格之间的差距达到了 0.1 元,这就属于比较典型的流动性不足。当引入做市商之后,为了保证想买入股票的投资者可以买得到,想卖出股票的投资者能卖得出,做市商会分别在对应的买入和卖出进行委托,保证交易的持续进行。

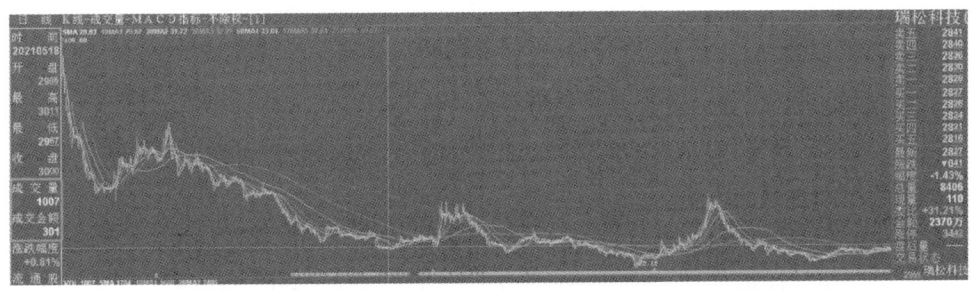

做市商就是做庄吗?二者还是有本质区别的。做市商的目的是给市场提供流动性,并不会直接或者间接地影响市场交易价格,是一种交易制度;做庄是以赚取股票差价为目的,采用操纵股价的手段,利用资金和股票的优势抬高或压低股票的价格,是一种违法行为。新三板市场在几年前就引入了做市商制度,大家可以从那些已经进行做市商交易的股票交易情况看出,它并没有造成股价的大幅度上涨或下跌,也就谈不上做庄了。

目前,国内做市商的主要服务对象是一些券商。为股票提供做市商服务是否会给券商带来新的利润增长点?券商会不会因此获益呢?从理论上来讲,做市商也是要赚钱的。例如某股票价格 5 元,买入价 5 元、卖出价5.01元,券商就获得了 0.01 元的利润,如果考虑到为做市商服务提供者减免了税收,那么这中间的差价 0.01 元也就是股价 0.2% 的部分就是利润,如果这个交易连续进行并且累计,也是一笔不小的收入。但是作为做市商服务的提供者,他们的风险还是很大的。

首先是资金成本。买入股票的资金成本年利率在 6% 左右。资金成本是为取得资金使用权所支付的费用,项目投资后所获利润额必须能够补偿资金成本,才能有利可言。因此,基准收益率最低限度不应小于资金成本年利率,否则便无利可图。

其次是库存股股票的跌价风险。库存股是指已公开发行的股票但发行公司通过购入、赠予或其他方式重新获得可再行出售或注销的股票。库存股股票既不分配股利,又不附投票权。在公司的资产负债表上,库存股不能列为公司资产,而是以负数形式列为股东权益。做市商提供的是双向服务,所以肯定会库存一部分股票,如果市场价格出现下跌,这部分股票跌价产生的损失也很大,还有信息不对称的风险。通常有很多做市商,当某些特殊的信息会对股价造成波动时,并不是每个做市商都会同时接收到信息,因此就会有部分做市商选择先买入或者先卖出,这对于后得到信息的做市商就非常不利。所以从这个角度来说,做市商并不是一个旱涝保收、赚大钱的买卖。

引入做市商制度还有一个非常重要的原因,就是化解大量股票解禁形成的冲击压力。解禁股是指限售股过了限售承诺期,可以在二级市场自由买卖的股票。解禁股分为大非解禁股和小非解禁股。科创板引入做市商制度是在科创板开板约 2 年的时候,那时有不少原始股东和战略投资者锁定的股份即将陆续解禁,科创板的股价依旧很高。从历史经验考虑,当公司股价很高的时候,战略投资者和原始股东都有比较强烈的减持欲望,同时很多这种股票的交易并不活跃,这些机构减持难度非常大,如果强行卖出会对市场价格形成非常大的冲击。引入做市商制度,可以活跃整个交易市场,增加流动性,也可以有效地化解未来大量股票解禁带来的冲击,对整个市场的平衡是有利的。

17. 什么是大宗交易？

一看到标题,估计很多人都很疑惑,名字叫大宗交易,明显就是与大户有关,与散户没有关系呀。那究竟什么是大宗交易呢？根据现行的交易规则,大宗交易是指达到规定的最低限额的证券单笔买卖申报,买卖双方经过协商达成一致意见并经交易所确定成交的证券交易。

现行的交易规则规定,在 A 股交易中,大宗交易的最低申报门槛为单笔买卖申报数量 30 万股或交易金额 200 万元以上。与普通 A 股交易不同,上交所大宗交易的交易时间为:9:30—11:30、13:00—15:30 接受意向申报;15:00—15:30 接受大宗交易成交申报;15:00—15:30 接受固定价格申报。深交所大宗交易的交易时间是:采用协议大宗交易方式的,接受申报的时间为每个交易日的 9:15—11:30、13:00—15:30;采用盘后定价大宗交易方式的,接受申报的时间为每个交易日 15:05—15:30。

估计看到这里有些人已经快看不下去了,太深奥了！而且与散户无关啊？请大家耐心看下去,这里面的信息量非常大,因为大宗交易的交易价格其实决定了很多事情。以 2023 年 4 月上旬的数据为例,大家可以很清楚地看到每天的大宗交易成交金额在 20 亿元上下浮动,其中大多数都是折价成交的。其中在 2023 年 4 月 11 日的交易记录中,可以看到这样一组成交记录:泰恩康(301263)以 29.26 元的价格成交了 30 万股,成交金额为 877.80 万元。而作为参考,2023 年 4 月 11 日的收盘价是 36.28 元,为什么它们会以远低于当天收盘价的价格把股票卖掉呢？

交易日期 ⇕	上证指数	上证指数涨跌幅(%)	相关	大宗交易成交总额(万)	溢价成交总额(万)	溢价成交总额占比	折价成交总额(万)	折价成交总额占比
2023-04-12	3327.18	0.41	详细	214072.20	18444.84	8.62%	174917.62	81.71%
2023-04-11	3313.57	-0.05	详细	193489.47	23291.31	12.04%	98002.91	50.65%
2023-04-10	3315.36	-0.37	详细	205458.99	9589.87	4.67%	122643.79	59.69%
2023-04-07	3327.65	0.45	详细	205595.31	22670.19	11.03%	163348.29	79.45%
2023-04-06	3312.63	0.00	详细	226660.08	19746.41	8.71%	184793.63	81.53%
2023-04-04	3312.56	0.49	详细	151350.30	13585.29	8.98%	119665.01	79.06%
2023-04-03	3296.40	0.72	详细	204589.06	1441.93	0.70%	187228.59	91.51%
2023-03-31	3272.86	0.36	详细	250698.14	5151.50	2.05%	149658.24	59.70%
2023-03-30	3261.25	0.65	详细	193321.71	13567.80	7.02%	120841.91	62.51%
2023-03-29	3240.06	-0.16	详细	213364.86	2854.94	1.34%	155263.89	72.77%
2023-03-28	3245.38	-0.19	详细	262647.65	13793.97	5.25%	190458.51	72.51%
2023-03-27	3251.40	-0.44	详细	480320.65	7950.58	1.66%	400322.34	83.34%
2023-03-24	3265.65	-0.64	详细	209527.29	8445.76	4.03%	162216.23	77.42%
2023-03-23	3286.65	0.64	详细	289447.43	9707.58	3.35%	254017.34	87.76%
2023-03-22	3265.75	0.31	详细	225260.63	14181.78	6.30%	187492.25	83.23%
2023-03-21	3255.65	0.64	详细	445454.67	144883.53	32.52%	225587.78	50.64%
2023-03-20	3234.91	-0.48	详细	231157.87	4339.46	1.88%	188097.22	81.37%
2023-03-17	3250.55	0.73	详细	360278.57	4402.23	1.22%	241240.13	66.96%
2023-03-16	3226.89	-1.12	详细	253059.41	3880.61	1.53%	129856.63	51.31%
2023-03-15	3263.31	0.55	详细	294099.28	18794.96	6.39%	190240.94	64.69%
2023-03-14	3245.31	-0.72	详细	130708.39	15117.88	11.57%	88472.44	67.69%
2023-03-13	3268.70	1.20	详细	310893.12	2107.88	0.68%	266991.43	85.88%
2023-03-10	3230.08	-1.40	详细	157923.86	6121.69	3.88%	107099.69	67.82%
2023-03-09	3276.09	-0.22	详细	221041.44	14308.61	6.47%	174724.28	79.05%
2023-03-08	3283.25	-0.06	详细	202190.48	2859.19	1.41%	181254.55	89.65%

更让人奇怪的是,有时候成交价格还超过了跌停板。例如在 2023 年 4 月 11 日有几笔美亚柏科的交易,其中有一笔以 22.13 元买入 167 万股,成交金额 3965.71 万元,但是当天美亚柏科的收盘价是 28.40 元,卖方要用这么低的价格卖出,甚至有 22.08% 的折价,这已经超过创业板 20% 跌停的限制,为什么会出现这样的结果?

因为大宗交易确定涨跌停板范围的不是当天的收盘价,而是前一天的收盘价。美亚柏科在 2023 年 4 月 10 日的收盘价为 24.06 元,以这个范围计算,交易价格在 19.25 元到 28.87 元之间都是合理的。正是因为这个原因,这一笔大宗交易价格以 22.13 元成交完全合规。

交易日期	证券代码	证券简称	相关	涨跌幅(%)	收盘价(元)	成交价(元)	折溢率(%)	成交量(万股)	成交额(万元)	成交额/流通市值	买方营业部	卖方营业部	上榜后涨跌幅(%) 1日	5日
04-11	300223	北京君正	历史	4.93	109.12	108.03	-1.00	30.00	3240.90	0.07%	机构专用	中信证券股份有	-0.36	-
04-11	002756	永兴材料	历史	1.67	86.52	79.16	-8.51	90.00	7124.40	0.29%	中信建投证券股	广发证券股份有	-1.96	-
04-11	301263	泰恩康	历史	-0.22	36.28	29.26	-19.35	30.00	877.80	0.19%	东方证券股份有	华泰证券股份有	0.06	-
04-11	002493	荣盛石化	历史	-0.79	15.01	15.01	0.00	99.53	1493.95	0.01%	机构专用	机构专用	-1.27	-
04-11	300273	*ST和佳	历史	-2.16	2.26	2.00	-11.50	50.00	100.00	0.06%	中国银河证券股	天风证券股份有	-0.44	-
04-11	300109	新开源	历史	-0.19	25.72	23.41	-8.98	40.00	936.40	0.14%	中信证券股份有	海通证券股份有	-1.87	-
04-11	002437	誉衡药业	历史	-0.87	2.27	2.29	0.88	1519.00	3478.51	0.70%	东方证券股份有	东方证券股份有	0.88	-
04-11	300054	鼎龙股份	历史	-0.19	26.39	26.39	0.00	92.59	2443.45	0.13%	机构专用	机构专用	-1.17	-
04-11	002015	协鑫能科	历史	1.19	12.77	11.47	-10.18	47.00	539.09	0.03%	中信证券股份有	财信证券股份有	2.98	-
04-11	300253	卫宁健康	历史	-0.36	13.73	13.40	-2.40	127.31	1705.95	0.07%	东兴证券股份有	东兴证券股份有	3.42	-
04-11	300188	美亚柏科	历史	18.04	28.40	23.13	-18.56	22.50	520.43	0.03%	机构专用	国信证券股份有	-3.42	-
04-11	300188	美亚柏科	历史	18.04	28.40	23.13	-18.56	20.00	462.60	0.02%	天风证券股份有	国信证券股份有	-3.42	-
04-11	300273	*ST和佳	历史	-2.16	2.26	2.00	-11.50	50.00	100.00	0.06%	中国银河证券股	天风证券股份有	-0.44	-
04-11	300109	新开源	历史	-0.19	25.72	23.41	-8.98	25.00	585.25	0.09%	华泰证券股份有	海通证券股份有	-1.87	-
04-11	300109	新开源	历史	-0.19	25.72	23.41	-8.98	10.00	234.10	0.03%	华泰证券股份有	海通证券股份有	-1.87	-
04-11	300273	*ST和佳	历史	-2.16	2.26	2.00	-11.50	50.00	100.00	0.06%	中国银河证券股	天风证券股份有	-0.44	-
04-11	300188	美亚柏科	历史	18.04	28.40	23.13	-18.56	28.00	647.64	0.03%	机构专用	国信证券股份有	-3.42	-
04-11	300273	*ST和佳	历史	-2.16	2.26	2.00	-11.50	50.00	100.00	0.06%	中国银河证券股	天风证券股份有	-0.44	-
04-11	300188	美亚柏科	历史	18.04	28.40	23.13	-18.56	15.00	346.95	0.02%	中信建投证券股	国信证券股份有	-3.42	-
04-11	300273	*ST和佳	历史	-2.16	2.26	2.00	-11.50	50.00	100.00	0.06%	中国银河证券股	天风证券股份有	-0.44	-
04-11	300188	美亚柏科	历史	18.04	28.40	23.13	-18.56	13.00	300.69	0.01%	机构专用	国信证券股份有	-3.42	-
04-11	300188	美亚柏科	历史	18.04	28.40	22.13	-22.08	167.00	3695.71	0.18%	机构专用	国信证券股份有	-3.42	-
04-11	301219	腾远钴业	历史	2.29	61.25	47.91	-21.78	15.29	732.68	0.09%	华泰证券股份有	华泰证券股份有	-1.58	-
04-11	300188	美亚柏科	历史	18.04	28.40	22.13	-22.08	107.00	2367.91	0.12%	机构专用	国信证券股份有	-3.42	-

新的问题又来了,为什么有人愿意以远低于市场的价格出售股票呢?大家都知道大小非有时候会进行减持,而这种减持很多时候都是通过大宗交易来进行的。而根据现有规定,特定股东如果出售股份,接盘方必须锁定半年不得卖出。半年时间持股不能卖出,除了需要付出6个月的资金成本以外,还要承担可能的市场波动风险,作为买方来说风险太高了。为了补偿买方的风险,一般情况下特定股东在减持的时候价格都会比较低,主板和中小板股票的减持价格约为市价的85%,创业板和科创板股票有时候实际减持价格为市价的70%～75%。

由于主板和中小板存在10%涨跌幅限制,创业板和科创板存在20%涨跌幅限制,而这些股票对应的减持价格又超过了涨跌幅限制,所以很多时候除了在大宗交易时做较大幅度的折让以外,特定股东还需要额外补偿一定比例的现金,弥补中间的差价。

明白了这个细节,大家就可以发挥自身的想象力了。如果出现股价以前一天收盘跌停价格成交的大宗交易,往往意味着特定股东的减持非常坚决,而且可能还要补偿买方,那股价究竟是贵还是便宜呢?

在大宗交易市场上除了前面说的特定股东减持以外,还有一种流通股东的减持行为。特定股东的减持需要接盘方锁定半年,因此折扣会很大,而流通股东的减持,由于股份是从市场上购入,因此不需要锁定,接盘方股份到手后第 2 天就可以卖出。这种接盘价格一般是前一天收盘价格的 97%～99%。

在 2023 年 4 月 11 日的交易中,可以找到一笔卫宁健康的大宗交易,当天以 13.40 元的价格成交了 127.31 万股,成交金额为 1705.95 万元。按照刚才的办法来计算,2023 年 4 月 10 日的收盘价为 13.78 元,因此 13.40 元的价格是 13.78 元的 97.24%,刚好符合流通股东减持的市场通行水平,由此可以判断这是一笔流通股股票的大宗交易。

一般情况下,如果有这种折扣比较低的流通股大宗交易出现,而且数量比较大,通常都会于成交的第二天在市场上抛出。这种大宗交易对于短期市场还是有一定压力的。

18. 当乌龙指发生之后

有时候大家可以在股票市场上看见一种奇特的现象,某只股票或者期货的价格在非常短的时间内出现巨大的波动,事后往往发现是某些人下单错误导致的,所以大家把这种现象叫乌龙指。

例如,2021 年 11 月 18 日上午 11 点 13 分,原本在前收盘价上下一分钱波动的华夏银行股价,因为突然的 500 多万股的买单,股价从 5.53 元被拉升到 6.08 元接近涨停板的价格,而又由于无后继买单跟进,价格快速地从涨停位置回落,最终以股价上涨 1.26% 收盘。

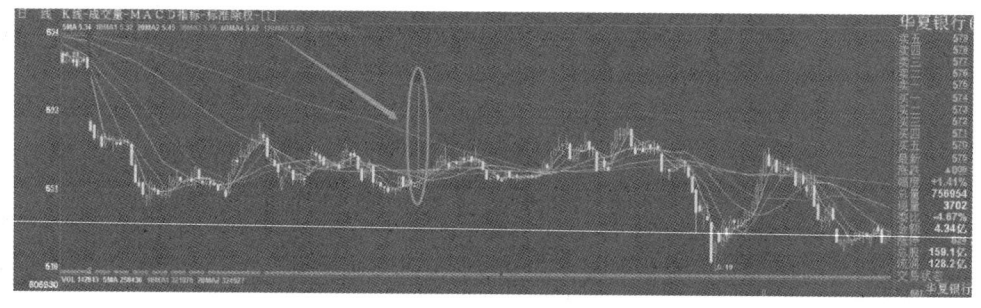

事件发生后大家都在猜测是什么原因导致了这种异常交易的发生,猜测最多的是某机构原本计划买入代码为 601015 的陕西黑猫,因为敲错代码买入了华夏银行。由于当天陕西黑猫股价正在强势上涨接近涨停,且当时陕西黑猫的换手率非常高,不排除存在这种可能性。只不过有一个细节值得注意,根据上海证券交易所交易规则,单笔买入上限是 100 万股,这笔委托却达到了 500 多万股,也就是说这并非一个单纯的委托错误,而是采用了多笔的批量下单模式。如果这确实是某个机构要买入陕西黑猫却下错了单,那它们影响股价的意图表露无疑。

作为一个总市值高达 800 多亿元的银行股,却因为一笔 500 多万股(总金额 2000 多万元)的买单就能冲到涨停的位置,这一事件能反映出很多问题。首先就是成交量少的问题,华夏银行股票在很长一段时间内每天的成交股数都在 1000 万股左右,而当时华夏银行的总股本为 153.9 亿股,实际流通股份为 128.2 亿股,实际换手率小于 1%。如今的各种热门股单日换手率可以达到 20% 以上,从这个角度来说,华夏银行股票完全被边缘化了。不仅仅是华夏银行股票被边缘化,绝大部分银行股票都同样被边缘化了,普遍的单日换手率都在 1% 以下,最低的是工商银行、建设银行等国有大型银行股票,单日换手率甚至低到 0.03% 左右。

为什么会出现这么低的换手率呢? 一方面是因为这些股票股本很大而且股价很稳定,难以吸引以买卖股票赚取差价为目标的短期投机者的目光;另一方面是因为这种换手率的计算实际上也是不准确的。以华夏银行为例,目前公司的可流通股为 128.2 亿股,但是大多数可流通股份实际上并没有参与买卖,这些持股很稳定的机构持仓大约为 94 亿股,在扣除这部分股份之后实际流通部分大约为 36 亿股,此时再计算换手率就提升到 0.3% 左右了。这种情况在银行股中并非特例,总股本越大的国有银行股表现得越明显,国有四大银行的绝大多数股份虽然已经解禁,但是实际上还是不流通的。

A 股历史上名气较大的乌龙指事件发生于 2013 年 8 月 16 日,当天 11 点 5 分上证指数出现大幅拉升,指数在一分钟内最高涨幅达到 5.62%,盘中逼近 2200 点。11 点 44 分上交所称系统运行正常。14 点,光大证券公告称战略投资部在自营业务中使用其独立的套利系统时出现问题。此次事件被称为"光大证券乌龙指事件"。

后期经过调查发现,触发原因为系统缺陷。战略投资部所使用的套利策略系统出现了问题,该系统包含订单生成系统和订单执行系统两个部分。核查发现,订单执行系统针对高频交易在市价委托时,对可用资金额度未进行有效校验控制,订单生成系统存在缺陷导致特定情况下生成预期外的订单。问题出自系统的订单重下功能:11点2分时,第三次180ETF套利下单,交易员发现有24只股票申报不成功,就想使用订单重下功能,于是按照程序员的指导进行操作,未曾想这个功能没经过实盘验证,系统重下功能把"买入24只成分股"写成了"买入24组180ETF成分股",结果生成巨量订单。

当乌龙指事件发生后,无论是华夏银行这一只股票,还是被巨量买单推升股价大涨的整个股市,都在很短的时间内恢复到了原有的水平。这充分说明,乌龙指对市场的影响只是短期而已。长期来说,市场还是会遵循原有的客观规律。

19. 周末股市在交易是怎么回事？

相信大家一定看到过，有时候明明是周末或者公众假期股市不开市，却可以在行情软件上进行正常交易，甚至会有大量股票都涨停！

其实这并不是真实的行情变动，而是交易所利用周末不开市的原则组织券商进行测试。为了保证系统稳定运行或者对交易规则、上市规则等进行修改和操作，交易所会定期或不定期组织券商进行测试。测试的内容主要包括行情显示、委托、成交、资金划转等。利用周末时间进行测试主要是为了不影响交易日的行情，为后续正常交易做准备。一般来说，这种测试的行情会在当天恢复正常。

不过有一个细节大家可以注意一下，每个参与测试的席位都是找自己席位上持仓量比较大的账户进行操作的。通常情况下增加资金很容易，增加股票比较麻烦，因为需要一只股票一只股票地增加，所以都是只加资金不加股票，直接用大户或者机构的账号操作即可。先通过重置密码进入账户，然后正常做交易。做测试的时候必须既要买又要卖，可以随意虚拟资金进行几十亿几百亿的买入。

这时又发现新的问题了，每当周末测试的时候，几百只股票涨停很容易。所有测试账户里都虚拟了大量资金，可以直接购买，直到涨停为止。但是跌停是不常见的，因为账户里没有那么多股票，为了做测试也很少有人会去增加股票，所以如果发现进行测试的时候某只股票跌停，那就表明这只股票在某个席位上特别集中，有大量的股票被抛出，最终在测试环境下，这只股票出现了跌停。

所以，往往在周末测试的时候出现跌停的股票，才是在真实环境下涨势最喜人的股票。

二、"钱袋子"市场主体画像

1. 大股东减持究竟可以赚多少钱？

大股东减持经常被认为能获取巨额利润，从而导致散户心理不平衡，因为大股东减持的成本是 1 元，然后以几元甚至几十元的价格卖出，从而获取巨额利润。认为大股东入股成本为 1 元甚至零成本这肯定是不对的，这等于从一开始就把大股东放到了造假的位置。广大投资者赚钱不易，但是盲目指责大股东持股成本低并且全部造假显然是过于偏激了。事实上只要是有过企业经营经验的人都知道，把一家企业从零逐渐做大到最终上市，大股东需要付出巨大的努力和高额的成本。

2021 年 5 月，药明康德限售股解禁。因为解禁股数量巨大（达到了 907 亿市值），公告发布之后股价立即出现了下跌。很多散户认为大股东的成本是 11.5 元，而当时的市价已经达到 150 元以上，赚了 13 倍之多，因此众多投资者认为自己被"割了韭菜"。

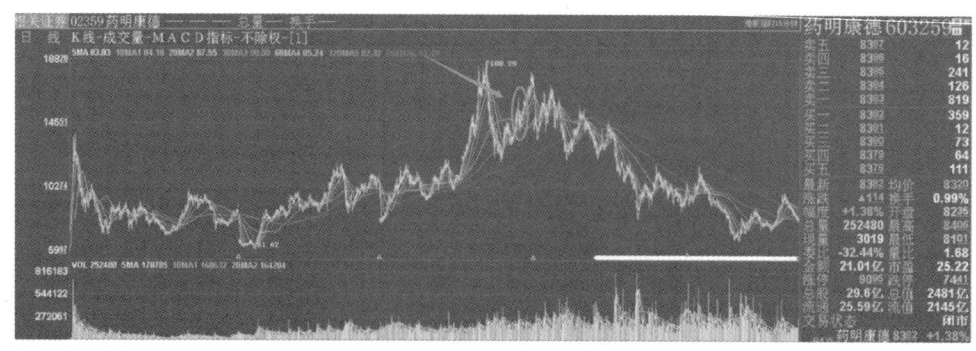

为什么众多投资者会认为各位股东的成本是 11.5 元呢？因为药明康德在上市的时候发行价为 21.6 元，后来经过了 2 次利润分配，分别是

10 派 5.8002 元转增 4 股和 10 派 3.37 元转增 4 股。股份经过摊薄之后成本大约是 11.5 元。那么是不是这些股东以 150 元左右的价格卖出股份就赚了大约 140 元/股呢？答案是否定的。

国家税务总局 2014 年发布的《股权转让所得个人所得税管理办法(试行)》第四条规定：个人转让股权，以股权转让收入减除股权原值和合理费用后的余额为应纳税所得额，按"财产转让所得"缴纳个人所得税。

这里提到的股权原值和合理费用，在实际操作中是按照减持金额的 15％来核定的。简单来说就是减持金额 1 亿元，其中的 15％也就是 1500 万元会被认定为合理成本，剩余的 85％也就是 8500 万元会按照 20％的财产转让所得纳税，也就是会缴纳总额的 17％作为税款。

具体到药明康德这个案例，假设某个股东以 150 元价格减持了药明康德 100 万股，总金额就是 15000 万元。那么合理成本是 15000 万元×15％＝2250 万元；剩余的 12750 万元的 20％(即 12750 万元×20％＝2550 万元)会作为税款上缴。再加上成本 11.5 元/股以及历年利息(以 5 元/股估算)，实际成本约为 42 元/股，大约是 4200 万元。利润在 108 元/股左右，也就是 10800 万元，实际利润率只有 257％，和广大散户认为的 13 倍相差甚远。

如果入股的时候是以有限责任公司股东入股，每股减持价格为 150 元，买入成本为 11.5 元/股，利息成本为 5 元/股，差价为 133.5 元/股。但是要缴纳 25％企业所得税，税后实际利润是 100.125 元/股，如果再分配给个人还要再缴纳个人收入所得税。如果按照 20％税率计算，那么实际利润大约是 80 元/股，个人股东实际到手 8000 万元。

如果是按照有限合伙企业入股，没有企业所得税，只在股东分配的时候缴纳个人收入所得税，成本为 11.5 元/股、利息成本为 5 元/股，合计为 16.5 元/股，差价为 133.5 元/股。按照 20％缴纳个人收入所得税后，实际利润是 106.8 元/股，总利润为 10680 万元。

当然,某些地区有税收优惠,缴纳的个人收入所得税是按60∶40的比例在中央和地方分配,所以地方上收取的40%部分作为地方收入。假设某地财政愿意返还90%的纳税部分,在刚才的案例中就会退回2550万元×40%×90%＝918万元。那么实际纳税就变成了2550万元－918万元＝1632万元。

其实股东的解禁不代表股东一定会卖出,这两者之间还是有比较大的区别,虽然不能准确判断哪些股东会减持,哪些股东不会减持,但却有迹可循。大家仔细观察药明康德的减持明细就可以发现,大量的股东都是××有限合伙企业。这类股东前面提过,他们的减持成本是最低的。这些企业成立的目的往往是上市之后的抛售兑现,通过这种方式减持的可能性是最大的。但由于这些股东持有的比例都不大,大部分都低于5%,甚至多数股东持有比例都低于1%,所以这些股东大多数可以直接在二级市场抛售股票进行兑现。至于这个抛售压力究竟有多大,究竟会压制多少股价,这就不得而知了。

因此,大家在投资的时候,一定要做好细节的准备工作,不能盲目投资。对于股东而言,他们抛售股票本来就是投资行为,如果利润丰厚,则选择卖出股票是一种很正常的投资行为。散户应该事先做好功课,避开这些显而易见的坑,财富的创造是需要做很多准备工作的,切记!

2. 大股东有哪些神奇减持手段？

通常情况下,特定股东减持主要有两种方式,一种是直接在二级市场上卖出股份,另一种是通过大宗交易减持。目前对特定股东减持股分的比例是有限制的,分别是 90 个连续自然日之内通过二级市场竞价的交易方式卖出的股份总数不得超过公司总股本的 1%;90 个连续自然日之内通过大宗交易方式卖出的股份总数不得超过公司总股本的 2%。但是事实上除了这些常见的减持方法,特定股东们还有一些很特殊的方法来减持手中的股份。

在大宗交易里,投资者经常可以看到很多机构席位在购买股票,这是为什么呢？是因为这些机构看好这只股票吗？其实很多时候并不是这样的。

机构席位最常见的就是基金和保险类资金,他们的买卖选择和仓位通常都是有要求的,虽然基金经理有很多的权限,但是不一定能全部做主,在很多时候,机构席位是市场上最大的接盘方,这是不是很奇怪？

其实道理很简单,基金通常会有一些股票属于仓底货,买了却不能卖或者持有的时间很长(例如,消费股、银行股等)。有时候这些公司的股东会减持,要怎么做才能既不影响盘面,又能实现减持呢？方法很简单,由专业中间人联系双方,然后股东减持、基金接盘。这个时候最关键的一步就是,根据规定通过这种大宗交易买到的股票半年内不能出售,表面上看,基金存在跌价的风险。但是这只基金原来就持有这只股票,于是可以做个差价获得收益。例如,某股票基金原始持有成本是10元,现在某股东愿意9.5元卖出1000万股这只股票,基金就通过大宗交易以9500万元的价格接下这1000万股股票,在买进的同时,将原有买进的1000万股卖出,获得资金1亿元,基金就获得了500万元的差价收入,投资者是获利的。在这个过程中,基金获得了差价收入,股票数量没变,并且打算长期持有不减持,股东顺利以高价减持了手中的股票。

另一种减持方式是在二级市场上直接卖出股票。目前,人工智能已经逐渐应用在生活中,并逐渐应用到股市中。据笔者所知有券商推出了智能软件进行测试,这些软件的基本原理是对过去多个交易日股票的交易特性进行分析,分析这只股票每天在什么时间段成交最多,在什么时间段购买力最强,在什么样的情况下委托容易成交且不会造成股价大幅波动。2017年,某智能软件经过多次测试后开始正式投入使用。下图是用手机拍摄的该软件使用效果统计表,这是一只创业板股票,在2017年某两个交易日连续进行了减持操作,总的减持金额是5248万元,这两个交易日的累计市场成交总金额是2.6亿元,通过软件进行减持的总金额占整个交易市场总成交额的20%左右,而价差显示为0。这些都是贴着市场均价进行的交易,并非大家想的"砸盘",完全都是自主委托。委托笔数为1245笔,平均每笔的金额为4万多元,只有2000股左右,看上去就是散户在出售。

减持 300 时间：2017

减持金额(元)	委托笔数	市场成交金额(元)	成交金额占比(%)	减持均价	市场均价	价差
52488782	1245	266445870	19.7			0.0

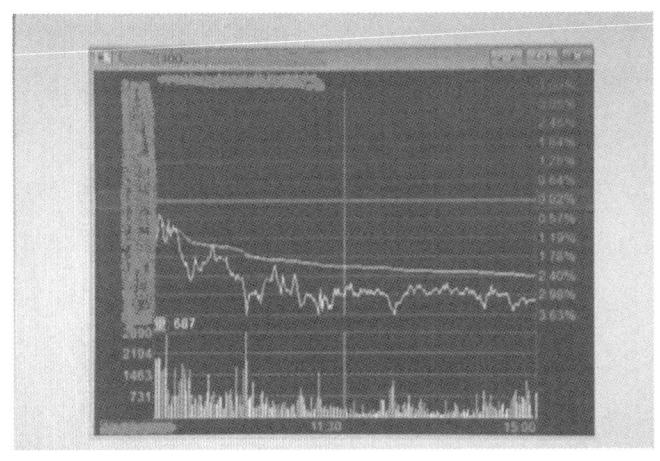

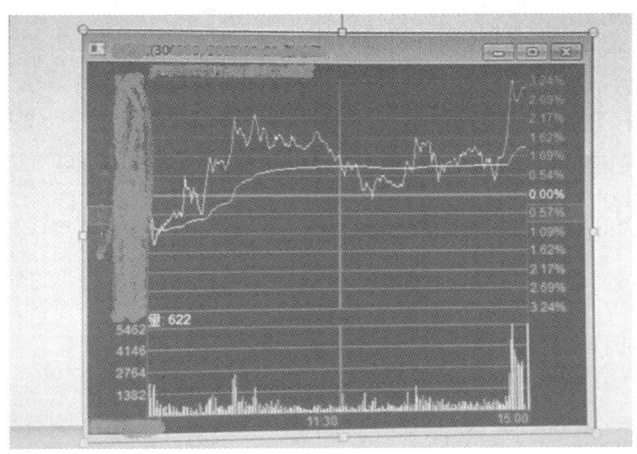

下图是这只股票在减持期的日内走势图,从图中可以清楚地看到没有任何的"砸盘"现象,是非常正常的交易,甚至其中一天这只股票还上涨了3％！可能有人会质疑,是那天大盘上涨了吗？并不是,无论是上证指数还是创业板指数在那两个交易日都出现了下跌,上证指数累计下跌了1.5％！但这并不是极端情况,只是用两个交易日的时间减持了占市场总成交金额20％左右的股票。

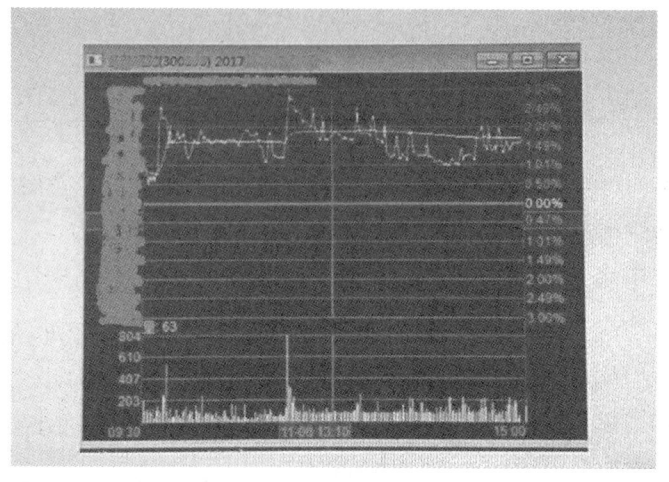

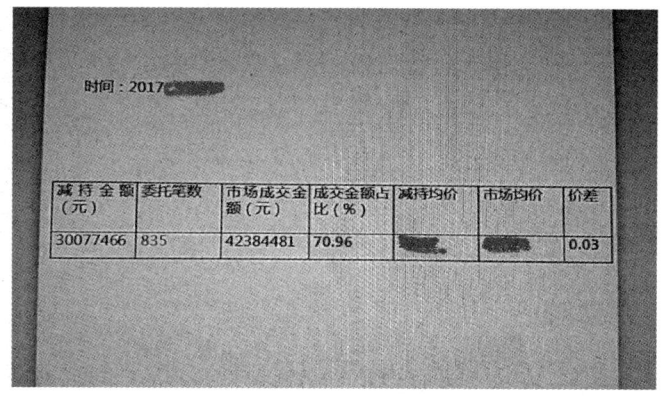

时间：2017▓▓▓▓▓

减持金额（元）	委托笔数	市场成交金额（元）	成交金额占比（％）	减持均价	市场均价	价差
30077466	835	42384481	70.96	▓▓▓	▓▓▓	0.03

接着举一个很极端的例子，也是一只创业板的股票，由于股东急于快速减持套现，于是选择在一天内集中卖出股票。卖出的总金额为3000万元左右，进行了835笔委托，每笔委托金额约3万元，卖出成交的占比达到了当天总成交金额的70％以上，并且价差只有0.03元，说明这个委托交易也是贴着均线进行的，并且还略高于市场均价，更神奇的是当天股票价格还上涨了2％左右。而当天上证指数上涨0.5％，创业板指数上涨了1％。

其实，现在的市场大不如从前，如果还是以技术分析的方式去投资，散户很容易就成为机构猎杀的目标，因为散户的对手是机构。至于这种软件,它是可以合法合规地使用的,因为软件的一切行为都是在交易规则允许的框架下进行的,而普通散户使用的各种股票软件都只能被动分析行情,其准确性不高。

在目前全市场都是量化基金和高频交易的时代,散户想要和机构比速度是很难的,唯一的胜算反而是主动选择慢下来,因为机构的资金成本很高,越慢才对机构越不利。

3. 大股东为什么总喜欢减持？

每一个在股市里投资的人，都很反感上市公司的大股东减持。大股东减持会从市场上抽走大量的资金，而且在不少人看来大股东的持股成本很低，发生减持表明股东赚了不少钱。而散户的成本一般比较高，也很容易亏损，这样一比较散户心理就不平衡了。无论是散户还是大股东，都是公司的股东，既然公司已经上市，股东都有卖出股份的权利，从法理上是不能禁止的。现在大家来探讨一下，为什么大股东喜欢减持股份？

大股东减持股份的目的有两种，一种是真减持，另一种是假减持。其中真减持分为主动减持和被动减持，下面分别予以说明。

主动减持是指大股东主动卖出手上的股票进行套现。其通常有以下几种原因，分别是资金需求、套现、兑现利润。大股东本身也是企业，企业进行经营活动就会需要资金，因此他们会采用各种方式来获得资金。目前常用的就是股权质押融资，如果股价比较高，也会考虑卖出部分股权来获取资金，这种情况下的大股东减持有很多特征，比如他们会在每一个减持窗口打开的时候都进行减持，而且减持的量都接近上限。

对于以上这种情况，目前还没有解决办法，因为股东是按照市场规则在进行交易，每位股东的股份都拥有流通的权利，这在招股说明书和上市公告书中均已列明，投资者在买入公司股票之前也是知晓的。所以严格来说,大股东的减持行为是没有办法通过行政命令来阻止的。

套现这种情况比较糟糕且较为极端,而且很可能会将原有股份大比例减持,这种减持对上市公司的股价影响较大。例如,桃李面包 2015 年在上海证券交易所上市,成为"面包第一股"。公司一直专注于以面包及糕点为核心的烘焙类产品的生产及销售,主要产品为"桃李"品牌面包。从 2015 年上市到 2019 年四年间,公司的面包及糕点销售收入和毛利率占比均在 98% 左右,稳坐国内短保烘焙市场头把交椅。随着业务达到顶峰,股价也不停地上涨,股价从上市时只有十几元上涨到 50 元左右。2018 年 12 月 24 日大股东股份解禁,仅仅几天后就发出了减持公告,大股东计划减持 2% 股份!

从那个时候起,大股东吴学群家族从未停止过减持的步伐,陆续减持套现 40 亿元以上。这种行为其实非常有代表性,除了有资金需求,上市公司的市值过大是主要原因。从 2018 年 12 月大股东第一次减持开始,当时公司的市值约为 210 亿元,在股价最顶峰时期市值高达 450 亿元。作为传统的食品行业企业,公司的创始人非常清楚自己公司的定位。

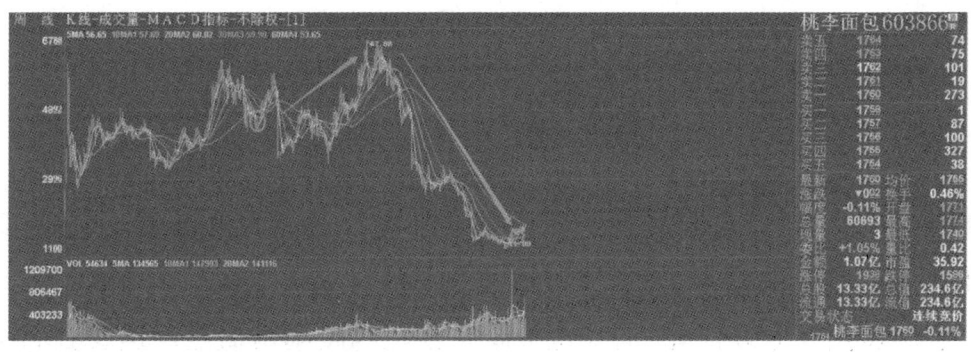

2018 年桃李面包营业收入只有 48.33 亿元,净利润为 6.422 亿元,此时市值在 210 亿元,大股东家族手上的股份价值在 100 多亿元,相当

证券代码：603866   证券简称：桃李面包   公告编号：2018-093

桃李面包股份有限公司大股东及一致行动人减持股份计划公告

> 本公司董事会、全体董事及相关股东保证本公告内容不存在任何虚假记载、误导性陈述或者重大遗漏，并对其内容的真实性、准确性和完整性承担个别及连带责任。

重要内容提示：

● 大股东及一致行动人持股的基本情况

截至本公告披露日，桃李面包股份有限公司（以下简称"公司"）大股东吴志刚先生（董事长）和一致行动人盛利先生、盛雅萍女士合计持有公司股份107,091,161股，约占公司总股本的22.76%，上述股份全部来源于公司首次公开发行股票前已持有的股份，该部分股份已于2018年12月24日解除限售并上市流通。

● 减持计划的主要内容

自本公告披露日起3个交易日后的3个月内，公司大股东吴志刚先生（董事长）和一致行动人盛利先生、盛雅萍女士计划通过大宗交易的方式减持股份数量合计不超过9,412,520股，占公司股份总数的2%。具体减持价格根据减持实施时的市场价格确定。

于企业创业利润总和的数倍，无论对谁来说都是巨大的诱惑。在2020年年底市值上涨到450亿元时，虽然公司的利润有了比较明显的增长，年利润达到8.828亿元，但几位大股东手里的股票市值已经增长到200多亿元，这无疑是一个巨大的诱惑，也许换作谁都会选择卖掉股票，毕竟卖了股票拿到资金重新建立一家同样的企业绝对花不了这么多钱。

上海证券交易所 SHANGHAI STOCK EXCHANGE　　首页　党建　**披露**　数据　产品　服务　规则　关于　🌀一网通办　│ **业务专区**

披露 > 上市公司信息 >

最新公告

2020年03月01日 - 2023年03月01日 📅 (日期查询)　　公告数：16条　　公司数：1家

筛选条件：　603866 ⊗　　13.股东增持或减持股份 ⊗　　　　　　　　　↻ 重置

证券代码或简称		证券代码	证券简称	公告标题		公告分类	公告时间
603866 🔍		603866	桃李面包	桃李面包控股股东及实际控制人减持股份及一致行动人之间内部转让股份结果公告	🔻	股东增持或减持股份	2022-12-07
市场类型		603866	桃李面包	桃李面包关于股东权益变动提示性公告	🔻	股东增持或减持股份	2022-11-18
全部 ▽		603866	桃李面包	桃李面包控股股东及实际控制人减持股份及一致行动人之间内部转让股份的进展公告	🔻	股东增持或减持股份	2022-11-18
关键字		603866	桃李面包	桃李面包关于控股股东及一致行动人变动超过1%的提示性公告	🔻	股东增持或减持股份	2022-11-18
标题 / 关键字 🔍		603866	桃李面包	桃李面包控股股东及实际控制人减持股	🔻	股东增持或减持股份	2022-11-08
○ 只看公告正文							
公告类型筛选		603866	桃李面包	桃李面包控股股东及实际控制人提前终止减持计划暨减持股份结果公告	🔻	股东增持或减持股份	2022-07-12
类型编号/类型名称 🔍		603866	桃李面包	桃李面包控股股东及实际控制人减持股份进展公告	🔻	股东增持或减持股份	2022-07-02
○ 年报　○ 一季报		603866	桃李面包	桃李面包关于控股股东及一致行动人变动超过1%的提示性公告	🔻	股东增持或减持股份	2022-07-02
○ 三季报　○ 半年报		603866	桃李面包	桃李面包控股股东及实际控制人减持股份进展公告	🔻	股东增持或减持股份	2022-06-24
○ 2.董事会和监事会		603866	桃李面包	桃李面包控股股东及实际控制人减持股份计划公告	🔻	股东增持或减持股份	2022-04-30
○ 3.股东大会							
○ 4.应当披露的交易		603866	桃李面包	桃李面包控股股东及实际控制人减持股份结果公告	🔻	股东增持或减持股份	2021-11-18
○ 5.首次公开发行		603866	桃李面包	桃李面包关于控股股东及一致行动人变动超过1%的提示性公告	🔻	股东增持或减持股份	2021-11-18
○ 6.关联交易							
○ 7.对外担保		603866	桃李面包	桃李面包控股股东及实际控制人减持股份进展公告	🔻	股东增持或减持股份	2021-11-12
○ 8.募集资金使用与管理							
○ 9.业绩预告、业绩快报和盈利预测		603866	桃李面包	桃李面包关于控股股东及视为一致行动人变动超过1%的提示性公告	🔻	股东增持或减持股份	2021-11-10
○ 10.利润分配和资本公积金转增股本							
○ 11.股票交易异常波动和澄清		603866	桃李面包	桃李面包控股股东及实际控制人减持股份进展公告	🔻	股东增持或减持股份	2021-10-09
○ 12.股份上市流通与股本变动							
● 13.股东增持或减持股份		603866	桃李面包	桃李面包控股股东及实际控制人减持股份计划公告	🔻	股东增持或减持股份	2021-08-13
○ 14.权益变动报告书和（要约）收购							
○ 15.股权型再融资							
○ 16.其他再融资							
○ 17.重大资产重组							
○ 18.吸收合并							
○ 19.回购股份							

成长能力指标	21-12-31	20-12-31	19-12-31	18-12-31	17-12-31	16-12-31	15-12-31	14-12-31	13-12-31
营业总收入（元）	63.35亿	59.63亿	56.44亿	48.33亿	40.80亿	33.05亿	25.63亿	20.58亿	17.58亿
归属净利润（元）	7.633亿	8.828亿	6.834亿	6.422亿	5.133亿	4.355亿	3.470亿	2.730亿	2.546亿
扣非净利润（元）	7.158亿	8.362亿	6.600亿	6.167亿	5.058亿	4.207亿	3.402亿	2.696亿	2.500亿
营业总收入同比增长（%）	6.24	5.66	16.77	18.47	23.42	28.95	24.55	17.08	15.07
归属净利润同比增长（%）	-13.54	29.19	6.42	25.11	17.85	25.53	27.11	7.21	18.33
扣非净利润同比增长（%）	-14.40	26.70	7.02	21.92	20.22	23.66	26.20	7.85	18.61
营业总收入滚动环比增长（%）	1.29	1.17	3.93	3.97	5.05	6.74	5.13	--	--
归属净利润滚动环比增长（%）	-0.24	1.91	0.13	3.90	9.58	3.05	5.46	--	--
扣非净利润滚动环比增长（%）	-0.27	1.77	0.04	2.95	9.73	3.99	4.26	--	--

更为极端的还有永大集团,现在叫皓宸医疗。该公司 2011 年在深圳证券交易所上市,从 2015 年 4 月起,原大股东吕氏家族开始不断在市场上抛售公司的股份,包括但不限于直接在二级市场减持、大宗交易减持等,即使是证监会对大股东减持的诸多限制也无法阻止吕氏家族的套现行为。直到 2016 年将最后剩余的股份全部卖出,吕氏家族一共从股市套现高达 70 亿元。这种行为非常恶劣。

在吕氏家族完成了清仓行为之后,接手的融钰集团也没能改变什么,随后再次"卖身"给了皓宸医疗。即便经过了两次重组,公司的情况依旧很糟糕,目前的市值在 30 亿元左右,还不到当初吕氏家族套现获得资金的一半。

最后一种情况是兑现利润,这就不得不提巴菲特了。巴菲特曾经两次投资中国公司,一次是投资中国石油,另一次是投资比亚迪。中国石油在海外上市的时候,承诺将拿出较大比例的利润进行现金分红,因此获得了巴菲特的青睐,于是他以均价 1.65 港元/股大量买入中国石油,耗资约 32 亿港元。当中国石油的股价涨到 10 港元/股以上的时候,原本不愿卖出股份的巴菲特选择将巨量股份全部清仓。

2008 年,巴菲特花费 18 亿港元认购了 2.25 亿股比亚迪的股份,一直持股了十几年。2022 年,比亚迪的股价上涨到 200 港元/股左右时,巴菲特的资产翻了几十倍,持仓市值已经变成了 600 亿港元,巴菲特选择兑现利润也是非常正常的。

以上说的都是主动减持,除此之外还有被动减持。被动减持又分为几种不同的情况,最常见的是股东将股份进行质押,因为无法清偿债务而被强行卖出股份偿还债务。还有一种情况是某些股东的经营期限到期,大家可以去关注一下那些减持股份的股东的名字,经常会看到某某有限合伙、某某投资基金、某某信托计划等,这些股东通常都是在 IPO 之前或者是定增的时候进入公司的。这些股东的性质和一般的企业股东不一样，他们是有存续期的，有时候这些资金本身就是专门为了投资而募集的产品。当这些产品到期，或者是已到投资期，无论这笔投资是赚还是亏，他们都必须减持所有的股份。

例如，雅戈尔2020年3月发布的股东减持公告，其中昆仑信托就是典型的信托产品，信托产品投资都是有存续期的，股东的减持和退出不过是时间问题，和股价高低以及圈钱套现等都无关。并且这种信托产品本身购买股份就是一种投资行为，既然是投资行为就必须给予其减持的权利。

证券代码：600177　　　证券简称：雅戈尔　　　公告编号：2020-007

雅戈尔集团股份有限公司股东集中竞价减持股份计划公告

> 本公司董事会、全体董事及相关股东保证本公告内容不存在任何虚假记载、误导性陈述或者重大遗漏，并对其内容的真实性、准确性和完整性承担个别及连带责任。

重要内容提示：

● 大股东持股的基本情况

截至2020年3月3日，昆仑信托有限责任公司（以下简称"昆仑信托"）"昆仑信托·添盈投资一号集合资金信托计划"账户持有公司无限售流通股569,893,793股，占公司总股本的11.37%。

● 集中竞价减持计划的主要内容

昆仑信托出于资金安排需要，拟通过集中竞价等法律法规允许的方式减持"昆仑信托·添盈投资一号集合资金信托计划"账户所持有的部分无限售流通股，减持期间自公告之日起十五个交易日后至2020年9月20日；计划减持股份不超过100,280,525股，即不超过公司总股本的2%（若此期间公司有送股、资本公积金转增股本、配股等除权事项，减持股份的数量将相应进行调整）；减持价格为不低于6.6元/股。

最后一种减持叫"假"减持,这种情况就非同寻常了。有的公司出于资金的需求,会减持部分股份,但并不是真的减持,而是叫"代持"。比如成立一个专门的公司,然后把部分股份转让过去,在普通人看来是减持,实际上是用这部分股权向他人提供了一种抵押,目的是融资。当融资的资金归还后,这个新的项目公司股权会回到实际控制人的控制之下。

另一种"假"减持,是做了融券的标的券。大家都知道现在券商有融券服务,但是券源从哪里来?其中一部分是从大股东那里借来的,大股东本身不需要减持股票,但股票数额较多,也不能转卖,想要提高收益最好的解决办法就是把股票借给别人,收取固定的利息。这种情况在科创板和创业板上市不久的公司中非常常见,这也是机构不去炒高次新的科创板和创业板股票的原因。因为往下炒机构才会赚钱。

总之,减持也没那么复杂,只需要思考几个问题:公司是否有价值?股价是否合适?想明白这些问题,以后就不会再抱怨大股东减持了,大家应该抱怨的是那些把股价炒高的基金和游资们。

4. 为什么资管产品接盘股东减持的股份？

大股东减持是散户们最讨厌的事情,但是有时候会发生一些很奇怪的现象。当大股东宣布减持股份之后,某个资管产品(资管产品是获得监管机构批准的公募基金管理公司或证券公司,向特定客户募集资金或者接受特定客户财产委托担任资产管理人,由托管机构担任资产托管人,为资产委托人的利益,运用委托财产进行投资的一种标准化金融产品)突然出现,通过大宗交易的方式接盘所有大股东减持的股份。是不是觉得很奇怪,为什么这些资管产品不在乎因为它们的减持而导致的股价下跌呢?

大家需要先了解现在市场上特定股东减持时的市场行情。一般情况下,特定股东如果要通过大宗交易来减持股份,由于买方半年内不能卖出,所以特定股东(卖方)一般需要以较低价格转让股份。通常价格是二级市场(证券交易市场,又称"二级市场""次级市场""证券流通市场",是指已发行的有价证券买卖流通的场所,是有价证券所有权转让的市场。它为证券持有者提供变现能力,在其需要现金时能够出卖证券得以兑现,并且使新的储蓄者有投资的机会)成交价的85%左右,也就是先通过大宗交易以跌停板的价格卖出,然后卖方再额外向买方补贴5%的现金。如果正好遇到成交量很小且股价很高的股票,以8折的价格出让也不稀奇。如果此时特定股东大量减持达到几千万以上,很可能这个折扣就要损失上千万元。

有没有办法减少损失呢? 有,可以通过某个机构发行一个资管产品,在股东减持的时候由这个资管产品接盘,然后机构管理的资管产品和股东之间签订收益互换协议把利益进行锁定(也就是说这个产品的利益归属于股东自己,机构只是作为管理人而不承担任何风险)。接盘半年之后,资管产品再直接在二级市场上减持卖出,就不需要承担任何的折扣了。这种方式等于是自己卖给自己,也没有其他的风险,不过需要在规则允许的范围内操作。

5。 大股东股权质押和你有什么关系？

大多数散户炒股依赖的是 K 线图,对上市公司的很多细节并没有那么在意。上市公司大股东股权质押爆雷大家也许听说过,但是这种爆雷和每个散户之间有多大的关联性,多数人并不了解。

目前股权质押已经是证券市场上非常普及的一种融资行为,如果应用得当,会使股东获得资金,有利于企业做大做强,也有利于经济的发展。当然,任何一种经济行为都有两面性,有收益就会有风险,那么股权质押有多大的风险呢?

股权质押的风险主要有两个方面。一是对资金需求方的风险;二是对整个市场的风险。对于股东方也就是资金的需求方来说,一般情况下资金方会根据当时的股价与市值,结合一定的风险因素,给出一个合适的折扣率,然后按照这个折扣率来提供融资。前几年一般主板上市公司最多可以按照质押股份市值的 60%、中小板上市公司最多可以按照质押股份市值的 50%、创业板上市公司最多可以按照质押股份市值的 40%来提供相应的资金。由于连续几年下跌,出现了很多公司爆仓的情况,目前主板上市公司折扣率在 40%～50%,中小板上市公司折扣率在 30%～40%,创业板公司已经很难获得资金。

折扣率的下降加上股价的下跌,使很多上市公司的实际控制人处于很尴尬的境地,一方面融资即将到期却没有能力偿还,另一方面项目还需要进一步的资金支持。这就导致这些上市公司的风险来临,这也是股权质押对融资方的最大风险,根据质押协议,如果融资方不能及时偿还本息的话,资金方是可以对股权进行处置的。这个时候,股权质押的另外一个风险,也就是对市场的风险就开始显现了。

当资金方根据协议对质押股份进行处置,不可避免地会对市场上现有的流通股份形成压力,同时由于股权质押往往发生在大股东身上,而大股东出现资金困难的时候很容易与上市公司发生资金往来和交叉,因此这种风险就会转移到上市公司。例如,某上市公司的业绩一直很好,2017年每股收益1.08元,2018年每股收益1.28元,但是大股东几乎所有股权都已经质押,并且多次出现了违约。2018年夏季该公司融资成本非常低,年化利率只有6%,到2019年春节期间,该公司的融资环境恶化,已经上升到年化利率在30%以上的短期融资,而2019年每股收益降到0.87元,2020年一季度每股收益只剩下0.13元,股价也从2年前的35元下降到2020年的13元左右。后来公司造假事件传出使得股价直线下跌,最终退市的时候只有几毛钱。而这一切的始作俑者就是最开始的股权质押,为了维护股价,公司采取了财务报表造假,无论是大股东还是普通散户其付出的代价都极为惨重。

6. 为什么券商预测的走势往往不准？

每年年底的时候，各券商都会召开各种年度策略会，对未来一年的市场走势做出一些预判。召开类似会议的时候，都是人头攒动、热闹非凡，动辄就是上千人的聚会。大家都想去听听那些首席经济学家、首席策略师、首席研究员等的精彩分析，然后去寻找财富密码，为自己来年的投资做好准备。

但他们的分析究竟准不准呢？大家可以随意找一下过去几年部分券商在年底时发布的策略，然后和次年走势对比一下就知道了。2017年年底，中×证券对2018年A股的节奏判断，认为大概率是"慢牛"行情。国×证券认为在经济超预期、金融冲击缓解、政策预期升温以及国际接轨加速的影响下，指数将站上新高度。招×证券用一句古诗"潮平两岸阔，风正一帆悬"，表达了对2018年持有的乐观态度，预计上证指数全年较年初有10%～15%的上行空间。申×证券也表示，2018年市场总体将稳中向好，在总量上讲支撑风险偏好维持高位。东×证券认为上证综指有望在2018年上探4000点。中×公司认为A股指数有望在2018年年底前实现双位数收益。

最终市场走势：2017年12月31日上证指数收盘3307.17点，2018年12月31日上证指数收盘2493.9点，下跌813.27点，跌幅24.59%。

2018年年末，各机构对2019年行情观点节选如下。广×证券分析，2018年泥沙俱下之后是2019年大分化，结构性机会涌现，小市值真成长弹性最大，应配置盈利逆周期与政策逆周期品种。华×证券分析，趋势或好于 2018 年，A 股有望回升。西×证券直言，"牛市前奏，心动先于帆动"。2019 年，上证指数有望达到 3200 点，创业板指数有望回归 1700 点。中×证券研报判断，A 股也将在风险充分释放后，迎来未来 3～5 年复兴牛市的起点。天×宏观认为，2019 年，A 股整体处于从政策底到市场底的二次筑底和中枢震荡回升阶段，全年走势可能是"N"字形。招×证券也表示，对 2019 年 A 股走势判断相对乐观，指数有望震荡上行。东×证券研报分析，无论是从估值水平的保护、政策底的夯实，还是从盈利周期有望见底回稳等角度来看，都值得对 2019 年 A 股市场抱有更多的信心和期待。

在经历了 2018 年的惨痛教训后，各家机构收敛很多，但预测的行情仍然比市场实际走势乐观，到 2019 年年底，上证指数为 3050.12 点，和 2018 年收盘 2493.9 点相比，涨幅为 22.3％，大家的账户是亏了还是赚了，自己心中是有数的。

如果连续看几年的预测就会发现一个令人惊讶的情形，几乎每一年券商对下一年的预测都是看涨，变化无非是先上后下还是先下后上，看好的板块也只是轮换一下而已。为什么会出现这种情况呢？

通常券商研究部门在发布研究报告之后，分析师需要大量向各个基金等买方机构推介自己的研究报告，然后争取各个基金经理等人士在评选一些机构组织的最佳分析师奖项的时候给他们投票。如果能够得到某些奖项，会直接影响到各位分析师在公司内部的薪酬水平，某些获奖较多的所谓金牌分析师，有可能直接获得数百万元甚至千万元的年薪。

表面上看是因为获得奖项之后名气很大而获得了公司的奖励，其实背后的真正原因是券商研究部门一种独特的盈利模式——派点。当分析师获得广大基金认可，一方面会得到大家的投票，另一方面基金会用在券商租用专用交易席位做交易的方式来给予支持。从表面上可以说是因为分析师的研究报告很好地指导了基金的操作并且取得了很好的业绩,但是实际上这也是一种利益输送。

以下是以明星基金经理葛兰管理的中欧医疗健康混合 A 这个基金为例,在 2021 年的年报中,可以找到如下一些数据。

中欧医疗健康混合型证券投资基金 2021 年年度报告

安信证券	1	—	—	—	—	—
财通证券	1	199459471.60	0.24%	185759.25	0.24%	—
长江证券	1	4620488280.84	5.46%	4303051.25	5.59%	—
川财证券	1	—	—	—	—	—
东方财富	1	3258404724.37	3.85%	3034554.23	3.94%	—
东吴证券	1	4611211091.17	5.45%	4294425.60	5.58%	—
光大证券	1	3830361951.27	4.53%	3567218.49	4.64%	—
广发证券	1	672979576.49	0.80%	626745.62	0.81%	—
国金证券	1	4699650067.56	5.56%	4376791.24	5.69%	—
国泰君安	1	4846440732.06	5.73%	4513495.98	5.87%	—
国信证券	1	7819966895.63	9.24%	7282731.52	9.47%	—
海通证券	1	6311266086.31	7.46%	5735116.18	7.46%	—
华创证券	1	2555253206.08	3.02%	1868662.27	2.43%	—
平安证券	1	—	—	—	—	—
申万宏源	1	1125894902.30	1.33%	942904.41	1.23%	—
天风证券	1	1115933156.27	1.32%	1039263.42	1.35%	—
西部证券	1	2242681524.58	2.65%	2018844.56	2.62%	—
西南证券	1	1015784426.39	1.20%	946005.01	1.23%	—
兴业证券	1	958082290.45	1.13%	892259.00	1.16%	—
浙商证券	1	4853909447.52	5.74%	4424266.55	5.75%	—
中金公司	1	1148519023.53	1.36%	1069618.85	1.39%	—
中信证券	1	8295598146.67	9.81%	7725675.42	10.04%	—
中信证券(华南)	1	—	—	—	—	—
德邦证券	2	1544816261.48	1.83%	1129730.89	1.47%	—

东北证券	2	—	—	—	—	—
东方证券	2	1713003663.66	2.02％	1471848.20	1.91％	—
东兴证券	2	—	—	—	—	—
国都证券	2	6260177502.12	7.40％	5830103.72	7.58％	—
民生证券	2	—	—	—	—	—
中泰证券	2	2733214077.91	3.23％	2545444.27	3.31％	—
中信建投	2	3710818815.86	4.39％	3056111.11	3.97％	—
华泰证券	2	4456919079.22	5.27％	4043779.82	5.26％	—

以上数据揭示了一个非常残酷的现实:以成交金额占比最大的中信证券为例,中欧医疗健康混合 A 在中信证券席位上 2021 年共成交了 82.95 亿元,缴纳的佣金为 772.57 万元,佣金率为 0.0931％,也就是万分之九点三一。再看在国信证券席位上 2021 年共成交了约 78.2 亿元,缴纳的佣金为 728.27 万元,佣金率为 0.0931％,同样是万分之九点三一。

大家都知道,证券交易佣金早就已进行了改革,只要是不超过成交金额千分之三的收费都是合理的。但是每个进行过证券交易的投资者都知道证券公司的佣金现在普遍的收取水平只有万分之三甚至更低,资金量交易量越大,收费会越低。但是数百亿规模的基金却收取如此之高的佣金,显然是不符合常理的。

之所以会有这么高的佣金,一方面是基金用于补偿给券商销售基金的报酬,另一方面就是给各个券商研究部门的分仓派点。还有一种可能是分析师写一些基金喜欢看的报告并且推荐重仓股,基金则相应以分仓派点的方式给一些报酬。现在再反过来看看券商的研究报告,为什么要每年都写下一年是大牛市,原因就很明显了吧!

7. 为什么证券从业人员不许炒股？

尽管个人炒股已经是非常普遍的现象了，但是大多数人应该都听说过证券从业人员是不许炒股的。

第四十条　证券交易场所、证券公司和证券登记结算机构的从业人员，证券监督管理机构的工作人员以及法律、行政法规规定禁止参与股票交易的其他人员，在任期或者法定限期内，不得直接或者以化名、借他人名义持有、买卖股票或者其他具有股权性质的证券，也不得收受他人赠送的股票或者其他具有股权性质的证券。

任何人在成为前款所列人员时，其原已持有的股票或者其他具有股权性质的证券，必须依法转让。

实施股权激励计划或者员工持股计划的证券公司的从业人员，可以按照国务院证券监督管理机构的规定持有、卖出本公司股票或者其他具有股权性质的证券。

《证券法》第四十条明确规定：证券交易场所、证券公司和证券登记结算机构的从业人员，证券监督管理机构的工作人员以及法律、行政法规规定禁止参与股票交易的其他人员，在任期或者法定限期内，不得直接或者以化名、借他人名义持有、买卖股票或者其他具有股权性质的证券，也不得收受他人赠送的股票或者其他具有股权性质的证券。

为什么要严禁证券从业人员炒股呢？事情得从 20 世纪 90 年代初说起，那时候上海证券交易所和深圳证券交易所成立不久，各地陆续成立了一些证券公司，开设了证券营业部，也出现了最早的证券从业人员。早期，没有现在这么多机构，那个时代拥有几十万元资金的个人大户非常少见。个人大户都在各个营业部炒股，资金量也会明显对股价形成冲击，作为从业人员可以比较轻易地了解他们的交易信息。证券公司的工作人员，哪怕是最基层的营业部员工，也有权限随时查看客户的交易记录。如果员工在掌握这些信息的同时参与股市交易，对客户必然是不公平的。再就是由于那个时代的信息管理远远没有现在规范，因此内幕信息满天飞，如果允许从业人员炒股，后果将相当严重。

除此之外还有一种行为经常发生——投资者委托证券从业人员代为炒股，因此而发生的纠纷不在少数，在中国证监会官方网站上可以找到大量证券从业人员因炒股而被处罚的案例。例如，某证券湖北分公司负责人私下接受客户委托买卖证券、违规买卖股票；某证券营业部经纪人冯某在任职期间，存在替客户办理证券认购、交易的情形；某证券营业部经纪人黄某操作客户账户进行证券交易等。其实类似这种行为被发现并处罚，往往都是因为在代理客户炒股的过程中出现亏损，进而发生纠纷才被监管部门发现。

当然也有证券从业人员自己假借他人账户炒股的案例，例如，2022年7月28日中国证监会发布了对时任民生证券股份有限公司投资交易事业部证券投资部投资经理、方正证券股份有限公司资产管理分公司证券投资部投资经理兼权益研究负责人孔某的行政处罚决定书。经调查认定，自2015年至2021年，孔某借用他人账户转入资金11笔，合计676850元，交易中信证券、平安银行等133只股票，累计买入成交22885614.22元，累计卖出成交22688666.51元，合计45574280.73元，累计亏损13280.9元。

在这个处罚中，有很多比较有意思的信息。首先就是孔某的身份，他曾经是投资交易事业部证券投资部投资经理、资产管理分公司证券投资部投资经理兼权益研究负责人，这是什么职务？简单地说，孔某曾经是证券公司总部负责管理证券公司发行的集合资产管理计划的投资主办，也就是拿客户的钱为客户炒股的人。同时他还曾经担任权益研究负责人，实际上就是公司内部对证券研究的负责人，也就是研究员的主管。其次是在13个月之内交易133只股票成交4557万元，也就是平均每只股票成交 34 万元,每个月买卖 10 只股票(每 3 天一次),属于典型的高频交易。最后是亏损了 13280.9 元。

那么疑问来了,既然是专业的投资和研究人员,为什么会亏损? 在证券公司内部,研究人员分作两种,一种叫分析师,另一种叫投资顾问。分析师负责对所研究的证券品种出具研究报告,并将其提供给计划投资于证券市场的机构(例如基金公司等)。他们并不直接负责证券的买卖,也不承担任何投资风险。所以一般把基金等机构叫买方,把券商的分析师叫卖方。买方机构认可卖方机构的研究报告,并以分仓佣金的形式来支付相关研究费用。而投资顾问主要是面对普通的中小客户,为其提供投资咨询服务以及投资建议和参考。由于中小散户对证券知识了解不多,因此更多的时候大家会把投资顾问理解为指导炒股和交易的人员。同时由于法律法规禁止从业人员炒股,所以严格来说研究人员可能并不具备实战经验,只有理论基础,属于纸上谈兵。

另外关于高频交易的问题,以买入 2288 万元、卖出 2269 万元为基数,以佣金万分之二、印花税千分之一计算,仅股票交易手续费就要32000元左右,而本金只有60多万元,几乎占5%。也就是说实际亏损了13000余元,不考虑手续费其实是盈利的……

关于内幕交易问题也同样如此,孔某曾经管理"方正证券金港湾六个月持有期债券型集合资产管理计划""方正证券金立方一年持有期混合型集合资产管理计划",属于知晓内幕信息的人员,而多次频繁交易很可能是与资产管理计划的交易趋同,而亏损的事实也告诉大家,内幕交易未必盈利。道理很简单,连资产管理计划都是亏损的,内幕交易又怎么可能盈利呢?再就是关于金融知识,他在加州大学洛杉矶分校获得金融工程硕士学位,2012年7月加入某头部基金公司,历任国际投资部、投资研究部研究员。他的学习和工作经验可以证明理论知识是足够的,可是同样亏损了,充分说明光有理论知识是不够的。

综上所述,告诉大家以下事实:①不掌握理论知识是不行的,但是只有理论知识同样也是不行的。要想投资获利,需要在具备理论知识的前提下具备足够的实践经验以及成熟的盈利模式。②某些证券公司的研究人员实战水平其实有限,之前多次有知名分析师管理产品,但大多都以失败告终。③高频短线交易成本极高,亏损的可能性更大。④资产管理计划、基金等投资并不是稳赚不赔,所以投资者应该降低收益预期。

笔者认为,从业人员不得炒股,其实这是对从业人员的一种福利和保护,而不是限制。

8. 在证券公司工作和电视剧里演的一样吗？

有很多人其实都是通过电影、电视剧和网络上的一些小说来了解证券公司运作和证券市场。很多人都了解了坐庄、证券公司、炒股、上市公司造假等相关概念。

前几年有一部关于股市的电视剧，作为散户可能会觉得和他们身边听到的事情差不多，但是事实上差距甚远。编剧可能根本没有实际接触过股市，一切都是凭想象来拍摄。或者说这个剧本根本就是为了迎合散户的心理硬生生编造出来的。如果他们有机会到证券公司去体验生活，一定会发现现实和想象完全不一样。

在剧中，股评家曾经要女配角帮他开 30 个股票账户，这就是第一个问题。在 20 世纪 90 年代，股票的开户流程是：首先要去各地证券登记机构（那时候叫证券登记中心）办理股东代码卡。拿到股东代码卡之后，再去找一家证券公司的营业部开资金户存钱，当时证券营业部接受现金以及支票转账。在 2000 年前后，银证转账开始普及，证券营业部的现金业务开始减少，也有部分营业部是银行直接派员驻点收钱。在 2001—2003 年，因为证券业务的快速发展，证券登记中心被撤销，由各个券商的营业部直接办理股东代码卡。目前，开户更严格了，不仅要扫描身份证信息，还要和公安系统核对是否为本人，同时所有的开户都要双录（录音和录像），程序越来越严谨和复杂，想坐庄难度非常大。剧中随意开户根本是不可能的，所以编剧应该是完全不了解相关规则。

第二个问题出现在女配角的职位，一个新人客户经理能有什么权限？客户经理的权限只有开发客户而已，所有的开户均由开户岗完成，所有的资金都是由银行进行了三方存管，即使是在 2000 年也是银证转账。其实散户们平时接触的证券营业部，也分几个不同的业务线。接触最多的就是客户经理，而实际上这是证券公司里面最基层的员工，基本没有任何权限，所有的业务都要上级领导的授权。当然，各个公司可能叫法和职级不一样，但是多数都接受团队长的领导。团队长就是带领一部分人做业务，通常是按地区或者是按照行业来分类组队，当然也有按个人来组队的，每个公司的安排会有所不同。团队长的上级一般是营销总监，在一个证券营业部通常有三个总监，营销总监、运营总监、投顾总监。营销总监顾名思义是负责拉客户的，在营业部中属于前台部门；运营总监在营业部属于后台人员，他们的任务是管理后台的业务，可能包括风控、电脑、财务、办公室等；投顾总监属于中台部门的领导，他们的主要职责是做服务，当然现在最主要的任务也同样是拉客户和卖产品，通常说的讲股评的实际上在营业部内正式的名称叫投资顾问。

现在有一部分的营业部已经发生了很大的变化，比如轻型营业部，轻型营业部只是在人员配备上做了精简，但是大致的架构还是一样的。而现在所有的办公都是通过网络来进行，所有的资金进出都是通过银行，所有的股票买卖都是集中交易，现在的证券营业部已经谈不上任何的权限，只是一个最基层的业务部门而已。他们纯粹就是拉客户和卖产品，工作压力大，收入却一般。除了营业部外，现在部分证券公司还有分公司，分公司实际上只有一些管理功能，并没有太大的变化，本质上也是一个业务部门。

第三个问题是关于资金，剧中几次提到了借几千万元来坐庄。难道几千万元就可以坐庄操纵市场了吗？哪怕市场中的游资也只能短期影响市场，如果真正想大规模影响市场，起码要持有整个市场 20％～50％的流通筹码，还要有对应数量的资金，几千万元是远远不够的，至少也要几十亿元。

第四个问题是股评家的身份,根据证监会的规定,如果在公开媒体进行投资咨询服务,必须要有投资咨询资格,投资咨询资格是要在相关机构从业才可以获得。只有两种机构具备证券投资咨询资格,一是证券公司,二是投资咨询机构。股评家每天在电视上推荐股票,然后自己在大户室炒股,这双重身份实在是令人匪夷所思。在 2000 年前后,确实存在一些这种现象,但是他们都是私下而为,像这种剧中的情况,警察和证监部门早就查过来了。

证券公司总部和别的分支机构没有太大的差别,都是属于垂直管理,包括经济业务总部、信息技术部、财务部、资产管理部、合规部、风控部等业务部门,其实一点都不神秘。当然,有一个特殊的机构大家可能觉得很神秘,就是研究所。证券公司的研究所集中了大量的研究员,研究报告都是由研究员写出来的,也别把他们看得太神秘,他们很多都是从名校毕业,拥有高学历,会写各种复杂的报告,但是如果说他们真的了解那些上市公司,那也是不太可能的。按照每年发布的研究报告数据计算,每位分析师每个星期要写一篇研究报告,某些证券分析师一年能发布上千份深度调研报告,时间限制根本不可能做到实地认真调研之后再出具报告,大多数情况下只是在办公室里搜索资料来完成。

真实的证券公司,没有大家想象中那么神秘,也没有那么多阴暗面。实际上和大家平时在单位工作的场景非常类似,都要进行考勤管理、KPI 考核、与客户交流、案头工作。

⁹₀ 证券公司是不是营业部越多越赚钱？

券商股是散户最喜欢买的股票种类之一，散户们觉得只要牛市行情到了，证券公司就是最赚钱的。因为牛市到了以后行情变好，大家的交易会变得非常频繁，证券公司的收入就会大幅度增加，那么利润一定会增加，所以大多数散户都会有一个想法，证券营业部是非常赚钱的，哪个证券公司营业部越多，利润就越大。

2021年券商中国曾经报道，在2021年上半年股基成交额日均近万亿元的情况下，北京地区594家营业部有47％处于亏损状态；深圳地区522家营业部利润总额为负值的占比在50％。北深两地超千家营业部，一半处于亏损状态。相信看到这个数据，绝大多数的散户都会觉得特别意外。一方面众所周知券商是牛市发动机，而且2021年上半年成交额如此大，还创下连续日成交超过万亿的历史纪录，另一方面当年东方证券、兴业证券、华泰证券、东吴证券等股票的表现都非常不错，再加上北京交易所成立的利好，怎么会出现这么多营业部亏损的局面呢？

大家要知道证券公司的收入来源是多方面的，以前主要来自经纪业务、投行业务、自营业务三大块，也就是客户炒股赚佣金、股票发行上市、自己炒股。经过多年发展，现在已经发生了很大的变化，以中信证券为例，在2020年的年报数据中，其业务收入分为以下几个部分：经纪业务144.0亿元，占比26.48％，毛利率40.68％；证券投资业务134.1亿元，占比24.65％，毛利率20.03％；其他业务105.3亿元，占比19.36％，毛利率32.88％；资产管理业务95.61亿元，占比17.58％，毛利率

49.55%;证券承销业务64.87亿元,占比11.93%,毛利率60.04%。这里面的经纪业务就是传统的经纪业务赚佣金,证券投资业务就是自营业务,其他业务包括产品销售、基金销售、信用业务(融资融券、质押等),资产管理业务就是代为管理资产也可以理解为代客理财,主要是发行各种产品产生的收入,证券承销业务就是投行业务。

分析以上的数据不难发现,传统的三大业务现在占比均有下降,以往经纪业务占比都在60%甚至更高,现在已经下降到1/4左右,而新兴的资产管理业务以及其他业务不仅占比很高而且毛利率也高,这些业务为证券公司贡献的收入也越来越多。特别是各种产品的发行和代销,不仅可以直接产生收入,同时还可以产生股票交易的佣金收入,因此券商现在工作重点都放在这里了。

为什么这些营业部会发生亏损呢?原因是多方面的,第一个原因是新设立的营业部较多,因为开业时间不长,客户资源不多,产生的收入也会比较少。但是其初始投入却不少(包括场地租金、装修成本、设备成本、人员工资等),一般来说一个新设立的C级营业部第一年的成本基本上都在200万元以上,前2年很难盈利。第二个原因是竞争激烈,越是北上广深这样的大城市,各个券商开设的网点也就越多,新的营业部营销成本巨大又难以快速发展客户,非常容易发生亏损。第三个原因是佣金下降严重,十几年之前佣金都是统一按照千分之三收取,证券公司的盈利水平非常高,随着浮动佣金制的实施,现在的佣金已经下滑到万分之三以下,甚至针对一些特殊的大户,券商直接按万分之一收取佣金。佣金的基础成本在十万分之八到十万分之九之间,但是如果考虑到税费和人员工资,按照万分之一收取佣金实际上已经处于亏损状态。第四个原因是人员工资增幅较大,十几年前券商营业部员工的月工资基本在2000～5000元,营业部总经理一般不会超过1万元。但是现在员工的月工资普遍在5000～50000元,营业部总经理的月工资在20000～

100000 元。

那么大家的疑问又来了,既然这些营业部不赚钱,为什么不关闭呢?这是因为涉及券商的一些考核指标。证券业协会都会有相关业务的排名,例如,营业部总数、经纪业务收入、员工总数、基金销售总量、股票基金成交总量等,在不同的项目中获得靠前排名的次数越多,整个公司的排名也就越靠前。很多业务特别是新业务在进行试点和实际推进过程中,都会要求某项目排名前 20 名,没有达到这项规定的可能会失去业务资格,所以很多时候哪怕赔本也要将业务发展进行下去。在极端情况下,不惜违规造假也要抢排名。例如,某券商在某一年将很多非相关人员全部划归信息技术人员,由此增大了该年公司在信息技术方面的投入,获得了第二的排名。

另一个导致营业部亏损的原因是管理和经营不善问题。如果发生连续亏损,大都采取的办法就是挖角换人,当有能力的新领导上任之后,自然扭亏为盈也就不难了。

还有一个原因是内部结算原因。某些营业部看起来是亏损的,但是他们可能销售了很多其他营业部引进的基金发行的产品,而交易佣金等收入都产生在其他营业部,账面上这些营业部肯定会出现亏损。当年底全面核算的时候,这些收入会按照各自销售的多少重新分配,此时就会发现一些原本亏损的营业部其实是盈利的。

不管是主要发展营业部做散户生意还是减少营业部数量主要做机构生意,在券商中其实都是比较普遍的。对于券商股的投资价值,传统的以牛市判断券商股投资价值的方法已经不再准确,投资者习惯以券商股上涨来判断牛市的做法也已经不灵验,券商股没大家想得那么值钱。

10. 在证券公司开户炒股的资金安全吗？

在证券公司开户炒股的资金安全吗？要想了解这个问题，就得从20 世纪 90 年代证券公司出现的时候开始说起。早期的证券营业部都是依托金融机构(如各大银行等)开设的，后来保险公司和信托公司也参与进来，陆续成立了各自的证券营业部。上海证券交易所(简称上交所)采取的是指定交易制度，深圳证券交易所(简称深交所)采取的是托管制度。所谓指定交易就是指投资者可以指定某一证券营业部为自己买卖证券的唯一交易营业部。根据现在的开户规则，每个自然人在同一市场最多可以在三家不同的券商公司开设股票账户，但是只能选择一家作为上海上市股票的交易场所。而深交所则给每个证券营业部一个六位数的代码编号，这个编号叫作席位号，客户可以同时在多个证券营业部买卖深圳上市的股票，但是在哪个席位买入就必须在哪里卖出，如果要将A 营业部席位买入的股票到 B 营业部席位卖出，那么就需要办理转托管手续。

20 世纪 90 年代初期，交易所并没有为每位客户建立股票档案，而是针对每个营业部席位来办理相关股权转移登记，也就是说，虽然你在某个证券营业部开户炒股，但是股票是托管在证券公司名下(都在同一个席位上)，然后由证券公司来办理客户的转移。每天收市后，由专门的清算人员和交易所进行人工清算，交易所会对每只股票在每一个席位上的数量进行轧差，然后依次重新分配股份的数量。而清算中心还会同时进行资金的轧差，有些证券营业部需要补足资金，有些证券营业部则会退还多余资金。那时的客户在证券营业部的资金进出可以采取柜台存取现金和支票转账等方式进行,而所有的资金都直接进入证券营业部所在银行的总账户,每个客户的具体资金数是由证券营业部再分成小账来处理的。

了解了这种交易制度,你就会发现在 20 世纪 90 年代,其实你的账户里并没有钱和股票,只是一个数字而已,真正的股票都是在证券营业部的席位上,而资金也都在证券营业部的账户里。当时证券营业部的重要收入之一就是利差,因为证券营业部只需要支付给客户在证券账户里资金的活期利息,而银行需要支付证券营业部在银行开立的总账户同业存款利息。这个利差差不多等于营业部资金总量的 2%～3%,一个拥有 5 亿元存款的营业部一年的利差收入就高达千万元。

但是这种交易制度存在明显缺陷——证券营业部和证券公司总部可以挪用这笔资金,事实上在 20 世纪 90 年代,这种情况也是常有发生,因为总存款虽然高达数亿元,但是每天实际使用的轧差最多也只有几千万。历史上著名的案例有闽发证券和南方证券,后来全部出现了亏空,造成了巨大的损失。在 2000 年之后,有多个证券公司因违规经营而被关闭、兼并、重组(如广发证券收购了武汉证券,华泰证券收购了亚洲证券,南方证券被重组为中投证券,华夏证券被重组为中信建投证券等)。

在早期的时候,深圳市场的股份都是托管到各个营业部,在交易所看到的数据并不是与每位股民股东账号一一对应的精准数据,而是只查看营业部的总托管数。所以券商营业部的工作人员其实是可以做空的,也就是先卖出席位上托管的股份,等下跌以后再买回来,赚差价。这样做的前提是当天必须买回来轧平,否则就会出现卖空的情况。由于上海市场是指定交易制度,把每位股民的户头和股票一一对应,所以沪市股票是没办法做到这一点的,而深圳市场是托管制度,存在上述漏洞。这就是那个年代的深圳市场的股票总体跌幅和日波动幅度比较大的原因,简单来说就是，跌得快涨得也快。

正是因为证券交易市场存在如此大的隐患，证券公司的股票与资金管理方式必须进行重大改革。2001 年 3 月 30 日，经国务院同意、中国证监会批准成立中国证券登记结算有限责任公司，该公司是依据《公司法》和《证券法》组建，为证券交易提供集中登记、存管和结算服务，不以营利为目的的法人。上海、深圳证券交易所是公司的两大股东，分别持有公司 50％的股份。2001 年 10 月 1 日起，上海、深圳证券交易所承担的全部证券登记结算业务划归到中国结算承担，《证券法》规定的全国集中统一运营的证券登记结算体制由此形成。同时建立第三方存管制度。证券公司客户的证券交易结算资金由银行存管，存管银行依据法律、法规的要求，负责客户资金的存取与交收，证券交易操作保持不变。该业务遵循"券商管证券，银行管资金"的原则，将投资者的证券账户与证券保证金账户进行严格的分离管理。

在正式宣布实行第三方存管制度之前，券商内部是极度反对的。由于公司的所有资金流都被银行监控，会导致公司失去利差收入这一重大收益来源，当然最后大家都妥协了，银行仍然会将利差支付给券商，但是资金还是被银行严格监管。开户流程如下所述：首先到证券公司开设股票账户，然后将客户选择的银行作为指定银行，最后客户再到银行办理证券账户与银行卡的连通手续。客户买卖股票的资金始终都在银行，从未进入证券公司的账户，所以只要银行不出问题，客户在证券账户内看到的资金就是安全的，证券公司没办法挪用一分钱。

11. 新股不中签，是不是证券公司在作弊？

虽然有很多新股上市后创造了不少的短期暴富神话，但是也有新股在发行时会破发，不过这种情况毕竟是少数，新股不败仍然是散户的信念。可是大家都知道，新股中签是非常难的，一些总是不中签的人甚至怀疑是不是证券公司在作弊，把自己中签的股票拿走了或者给了别人。

要了解这些，就得从20世纪90年代说起，早期的托管制度是每位券商的营业部都有自己单独的席位号，交易所每天收市后（下午5时30分左右）会通过卫星发送清算包。营业部的工作人员需要对交易进行清算，方法是接收清算包之后，用专用软件解包，然后对比原始委托和成交数据配平，每天的资金和股票数目一致那就清算成功了，基本上每次清算需要耗时30～50分钟。但是很可能出现股票数目不一致的情况，如果出现这种情况就需要查明原因，然后重新进行清算。2000年左右，笔者曾在证券营业部工作，做清算也是笔者的工作内容之一，当时每次进行清算之前都要祈祷，千万不要有单边账，能提早下班回家就好。

因为是轮班做清算，笔者运气算比较好的，一般情况下可以在晚上7点之前完成，最晚的一次也是在晚上9点左右清算完的。运气差的同事有时候被折腾到半夜才能下班。现在的营业部已经不需要做清算工作了，目前多数营业部改为集中交易，多个营业部共用一个席位号，由总部负责清算，而且清算技术也比之前先进，往往清算都能在下午6点到下午7点之间完成。

千万不能忽略这个细节，早期的时候，确实是可以某个人中签，但是将股份放到另一个人的账户上。那时候也是市值打新,有时候也会遇到有客户账户里的余额不足,人又联系不上,所以有的营业部就会自动交钱,然后把股份划归到一个单独账户,之后上市卖掉(详细过程可以查看之前关于三方存管账户的章节)。这是因为以前交易所是对席位号清算,而不是对客户个人清算,交易所只知道这个席位上有中签,未来出售股票的时候也是针对席位的,所以发生这种事情是完全无法阻止的。再加上以前都是银证转账而不是三方存管,营业部内部可以资金调账、取现和开支票,这就给违规操作留下了空间。

现在作弊已经不可能了,因为清算在总部,客户在营业部。而且早已实行了证券账户的实名交易,所有客户的证券交易记录在中国证券登记结算有限责任公司都可以查询。资金方面现在是第三方存管,个人账户资金直接存在银行,也不可能通过取现、开支票、调账等渠道转走。这就在制度上限制了营业部挪用客户中签新股的可能性。证券公司现在的合规性管理也非常严格,管理权限也做了限制,营业部工作人员和总部的工作人员都是相互制衡,已经非常安全了。

如果现在想提高中签率,只能增加持股量。持有股票市值越大,拥有的中签号就会越多,中签的概率自然就提高了。

12. 为什么券商喜欢配股？

券商股应该是普通投资者最喜欢买的股票之一，因为券商股通常被称作"牛市发动机"，一旦遇到好行情往往涨幅巨大。可是如果投资者细心观察的话会发现，最近几年券商股的股价很少大涨，不仅如此还会频繁地再融资，其中较为频繁的再融资方式就是配股。

先说为什么券商会频繁地再融资。从研究机构角度来说，研究者认为券商可以通过再融资获得更好的发展。例如，兴业证券在 2022 年 8 月完成配股后，某券商出具的研究报告认为："配股可以提高财富管理客户基础，并巩固机构服务优势，有助于公司吸引财富管理潜在客户，补足财富管理转型中的客户端短板。""借助配股募资、凭借较好的机构业务基础，推动客需交易业务从起步阶段迅速壮大。"2022 年 4 月东方证券完成配股后，某券商出具的研究报告认为："配股利于券商增厚资本金，提高公司长期竞争优势。""带来长期成长性和估值弹性，同时使资产安全性较高，全年盈利增长有望优于行业平均。"

但是，兴业证券在 2022 年前三季度中，实现归属于母公司所有者的净利润（以下简称归母净利润）为 17.81 亿元，同比下降 49.46％。东方证券在 2022 年前三季度中，归母净利润为 20.02 亿元，同比下降 53.66％；2022 年东方证券全年归母净利润为 30.11 亿元，同比下降 43.95％。这两家公司在 2022 年股价方面也同样下跌，下跌幅度都超过 30％。无论是业绩还是股价，配股实施之后大都无法有效提升，对于所有股东和参与配股的投资者来说,实际上都是损失的。最严重的是东方证券,由于配股价格和市场价格很接近,配股后不久股价直接跌破了配股价 8.46 元,更是低至 7.52 元。而且从多个进行配股的券商股市场走势看,很明显在推出配股方案之后机构都进行了大规模减持。例如,2023 年 1 月 3 日华泰证券公布配股方案后,当天股价大跌,排名前 5 的席位中沪股通排名第一,同时还有 3 个机构专用席位。机构为什么要这么做?因为配股会在短期内摊薄每股收益,而且配股缴款需要占用流动性。如果投资者十分看好某只股票,可以在配股完成后再进行配置,价格更便宜。

券商频繁地再融资甚至惊动了证监会。2023 年 1 月 3 日证监会用答记者问的形式发出公告:"作为已上市的证券公司,更应该为市场树立标杆,提高公司治理质效,结合股东回报和价值创造能力、自身经营状况、市场发展战略等合理确定融资计划及方式,董事会和股东大会要统筹平衡,审慎决策,切实维护各类投资者特别是中小投资者合法权益。"

但是为什么券商明明知道其配股不会大幅度提升业绩,还会造成股价下跌,甚至监管部门也不支持这种操作,仍然坚持大规模配股融资呢?原因很简单,证券行业经纪业务规模座次早已固定,相互之间的抢夺客户成本极高而且效益很低。自营业务完全看天收,投行业务基本上大局已定,大型券商市场占有率非常高,小型券商只能捡点遗漏的业务。目前能让券商大幅度提升收入和利润的主要来源有两大块:一是代销其他金融机构产品(如公募基金和私募基金)产生的手续费、管理费、佣金收入;二是融资融券业务带来的息差收入。其中融资融券业务需要大量资金予以支持,因此券商为了保持收入和扩大利润规模,对资金的渴求是会永远存在的。

券商不断做大规模还有两个很重要的作用:一是避免被其他券商吞并;二是可以监管加分。中信、华泰、广发证券这些年之所以能够快速发展壮大,与它们不断兼并其他券商密不可分。而排名靠前的券商会获得一定的监管加分,监管分的高低会决定每个券商监管评级的高低,而评级的高低决定投资者保护基金缴纳的比例。一些大型券商每年缴纳的投资者保护基金如果折算到监管分,每扣减一分,可能会产生高达数千万元甚至上亿元的损失。大型券商每年依靠业务排名可以获得监管加分,而中小型券商基本上只有扣分项没有加分项。以上这些因素决定了券商必须不断向前奔跑,努力融资。其目的不一定是为了业绩的增长,某种程度上只是不想被其他券商吞并。

那为什么特别喜欢配股呢?相比可转债、增发的再融资方式,配股有一定优势。可转债融资需要支付利息(虽然不多),而且可转债成股票,这些行为和二级市场行情有莫大关系,如果股价持续低迷,不但无法转股,甚至可能会发生债券回售。增发分为公开增发和定向增发,公开增发是向全体股东进行的,价格较二级市场有少量折让;定向增发则是向部分机构定向发行股份,同样也要有一定的折让,否则可能会无人认购。同时增发之后股票价格是不除权的,由于增发价格折让一般在10%左右,即便下跌对于二级市场投资者的损失并不大,在市场低迷的时候投资者参与热情不高,容易发行失败。配股就不同了,它是面向全体股东进行的,带有一定的强制性。配股价格通常与市场价格之间的折让也比较大,例如,兴业证券在2022年8月的配股价为5.2元,配股之前一段时间的二级市场交易价格为6.2元左右,之前一度冲高到8元左右。如果原股东放弃配股,除权产生的损失会比较大,很多投资者不得不配合进行缴款认购,配股成功率相对较高。

例如,2022年4月东方证券同步在A/H股进行了配股,根据配股结果,本次东方证券A股配股认购股份数量合计为1502907061股,占本次A股可配售股份总数1670641224股的89.96%,也就是说绝大多数A股股东包括大股东都参与了本次的配股。但是在H股市场进行的配股就很少了,本次H股可配售股份数量为287582400股,实际配售股份数量为82428股。只有约0.03%的H股股东参与了本次配股,高达99.97%的H股股东拒绝了参与配股!

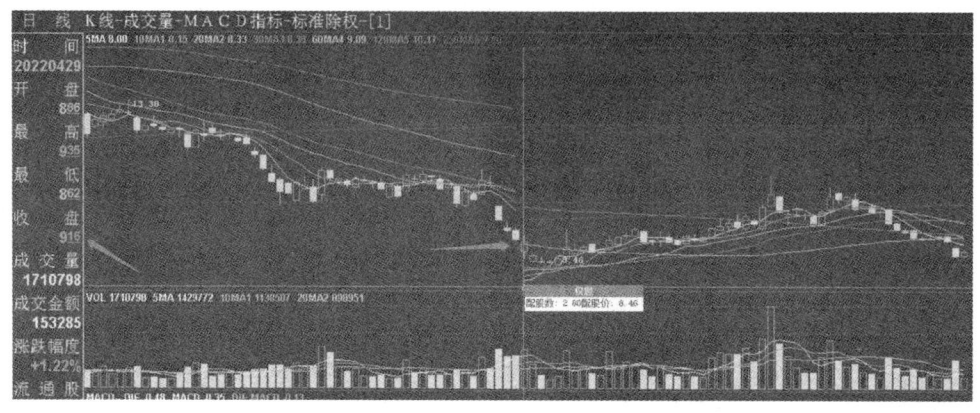

例如,东方证券配股股权登记日是 2022 年 4 月 20 日,当天收盘价为 9.22 元,配股价为 8.46 元,配售比例为 10 配 2.8 股。假设原先有 10000 股东方证券 A 股股票,2022 年 4 月 20 日市值为 92200 元,如果参与配股需要继续付出 23688 元获得 2800 股,配股后持股成本变为 (92200＋23688)元 / 12800＝9.05 元,复牌第一天开盘价为 8.86 元,收盘价为 9.16 元,也就是说如果参与配股则会每股盈利 0.11 元,合计为 1408 元;如果不参与配股,其成本仍然是 9.22 元,收盘时每股亏损 6 分,也就是亏损 600 元。

但是港股就不同了,东方证券港股的配股价格为 10.38 港元(按照 8.46 元人民币＝10 港元的汇率折算),而东方证券港股市场价格仅仅只有 4 港元左右,这种情况谁会去配股呢? 所以绝大部分人都不会参与认购。更离谱的是本次 H 股配股总共募集资金港币 85.56 万元(约为人民币 69.71 万元),但是 H 股配股的发行费用(不含税费,包括独家财务顾问费、代销佣金、印刷费用、登记费用、翻译费用、法律及会计师费用等)约为人民币 0.09 亿元。花了 900 多万配股,而且明知道配股价比市场价高 150％以上,所以没人参与,却强行配股,于是赔了 800 多万元。

13. 谁能 100％买到新股呢？

通常散户打新股的方法是自己先买股票,然后有了一定的市值就可以在新股发行的时候积累一定的配号(通过申购新股),根据摇号的结果来分配是否中签新股,这种方式叫作网上打新。既然有网上打新,就一定有网下打新,而网下打新就是真正可以 100％中签的方法。什么是网下打新? 网下打新就是不通过证券交易所的网上交易系统进行申购。与大家常见的在申购日进行申购不同,网下申购是需要进行很多准备工作的,而且是否能参与网下申购,是由股票发行时的主承销商对其进行资格筛选和审定,不是每个人都可以参与网下申购的,一定要遵循标准的流程。

网下申购的流程是什么? 客户必须先在中国证券业协会备案,当然这个工作可以委托客户开户的券商来帮助完成。当备案完成后,客户需要向上交所或深交所申请办理申购平台 CA 证书,当然这个工作客户只能委托其所开户的券商来代理完成,交易所是不对个人开放这种申请业务的(这个申请工作耗时可能会很长)。申请完成后,交易所会给客户发一个 UKey,拿到这个东西就说明客户的前期准备工作已经完成,只需等待新股发行就可以了。

当有新股发行的时候,客户需要先参与询价过程,新股发行的主承销商会在询价开始前一个交易日的上午 10 点前,通过专用的申购平台录入持有市值的参数标准,只有达到这个市值要求并且完成前期认证的客户才能参与询价并获得最后的网下配售新股资格。在新股询价当天,客户需要根据自己对股票的分析和判断,对这只新股进行报价,同时还要申报与这个价格对应的拟申购股数(例如,客户觉得某只股票不错,就可以出价 10 元或者 20 元买 1 万股或者 100 万股,这个价格和数量都是由客户决定的)。

需要说明的是,申报价格根据《证券发行与承销管理办法》的有关规定,发行人和主承销商事先确定并公告的有效报价条件,会剔除不得参与累计投标询价或定价申购(以下统称申购)的初步询价报价及其对应的拟申购数量。也就是说,无论申报价格是过高还是过低都会被剔除申报,只有最接近最终发行价格的申报会被接受。如果客户打算进行网下申购且满足申请条件的,最好向大型券商请教,因为他们的研究所在发行定价方面占据绝对优势。

如果客户申报的价格和数量被主承销商和发行人接受,那么此客户就获得了配售,只需在指定的日期之前把资金汇入主承销商的指定账户就可以了,股份会在上市之前划入客户的股票账户里,这个数量是恒定的。也就是说,只要符合条件的网下申购,获得的股票数量是一样的。

例如,某科技股份有限公司于 2023 年 3 月 27 日在上海证券交易所主板上市。2023 年 3 月 20 日该公司和保荐机构(主承销商)华泰联合证券有限责任公司共同发布了《首次公开发行股票网下初步配售结果及网上中签结果公告》。在这份公告中除了公布网上发行的中签结果之外,同时还公布了网下发行的申购情况和初步配售结果。

配售对象类别	有效申购股数(万股)	占网下有效申购总量的比例	获配股数(股)	占网下最终发行数量的比例	获配比例
A 类(公募养老社保)	3955290	32.45%	2120865	50.11%	0.00536057%
B 类(年金保险)	2391800	19.63%	873007	20.63%	0.00365028%
C 类(其他)	5840550	47.92%	1238189	29.26%	0.00212090%
合计	12187640	100.00%	4232061	100.00%	—

注:上表中各类投资者获配比例未考虑余股调整后对初始配售比例的影响。

首先是将所有的网下配售申请机构分类,按照资金性质分成 A、B、C 三类,每种类别的配售数量和比例不同。在图中也详细列出了每种类别的投资者获得配售的具体名称和获得配售的数量。

序号	投资者名称	配售对象名称	证券账户号码	申购数量（万股）	初步配售数量（股）	获配金额（元）	配售对象类型
1	安信基金管理有限责任公司	安信洞见成长混合型证券投资基金	D890363302	1,000	536	3,140.96	A
2	安信基金管理有限责任公司	安信远见成长混合型证券投资基金	D890319808	1,000	536	3,140.96	A
3	安信基金管理有限责任公司	安信丰穗一年持有期混合型证券投资基金	D890319264	1,000	536	3,140.96	A
4	安信基金管理有限责任公司	安信楚盈一年持有期混合型证券投资基金	D890320037	1,000	536	3,140.96	A
5	安信基金管理有限责任公司	安信平衡增利混合型证券投资基金	D890302704	1,000	536	3,140.96	A
6	安信基金管理有限责任公司	安信优质企业三年持有期混合型证券投资基金	D890303750	1,000	536	3,140.96	A
7	安信基金管理有限责任公司	安信民安回报一年持有期混合型证券投资基金	D890293434	1,000	536	3,140.96	A
8	安信基金管理有限责任公司	安信稳健汇利一年持有期混合型证券投资基金	D890291084	1,000	536	3,140.96	A
9	安信基金管理有限责任公司	安信宏嘉18个月持有混合型证券投资基金	D890286704	1,000	536	3,140.96	A
10	安信基金管理有限责任公司	安信价值启航混合型证券投资基金	D890280499	1,000	536	3,140.96	A
11	安信基金管理有限责任公司	安信消费升级一年持有期混合型发起式证券投资基金	D890276937	1,000	536	3,140.96	A
12	安信基金管理有限责任公司	安信招信一年持有期混合型证券投资基金	D890275509	1,000	536	3,140.96	A
13	安信基金管理有限责任公司	安信均衡成长18个月持有期混合型证券投资基金	D890270567	1,000	536	3,140.96	A
14	安信基金管理有限责任公司	安信平稳合盈一年持有期混合型证券投资基金	D890258044	1,000	536	3,140.96	A
15	安信基金管理有限责任公司	安信医药健康主题股票型发起式证券投资基金	D890257585	1,000	536	3,140.96	A
16	安信基金管理有限责任公司	安信浩盈6个月持有期混合型证券投资基金	D890252195	1,000	536	3,140.96	A
17	安信基金管理有限责任公司	安信创新先锋混合型发起式证券投资基金	D890242881	1,000	536	3,140.96	A
18	安信基金管理有限责任公司	安信稳健聚申一年期混合型证券投资基金	D890240520	1,000	536	3,140.96	A
19	安信基金管理有限责任公司	安信成长精选混合型证券投资基金	D890237802	1,000	536	3,140.96	A
20	安信基金管理有限责任公司	安信平裕双利3个月持有期混合型证券投资基金	D890234553	1,000	536	3,140.96	A
21	安信基金管理有限责任公司	安信成长动力一年持有期混合型证券投资基金	D890231084	1,000	536	3,140.96	A
22	安信基金管理有限责任公司	安信价值发现两年定期开放混合型证券投资基金（LOF）	D890216076	1,000	536	3,140.96	A
23	安信基金管理有限责任公司	安信稳健增利混合型证券投资基金	D890211814	1,000	536	3,140.96	A
24	安信基金管理有限责任公司	安信价值成长混合型证券投资基金	D890210054	1,000	536	3,140.96	A
25	安信基金管理有限责任公司	安信价值回报三年持有期混合型证券投资基金	D890209223	1,000	536	3,140.96	A
26	安信基金管理有限责任公司	安信民稳增长混合型证券投资基金	D890204574	1,000	536	3,140.96	A
27	安信基金管理有限责任公司	安信价值驱动三年持有期混合型发起式证券投资基金	D890201966	1,000	536	3,140.96	A
28	安信基金管理有限责任公司	安信中证深圳科技创新主题指数型证券投资基金（LOF）	D890199460	1,000	536	3,140.96	A

部分网下投资者初步获配情况（A 类）

如 A 类投资者为公募基金、养老基金、社保基金,在上表中可以看到如安信基金管理有限责任公司管理的安信洞见成长混合型证券投资基金申购了 1000 万股,实际获得配售的数量是 536 股。所有同属于 A 类投资者的机构只要报价符合询价规则的都获得了同样的配售数量。

而 B 类投资者为年金保险,在下表的 B 类投资者部分,也可以看到如百年保险资产管理有限责任公司管理的百年人寿保险股份有限公司-万能保险产品同样申购了 1000 万股,实际获得配售的数量是 365 股。所有的属于 B 类投资者的机构只要报价符合询价规则的都获得了同样的配售数量。

序号	投资者名称	配售对象名称	证券账户号码	申购数量(万股)	初步配售数量(股)	获配金额(元)	配售对象类型
4036	百年保险资产管理有限责任公司	百年人寿保险股份有限公司-万能保险产品	B883271913	1,000	365	2,138.90	B
4037	百年保险资产管理有限责任公司	百年人寿保险股份有限公司-百年分红自营	B881210754	1,000	365	2,138.90	B
4038	百年保险资产管理有限责任公司	百年人寿保险股份有限公司-平衡自营	B881089365	1,000	365	2,138.90	B
4039	百年保险资产管理有限责任公司	和泰人寿保险股份有限公司-传统-百年	B884102015	1,000	365	2,138.90	B
4040	百年保险资产管理有限责任公司	百年人寿保险股份有限公司-传统保险产品	B882272974	1,000	365	2,138.90	B
4041	百年保险资产管理有限责任公司	和泰人寿保险股份有限公司-分红-百年	B884103273	1,000	365	2,138.90	B
4042	百年保险资产管理有限责任公司	百年人寿保险股份有限公司-分红保险产品	B882272990	1,000	365	2,138.90	B
4043	百年保险资产管理有限责任公司	百年人寿保险股份有限公司-百年传统	B881089357	1,000	365	2,138.90	B
4044	百年保险资产管理有限责任公司	百年人寿保险股份有限公司-传统自营	B881089381	1,000	365	2,138.90	B
4045	北大方正人寿保险有限公司	北大方正人寿保险有限公司	B882841524	1,000	365	2,138.90	B
4046	北大方正人寿保险有限公司	北大方正人寿保险有限公司-普通自营	B883576261	1,000	365	2,138.90	B
4047	博时基金管理有限公司	河北省玖号职业年金计划	B883081313	1,000	365	2,138.90	B
4048	博时基金管理有限公司	内蒙古自治区叁号职业年金计划	B883053069	1,000	365	2,138.90	B
4049	博时基金管理有限公司	中国建筑股份有限公司企业年金计划	B882719293	1,000	365	2,138.90	B
4050	博时基金管理有限公司	山西焦煤集团有限责任公司企业年金计划	B882051001	1,000	365	2,138.90	B
4051	博时基金管理有限公司	浙江省捌号职业年金计划	B883707024	1,000	365	2,138.90	B
4052	博时基金管理有限公司	中国能源建设集团有限公司企业年金计划	B882742961	1,000	365	2,138.90	B
4053	博时基金管理有限公司	国网冀北电力有限公司企业年金计划	B882578443	1,000	365	2,138.90	B
4054	博时基金管理有限公司	山东省(肆号)职业年金计划	B882676123	1,000	365	2,138.90	B
4055	博时基金管理有限公司	中国中信集团公司企业年金计划	B882543359	1,000	365	2,138.90	B
4056	博时基金管理有限公司	山东省(拾号)职业年金计划	B883538645	1,000	365	2,138.90	B
4057	博时基金管理有限公司	云南省农村信用社企业年金计划	B882412980	1,000	365	2,138.90	B

部分网下投资者初步获配情况(B 类)

C 类投资者为除了以上两类机构以外的其他投资者,包括其他法人机构、私募基金、资管计划、信托计划、个人投资者等。在下表的 C 类投资者部分,也可以看到如阿拉尔统众国有资产经营有限责任公司、安徽海螺集团有限责任公司、安信基金管理有限责任公司管理的安信基金稳睿 888 号集合资产管理计划、个人投资者白洪等同样都申购了 1000 万股,实际获得配售的数量是 212 股。所有的属于 C 类投资者的机构只要报价符合询价规则的都获得了同样的配售数量。

序号	投资者名称	配售对象名称	证券账户号码	申购数量（万股）	初步配售数量（股）	获配金额（元）	配售对象类型
6428	阿拉尔统众国有资产经营有限责任公司	阿拉尔统众国有资产经营有限责任公司	B881663198	1,000	212	1,242.32	C
6429	爱涛文化集团有限公司	爱涛文化集团有限公司	B880418451	1,000	212	1,242.32	C
6430	安徽冠海实业发展有限公司	安徽冠海实业发展有限公司	B883334452	1,000	212	1,242.32	C
6431	安徽国海投资发展有限公司	安徽国海投资发展有限公司	B881325782	1,000	212	1,242.32	C
6432	安徽海螺创业投资有限责任公司	安徽海螺创业投资有限责任公司	B881090484	1,000	212	1,242.32	C
6433	安徽海螺集团有限责任公司	安徽海螺集团有限责任公司	B880097611	1,000	212	1,242.32	C
6434	安徽锦华进出口有限责任公司	安徽锦华进出口有限责任公司	B880569799	1,000	212	1,242.32	C
6435	安徽新力科创集团有限公司	安徽新力科创集团有限公司	B880626017	1,000	212	1,242.32	C
6436	安信基金管理有限责任公司	安信基金稳赢888号集合资产管理计划	B884241487	1,000	212	1,242.32	C
6437	安信基金管理有限责任公司	安信基金工行安信证券专户	B883054939	1,000	212	1,242.32	C
6438	安信基金管理有限责任公司	安信基金建行安信证券资产管理计划	B883028205	1,000	212	1,242.32	C
6439	安信证券股份有限公司	安信证券股份有限公司	D890758099	1,000	212	1,242.32	C
6440	安信证券资产管理有限公司	安信资管创赢18号单一资产管理计划	D890272187	1,000	212	1,242.32	C
6441	安信证券资产管理有限公司	安信资管创赢19号单一资产管理计划	D890277844	1,000	212	1,242.32	C
6442	安信证券资产管理有限公司	安信资管创赢12号单一资产管理计划	D890256115	1,000	212	1,242.32	C
6443	昂扬	昂扬	A559224885	1,000	212	1,242.32	C
6444	白洪	白洪	A555727874	1,000	212	1,242.32	C
6445	白胜华	白胜华自有资金投资账户	A112278961	1,000	212	1,242.32	C
6446	白徐健	白徐健	A409818852	1,000	212	1,242.32	C
6447	白永丽	白永丽	A406409971	1,000	212	1,242.32	C

部分网下投资者初步获配情况（C 类）

需要什么样的条件才能参与网下申购呢？个人投资者参与网下申购需要满足以下条件。

（1）具备一定的证券投资经验。个人投资者从事证券交易时间应达到五年（含）以上。

（2）具有良好的信用记录。最近 12 个月未受到刑事处罚、未因重大违法违规行为被相关监管部门给予行政处罚、采取监管措施，但投资者能证明所受处罚业务与证券投资业务、受托投资管理业务互相隔离的除外。

（3）具备必要的定价能力。

（4）监管部门和协会要求的其他条件。

这些条件大部分的散户应该都具备吧？但是很遗憾，你还得具备另外两个条件才能进行网下申购。根据业务规则，在中国证券业协会登记备案和在交易所申请 CA 证书并且获得 UKey 的条件是申请日之前的

20个交易日平均账户市值大于1000万元,且沪深交易所的市值是需要分别计算的,也就是说平均账户市值需要大于2000万元以上才具备这个条件。

而这样的条件可能还不够,由于现在网下申购的人越来越多,因此主承销商在制定发行条件时,都提高了申购的门槛,目前大多参与询价和网下申购的门槛都是6000万元。

谁同时拥有上海和深圳两个交易所的UKey(价值1.2亿元)并且能实际使用,这样的人可能就是隐形富豪。

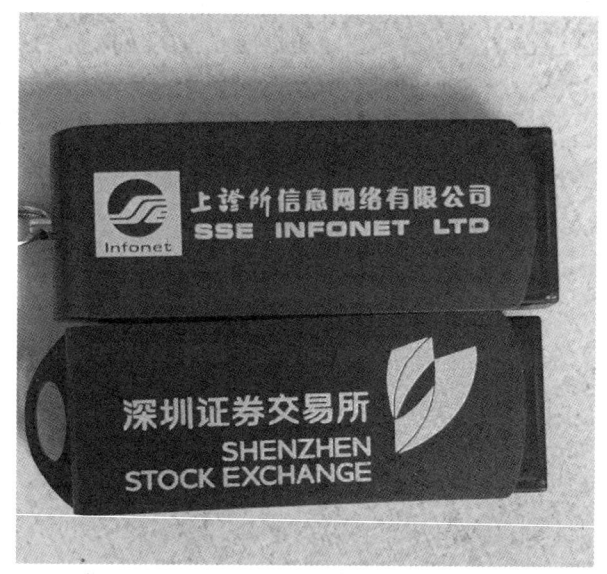

14. 为什么机构总是抢到连续涨停的股票？

散户最喜欢连续涨停的股票，一旦买到这种股票就可以在短期内赚取利润。但是让散户不满的是，每当有这种股票出现的时候，即便他们第一时间以涨停板价格下单委托，但仍然买不到，最后看到的交易席位总是被机构专用席位买到。因此，不少散户对这种情况心生不满，认为交易有黑幕或者机构联手做局骗取散户"割韭菜"。这究竟是怎么回事呢？

这得从 20 世纪 90 年代说起，早期的证券交易都是采用人工报盘，由各个营业部派人到交易所场内坐着接电话，这些人被称作"红马甲"。这些人的马甲上都有一个号码，这个号码就代表席位。当投资者在证券营业部通过柜台进行委托后，由工作人员电话告知交易所具体买入或者卖出哪只股票以及交易的价格、数量等信息，然后"红马甲"再到电脑上输入这些数据，等待交易所回报是否成交等信息，电话回报给营业部，营业部再通知客户是否成交。

后来由于技术的发展，营业部开始使用自助交易，散户是刷卡交易，大户是在大户室内用电脑自助交易。营业部机房在接受委托之后，会将委托信息发送给交易所，然后由交易所将成交与否等信息回传后，就可以显示是否成交。那时候客户数量不多且成交量也不大，所以很多证券营业部亏损严重，其中每个营业部每年的席位费就是一笔很大的开销。为了节省开支，券商们开始对一些席位进行转让，然后让多个营业部共用一个席位。例如，某券商有 5 个营业部，就通过各自的机房将客户的委托发送到同一个营业部,再通过这个营业部把委托发送到交易所,这种营业部被称作地区中心营业部。

2005年,牛市的出现使得交易量暴增,营业部堵单非常严重。当时网上交易平台刚开始发展,券商抓住这一契机大力推广网上交易,并且把所有进行网上交易的客户安排在单独的服务器和席位上,暂时解决了堵单的问题。后来,由于客户越来越多,每逢行情火爆的时候又开始堵单,特别是一些有特殊需求的客户(例如想抢涨停板的客户)就非常不满意堵单这种情况。券商想赚钱,就得动脑筋,这个时候快速通道就开始迅速发展。

快速通道的基本原理就是把有特殊需求的客户单独安排在一个席位上,这个席位上的客户数量少,由此可以保证席位内部不会发生堵单的现象。然后将这个席位的服务器托管到交易所中央机房或者交易所大楼内的机房,确保与交易所的物理距离最近。电信号的传播速度约为30万千米/秒,和光速是一样的,但是作为传输到交易所的信号来说,哪怕是毫秒或微秒级别的差距对交易也有很大的影响,因为交易规则是价格优先、时间优先,所以在同一价格只要有时间差就会影响排位的顺序。

但是这样做的成本很高。第一,每个交易席位每年都需要向交易所缴纳一定的席位费用。如果这个席位有数万甚至数十万客户同时使用,那么平摊到每位客户身上的费用就很低,券商也不需要单独收费;而如果这个席位只有少数客户在使用,这笔费用只能转嫁到这些客户身上,那么每位客户需要支付的成本会很高,每年可能需要额外支出几十万元,这也就是大户想使用快速通道需要付出的成本。第二,服务器的托管费用。为了保证服务器距交易所的物理距离最近,通常这种服务器是托管在交易所机房或者交易所大楼内的机房,需要有专人负责看守和维护,这显然也是一笔不小的开支,同样需要由使用这些专用通道的客户来承担这笔费用。再加上券商做了如此复杂的操作,必然还要有足够的利润,否则没有人愿意做这件事。

把这些高昂的费用粗略计算一下,每年成本数十万元甚至上百万元也就不稀奇了,所以只有那些大型机构才能用得起,普通的散户无力支付高额费用,只能作罢。

正因为有这些技术手段做保障,这些机构才实现了在抢涨停板的时候优先于散户。这种优先权与交易规则无关,也是在规则允许的范围内,不存在影响公平、公正、公开交易原则的情况,纯粹是通过科技手段来实现的。当然,这也从侧面证明了在面对"武装到牙齿"的机构时,散户们确实处于弱势地位。所以如何规避自己的短处,发挥自己的长处,也是每一位散户需要考虑的问题。

15. 巴菲特成为首富的秘密

很多人都知道巴菲特,把他奉为价值投资的典范和始祖,学习他投资方法的人也特别多。历史上巴菲特让很多国人最为欣赏的案例是他投资了两家中国公司,一家是中国石油,另一家是比亚迪。中国石油上市的时候无人问津,而他仅仅凭借看到中国石油年报中承诺上市后将拿出约一半利润来分红就大手笔投资。几年后中国石油因国际油价大涨和在 A 股上市等股价大涨,巴菲特在高位全部卖出兑现。巴菲特低价获取了比亚迪20％的 H 股股份,持股十几年之后股价上涨数十倍,于是巴菲特从 2022 年开始逐渐卖出,获益颇丰。

然而大多数人在学习巴菲特投资的过程中都会遇到各种各样的问题,始终都不能获得他那么高的投资回报。或者说某些时段曾经获得了不错的回报,但是后来又亏损了。虽然经过多次和长时间的学习,却始终抓不到重点。问题究竟出在哪里呢?

为什么巴菲特可以获得远远超过普通人的收益?其实是两个原因。第一个原因是他进行投资的主体伯克希尔哈撒韦是一家公司,而大多数投资者都是以个人身份进行投资的。由于投资主体不一样,巴菲特可以非常巧妙地利用会计准则帮忙。第二个原因是伯克希尔哈撒韦是一家保险公司。伯克希尔哈撒韦原来是一家纺织企业,巴菲特把这家纺织企业转型成了保险公司,正是这一步使他走上了首富之路。因为保险公司有很好的现金流,大量的保费收入让他有足够的现金可以用于投资,再加上他独到的投资眼光,买进了不少优质公司的股份,最终成了大家都知道的投资首富。与保险公司类似的还有大型商超,当初银泰收购鄂武商也同样是因为看中了鄂武商良好的现金流。

前几年可以看到保险公司不断举牌上市公司,如中国太保举牌上海临港、中国人寿举牌万达信息,广大投资者最为熟知的是宝能举牌万科。这些保险公司收购上市公司股份不是广大散户以为的炒高股价,他们的套路和巴菲特是一模一样的。普通人在买卖股票赚钱的时候,只能通过低买高卖赚取差价(用卖出的金额减去买入的金额,获得的差价就是利润)。当这种方式应用到企业投资的时候,根据会计准则这种方式叫成本法。巴菲特的伯克希尔哈撒韦用的方法,和国内那些保险公司收购上市公司股份一样,叫权益法。

权益法(equity method)是指长期股权投资按投资企业在被投资企业权益资本中所占比例计价的方法。当投资者持有一家公司股份达到一定的水平时,投资者可以直接按其持有这家公司股份的多少,再以这家上市公司的利润总额为基数,直接计算出利润。比如投资者持有这家上市公司 20% 的股份,而这家上市公司年利润为 100 亿元,可以直接在投资者的会计报表里计算出利润为 20 亿元。即使投资者购买这家公司股权花费了 200 亿元,哪怕股价已经下跌了 20%,按照大多数人的理解投资者会亏损 40 亿元。但是如果按照权益法计算,投资者每年都可以有 20 亿元利润,完全无须在意股价的涨跌。

但是用权益法记账的时候也有一个缺陷,虽然在账目上可以计入巨额利润,但是这部分钱实际上是没有收回的,只是赚了一个数字而已。巴菲特的伯克希尔哈撒韦公司每年收入惊人,长期保持在上千亿美元,收入主要来自三个部分:一是持续不断的保险销售收入,这是现金流的保证;二是收购的那些业绩良好的公司股份,用权益法记账产生的利润;三是把部分利润丰厚的公司利润兑现产生的现金流。在这三个部分中,真正创造利润的是第二部分,也就是所持有的那些公司产生的利润。而抛售部分股票获得资金则是最吸引眼球的部分,这也是很多人注意到巴菲特和认可他投资理念的原因。

产生现金流的业务与权益法产生的巨大盈利相比,数据较小,所以大家看到伯克希尔哈撒韦公司虽然每年利润惊人,但是却几乎不用现金来分红。原因其实非常简单,巴菲特赚的那些钱,很多都是纸上财富而已。只有类似中国石油和比亚迪这种股票才让他赚到了真金白银。

16. 巴菲特当年为什么买中石油？

很多中国人知道巴菲特这个名字是因为当年巴菲特的一笔非常著名的投资——中石油。在 2003 年前后，巴菲特陆续买进了 23.4 亿股的中石油，大约占总股本的 1.3%，总计 4.88 亿美元。从目前可以查看到的公开资料得知，他买进的成本在 1.6 港元/股。

巴菲特在 2007 年将全部的中石油股份卖出，价格在 13.5 港元/股左右，赚了 7.4 倍左右。更让大家意外的是中石油在 A 股上市的时候发行价高达 16.7 元，上市开盘价为 48.6 元，直到目前 7 元左右的价格，当时买入中石油股票的股民亏惨了。

大家知道为什么当年巴菲特会买中石油吗？和大多数机构不同，巴菲特根本没有去调研过上市公司，也没有和高管见面详谈，更没有做技术分析，在 2005 年伯克希尔哈撒韦公司的股东大会上，巴菲特解释说是因为看到该公司的招股说明书中承诺把盈利的 45% 用于分红。那两年中石油的利润是多少呢？

中石油 2001 年每股收益是 0.162 元，2002 年每股收益是 0.163 元，但是分红有多少呢？2001 年度的分红有两次，分别是每股派息 0.0655 港元和 0.04704 港元，合计每股派息 0.11254 港元，按照巴菲特的平均买价计算，股息率达到 7%。再加上只有 10 倍不到的市盈率以及低于净资产的价格，这就是巴菲特不去公司调研、也不见公司高管就直接购买股份的真正原因。

另一个著名的例子是可口可乐，这家公司巴菲特已经持股三十多年,也是他持股时间最长的公司,如果大家仔细研究会发现,无论是未来的发展还是现在的经营,可口可乐都已经不是上佳之选,但是为什么巴菲特坚持持股不动呢?原因其实很简单,由于多年之前买入成本很低,导致公司现在每年的现金分红可以达到当年投资额的一半,因此可口可乐对于巴菲特来说就是一个纯粹的现金来源,至于股价的涨跌早已不是核心问题了。这也是为什么真正进行长期投资的时候,只有长期收股息的投资者才能把股票拿得住的原因。

代码	名称	相关	送转股份			现金分红		每股收益(元)	每股净资产(元)	每股公积金(元)	每股未分配利润(元)	净利润同比增长(%)	总股本(亿)	预案公告日	股权登记日	除权除息日
			送转总比例	送股比例	转股比例	现金分红比例	股息率(%)									
601919	中远海控	详细 报表	-	-	-	10派13.9	12.53	6.83	12.45	1.90	8.85	22.66	161	03-31	-	-
600546	山煤国际	详细 报表	-	-	-	10派18	11.51	3.52	7.57	1.69	4.08	41.38	19.82	03-28	-	-
600971	恒源煤电	详细 报表	-	-	-	10派10	10.94	2.09	9.84	1.38	6.25	81.15	12	03-31	-	-
002030	达安基因	详细 报表	-	-	-	10派17.5	10.88	3.86	8.05	0.51	5.65	49.59	14.03	03-31	-	-
601168	西部矿业	详细 报表	-	-	-	10派14	10.66	1.45	6.77	2.22	3.00	17.53	23.83	03-25	-	-
603758	秦安股份	详细 报表	-	-	-	10派10	9.51	0.43	6.07	1.64	3.38	76.78	4.388	03-18	-	-
600188	兖矿能源	详细 报表	10送5.0	10送5.0	-	10派30.7	9.28	6.30	16.47	0.35	15.61	89.27	49.49	03-25	-	-
601088	中国神华	详细 报表	-	-	-	10派25.5	9.05	3.50	19.82	3.42	14.07	39.02	198.7	03-25	-	-
601666	平煤股份	详细 报表	-	-	-	10派8.7	8.80	2.47	9.05	1.38	5.42	95.90	23.15	04-07	-	-
600256	广汇能源	详细 报表	-	-	-	10派8	8.66	1.73	4.40	0.02	3.19	126.6	65.66	04-14	-	-
600403	大有能源	详细 报表	-	-	-	10派4.3	8.41	0.65	3.33	0.07	2.02	20.68	23.91	03-24	-	-
600997	开滦股份	详细 报表	-	-	-	10派5.8	8.37	1.17	8.86	1.07	5.31	-3.90	15.88	03-30	-	-
601339	百隆东方	详细 报表	-	-	-	10派5	8.17	1.06	6.70	1.58	3.68	14.00	15	04-12	-	-
600985	淮北矿业	详细 报表	-	-	-	10派10.5	8.13	2.83	13.37	3.36	7.91	42.83	24.81	03-29	-	-
600066	宇通客车	详细 报表	-	-	-	10派10	8.13	0.34	6.54	0.68	3.37	23.68	22.14	03-28	-	-
000631	顺发恒业	详细 报表	-	-	-	10派2.75	7.83	0.07	2.53	0.54	1.11	69.48	24.33	03-31	-	-

回过头来说 A 股市场,有些人说股市里都是骗子公司,必须炒才能赚钱,真的是这样吗?上图是以 2021 年年报分红股息率来进行排序的部分公司,这些公司的年度分红股息率都达到 7.5% 以上,要知道银行一年的定期存款利率只有不足 3%,有这样一些很不错的公司给客户赚

钱,每年收取稳定的利润,有什么不好?

巴菲特用事实证明,长期投资是可以得到丰厚回报的,当然,当长期投资标的变成市场疯狂追逐的对象时,就该撤退了。这也就是为什么当中石油股价涨到十几元之后巴菲特选择全部卖出,而为什么 A 股的投资者会被套在中石油 48 元股价的原因。

17. 企业被时代淘汰之后

2023年4月12日,广州御银科技股份有限公司发布了《关于公司股票可能被终止上市的风险提示公告》。在公司的公告中表明:广州御银科技股份有限公司(以下简称"公司")因2021年年度经审计净利润为负值且营业收入低于1亿元,公司于2022年4月29日在指定信息披露媒体发布了《关于公司股票交易被实施退市风险警示暨停牌的公告》(公告编号:2022-022),公司股票于2022年5月5日开市起被实施退市风险警示。若公司出现《深圳证券交易所股票上市规则(2022年修订)》第9.3.11条规定的情形,公司股票存在被终止上市的风险。

根据公司事先与会计师事务所的沟通,公司退市的可能性不大,但是公司的这则公告,仍然让不少投资者惊讶不已。这家公司的主营业务是制造ATM机,却因为时代的变化而沦落到现在这个境地。曾几何时,ATM机作为银行扩充服务和提高效率的重要设备,遍布大街小巷和各大商业圈,也是各个银行网点必不可少的设备。公司作为国内重要的ATM机生产商,在2007年上市后的几年间其营业额还是相当可观的。

随着移动支付的兴起,现金的使用大幅度减少,特别是在2020年出现疫情之后,很多人都习惯用支付宝、微信、云闪付等移动支付方式付款。由于现金的使用大量减少,现在银行大量的ATM机处于闲置状态。以前大家在商场里经常可以看到银行摆放的ATM机,但是现在已经很少了,甚至很多地方连POS机都在减少。银行对ATM机需求量

证券代码：002177　　证券简称：*ST御银　　公告编号：2023-017号

广州御银科技股份有限公司
关于公司股票可能被终止上市的风险提示公告

> 本公司及董事会全体成员保证信息披露的内容真实、准确、完整，没有虚假记载、误导性陈述或重大遗漏。

特别提示：

1、广州御银科技股份有限公司（以下简称"公司"）因2021年年度经审计的净利润为负值且营业收入低于1亿元，公司于2022年4月29日在指定信息披露媒体发布了《关于公司股票交易被实施退市风险警示暨停牌的公告》（公告编号：2022-022），公司股票于2022年5月5日开市起被实施退市风险警示。若公司出现《深圳证券交易所股票上市规则（2022年修订）》（以下简称"《股票上市规则》"）第9.3.11条规定的情形，公司股票存在被终止上市的风险。

2、根据《股票上市规则》第9.3.5条"上市公司因出现本规则第9.3.1条第一款第（一）项至第（三）项情形，其股票交易被实施退市风险警示的，应当在其股票交易被实施退市风险警示当年会计年度结束后一个月内，披露股票可能被终止上市的风险提示公告，并在披露该年度报告前至少再披露两次风险提示公告。"以及《深圳证券交易所关于加强退市风险公司2022年年度报告信息披露工作的通知》中"为提升风险揭示效果，退市风险公司应当在首次风险提示公告披露后至年度报告披露前，每十个交易日披露一次风险提示公告。"的规定，公司应当披露股票可能被终止上市的风险提示公告。敬请广大投资者理性投资，注意风险。

减少，生产ATM机的厂商也就没有了销路，业绩出现下降甚至亏损。

另一个例子也和时代的进步息息相关。有一家上市公司叫乐凯新材，这家公司有一项非常重要的业务是生产铁路客票打印用的热敏纸。以前大家乘坐火车的时候，都需要在火车站或代售点打印车票，车票除了用于乘车时的入闸，还可以用于报销。那个时候乐凯新材的营业额和利润都相当可观，作为一家总股本只有2亿元的上市公司，2014—2019年每年盈利数千万元到1亿元，发展势头非常好。

成长能力指标	22-12-31	21-12-31	20-12-31	19-12-31	18-12-31	17-12-31	16-12-31	15-12-31	14-12-31
营业总收入(元)	1.698亿	1.531亿	1.310亿	3.338亿	2.645亿	2.582亿	2.614亿	2.414亿	2.105亿
归属净利润(元)	501.4万	498.7万	-2517万	1.152亿	1.031亿	1.044亿	1.080亿	9872万	7689万
扣非净利润(元)	-115.8万	-1347万	-4237万	9606万	9710万	9949万	1.013亿	9458万	7640万
营业总收入同比增长(%)	10.91	16.82	-60.74	26.23	2.41	-1.23	8.30	14.66	16.99
归属净利润同比增长(%)	0.53	119.81	-121.84	11.82	-1.26	-3.33	9.38	28.38	17.86
扣非净利润同比增长(%)	91.40	68.21	-144.11	-1.07	-2.40	-1.77	7.09	23.79	17.96
营业总收入滚动环比增长(%)	12.63	2.66	-13.13	0.54	0.55	1.82	6.69	2.10	—
归属利润滚动环比增长(%)	240.40	24.71	-445.03	-0.11	-2.82	4.54	7.49	7.57	—
扣非净利润滚动环比增长(%)	92.98	-22.11	-278.89	-10.08	-1.91	5.59	8.75	—	—

但是随着科技的迅猛发展,铁路部门推行直接刷身份证进站,无须打印车票的无纸化乘车方式,有报销需求的乘客单独打印行程单。这样一来,以前热门的热敏纸瞬间没了销路。

2021年初,乐凯新材两次发布业绩预告,确认净利润亏损。2021年4月27日更是发布了《关于公司股票交易被实行退市风险警示暨停牌的公告》,宣布公司2020年度经审计的扣除非经常性损益前后的净利润为负值,且扣除与主营业务无关的业务收入后全年营业收入低于1亿元。根据《深圳证券交易所股票上市规则(2020年12月修订)》的相关规定,深圳证券交易所将对公司股票交易实行"退市风险警示"。

3. 修正后的业绩预计:
√ 扣除非经常性损益前后的净利润孰低者为负值

项 目	本报告期		上年同期
	修正前	修正后	
归属于上市公司股东的净利润	亏损:1,900 万元 - 2,850 万元	亏损:1,900 万元 - 2,850 万元	盈利: 11,524.22 万元
	比上年同期下降: 116.49% - 124.73%	比上年同期下降: 116.49% - 124.73%	
扣除非经常性损益后的净利润	亏损:3,700 万元 - 5,200 万元	亏损:3,700 万元 - 5,200 万元	盈利: 9,606.19 万元
	比上年同期下降: 138.52% - 154.13%	比上年同期下降: 138.52% - 154.13%	
营业收入	11,000 万元 - 15,000 万元	11,000 万元 - 15,000 万元	33,381.75 万元
扣除后营业收入	11,000 万元 - 15,000 万元	7,500 万元 - 9,500 万元	25,857.49 万元
基本每股收益	亏损:0.0940 元/股 - 0.1410 元/股	亏损:0.0940 元/股 - 0.1410 元/股	盈利: 0.5688 元/股

再看一个例子,2010 年 3 月 3 日上市的汉王科技。汉王科技当时最主要的产品就是汉王电子书,刚上市的时候几乎火遍全国,凭借良好的业绩和对未来的预期,汉王科技在万众瞩目中上市了。上市的时候发行价高达 41.9 元 / 股,上市后股价一度上涨到 175 元 / 股。

就在汉王科技上市前的 2010 年 1 月 27 日,苹果公司(Apple Inc.)在美国旧金山的芳草艺术中心发布了第一代 iPad,同年 3 月份开始面向用户市场。2010 年 4 月 3 日,iPad 登陆美国市场,两天后,苹果公司宣布 iPad 首日销量超过 30 万台。2010 年 5 月 31 日,在 iPad 上市的 60 天后,就卖出了 200 万台。同样作为掌上平板,iPad 在价格、外观、功能、特性、用途等各个方面都碾压汉王科技的汉王电子书。汉王科技在上市后第 2 年就严重亏损,直到 2022 年年报中仍然持续亏损。十几年间都只能凭借各种概念在支撑股价,被各路游资炒作,却从来没有任何业绩兑现。

在所有行业中,最残酷的就是大家热捧的科技股。即使上市公司拥有最新的科技,看起来很容易获得投资者的认可,但是很可能因为更新的科技出现,使公司的投资价值大幅下降。

18. 收购与反收购

上市公司的股份在市场上可以自由流通,因此存在被其他机构和个人强行收购的可能。历史上比较著名的案例有:宝安收购延中实业、宝能收购万科等,都是资金方利用自己的资金优势强行介入,达到控制上市公司的目的。而上市公司原有的控制人为了保护自己的利益,会动用一些手段来应对,于是就出现了收购与反收购的各种策略。

2021 年 2 月,奥马电器发布公告,TCL 家电集团增持公司 3.63% 股份,增持前 TCL 家电集团及其一致行动人合计持有公司 5% 的股份,增持后达到 8.63%。

证券代码:002668　　　证券简称:奥马电器　　　公告编号:2021-013

广东奥马电器股份有限公司
关于持股 5%以上的股东及其一致行动人
增持公司股份超过 1%的公告

股东惠州 TCL 家电集团有限公司保证信息披露的内容真实、准确、完整,没有虚假记载、误导性陈述或重大遗漏。

广东奥马电器股份有限公司(以下简称"公司"或"上市公司")于 2021 年 1 月 29 日接到股东惠州 TCL 家电集团有限公司(以下简称"TCL 家电集团")的通知,TCL 家电集团于 2021 年 1 月 29 日通过证券交易所集中竞价交易和大宗交易方式增持公司股份 39,339,130 股,占公司总股本的 3.63%。本次增持前,TCL 家电集团及其一致行动人重庆中新融泽投资中心(有限合伙)合计持有公司股份 54,205,483 股,占公司总股本的 5%。具体情况如下:

在那之后 TCL 不断举牌,到 2021 年 8 月合计持有奥马电器总股份的 27.01%！获得实际控制人地位之后,TCL 并未停手,而是又提出收购 22.99% 股份的计划。目的是想拿到 50% 奥马电器的股份,彻底控制奥马电器。

广东奥马电器股份有限公司　　　　　　　　　　　　要约收购报告书

特别提示

本部分所述的词语或简称与本要约收购报告书"释义"部分所定义的词语或简称具有相同的涵义。

1、本次要约收购的收购主体为 TCL 家电集团,要约收购的目的是进一步提升收购人在上市公司中的持股比例,以进一步巩固和提升收购人对于上市公司的控制权,增强上市公司股权结构的稳定性。本次要约收购不以终止上市公司上市地位为目的,本次要约收购后上市公司的股权分布将仍然符合深圳证券交易所规定的上市条件。

2、截至本报告书签署日,TCL 家电集团持有广东奥马电器股份有限公司 269,675,979 股普通股,占奥马电器已发行股份总数的 24.88%；中新融泽持有奥马电器 23,138,065 股普通股,占奥马电器已发行股份总数的 2.13%；TCL 家电集团与中新融泽为一致行动人,合计持有奥马电器 292,814,044 股普通股,占奥马电器已发行股份总数的 27.01%。

3、本次要约收购为向除 TCL 家电集团、中新融泽以外的上市公司全体股东发出的部分要约。除要约安排外,无其他约定条件。要约收购股份数量为 249,241,670 股,占上市公司总股本的 22.99%,要约收购的价格为 6 元/股。

4、本次要约收购完成后,TCL 家电集团、中新融泽最多合计持有奥马电器 542,055,714 股股份,占奥马电器已发行股份总数的 50%,本次要约收购不以终止上市公司上市地位为目的,本次要约收购后上市公司的股权分布将仍然符合深

相比之下,原来的大股东股份被不断减持,拱手让出了实际控制人的位置。TCL 为什么要收购奥马电器呢？因为奥马电器的主要产品是冰箱,而 TCL 在这个方面是空白的,从公司发展的角度来看,需要用收购的方式来补齐产品线,恰好奥马电器因为大股东自身原因导致企业的发展受限,同时大股东股份不断因为质押违约而被强行平仓(强行平仓

也叫强制平仓,又称被斩仓、被砍仓、爆仓),导致大股东地位不保。于是TCL抓住了这个良机,果断出手,利用自身资金优势强势举牌,拿下了大量股份且取得了实际控制人的身份。

证券代码:002668　　证券简称:奥马电器　　公告编号:2021-103

广东奥马电器股份有限公司
关于公司股票交易将被实施其他风险警示
暨股票停牌的提示性公告

本公司及董事胡殿谦先生、王成先生、徐莘莘先生、张荣升先生、卢馨女士、文建平先生、朱登凯先生保证本公告内容真实、准确和完整,没有虚假记载、误导性陈述或重大遗漏。

本公司董事刘向东先生、冯晋敏女士未对本公告内容的真实、准确和完整作出声明。

特别提示:

1、广东奥马电器股份有限公司(以下简称"奥马电器"或"公司")现任管理层近期发现,公司子公司西藏网金创新投资有限公司(以下简称"西藏网金")在广州银行股份有限公司(以下简称"广州银行")有一笔1.45亿元定期存单存在质押情形。该笔定期存单对外担保,未履行法律法规要求的决策程序及信息披露义务,涉嫌违规对外担保。根据《深圳证券交易所股票上市规则(2020年修订)》第13.3第(五)项及13.4第(二)项的规定,本公司股票交易将被实施其他风险警示,敬请广大投资者注意投资风险。

2、公司股票自2021年9月6日开市起停牌一天,自2021年9月7日开市起复牌。

但是在TCL强行收购的过程中,原大股东并没有坐以待毙,而是突然"爆雷"。2021年9月4日,奥马电器突然发布公告宣布子公司西藏网金创新投资有限公司在广州银行股份有限公司有一笔1.45亿元定期存单存在质押情形。该笔定期存单对外担保,未履行法律法规要求的决策程序及信息披露义务,涉嫌违规对外担保。根据《深圳证券交易所股票上市规则(2020年修订)》第13.3第(五)项及第13.4第(二)项的规定,本公司股票交易将被实施其他风险警示,敬请广大投资者注意投资风险。

奥马电器为什么会在这时候"爆雷"呢？这就需要我们来了解一下什么是反收购策略。当上市公司在面临对手的恶意收购时，通常会采取以下一些方式来进行控制：白衣骑士、焦土政策、金降落伞、员工持股、提前偿债、毒丸计划，等等。抵制这种变动造成的交易成本。

白衣骑士是指找一个经济实力雄厚但又对自己相对友好的企业来收购自己的股份，和恶意收购方进行竞争，从而击败对手，使其停止恶意收购。例如宝能曾经大肆收购万科的股份，后来万科管理层找深圳地铁作为自己的大股东，击败了宝能，保住了公司。

焦土政策是指公司大量出售公司资产，或者破坏公司的特性，以挫败敌意收购人的收购意图。皇冠之珠是焦土计划的一部分，意思是将公司最有价值的资产出售，使自己公司的投资价值大幅度降低，从而使恶意收购方的算盘落空。这种案例在国外的收购战中被多次使用，但是在A股市场上很少见，因为多数的A股上市公司被收购的时候更看中的是壳的价值或者整体的公司，很难把特别有价值的业务剥离出去。

金降落伞是指目标公司通过与其高级管理人员签订合同条款，规定目标公司有义务给予高级管理人员优厚的报酬和额外的利益，若是公司的控制权突然发生变更，则给予高级管理人员以全额的补偿金。因为公司被恶意收购的时候，公司的管理层人员很容易被新股东更换，所以一般情况下管理层和原股东的利益是一致的。有些公司会在章程中写明，如果被收购需要给管理层很高的补偿。例如中国宝安在公司章程第十条第二款中明确：当公司被并购接管，在公司董事、监事、总裁和其他高级管理人员任期未届满前如确需终止或解除职务，必须得到本人的认可，且公司必须一次性支付其相当于其年薪及福利待遇总和十倍以上的经济补偿。

员工持股和白衣骑士类似，是让员工建立持股计划，从而对抗恶意收购方。

提前偿债则是大量提前偿还各种借款,快速减少公司的所有现金流,让收购方获得一个丧失任何现金的空壳,达到破坏收购的目的。

毒丸计划又称股权摊薄反收购措施。当一家公司遭受恶意收购,尤其是收购方占有的股份已经达到10%～20%的时候,公司为了保住自己的控股权,就会大量低价增发新股。目的就是让收购方手中的股票占比下降,也就是摊薄股权,同时也增大了收购成本,让收购方无法达到控股的目标。毒丸计划又分为人员毒丸计划和负债毒丸计划,人员毒丸计划是公司的绝大部分高级管理人员共同签署协议,在公司被以不公平价格收购,并且这些人中有一人在收购后被降职或革职时,则全部管理人员将集体辞职。通常这种方法适用于明星高管(例如,格力董明珠、万科王石等)。负债毒丸计划则是在收购威胁下大量增加自身负债,降低企业被收购的吸引力,让公司完全失去价值,让收购方买到的是一个烂摊子。

通过以上的介绍,大家可以很容易地分辨出,奥马电器自曝各种违规以及巨大负债,是标准的负债毒丸计划。通过大量披露潜在负债和各种违规行为,让收购方TCL即使收购成功也会导致自身遭到重创。考虑到TCL已经完成了对奥马电器实际控制人地位的确认,这次暴露出来的违规行为迟早也会被发现,公司管理层的这种做法某种程度上也是在保护自己,把财务问题一次性曝光。

不过TCL收购奥马电器的目的并不是为了炒作,也不是为了买一个壳,而是看上了奥马电器的冰箱业务,况且当时已经花费了接近20亿元的资金收购,所以TCL肯定不会放弃对奥马电器的收购。后来TCL最终持有48.05%奥马电器的股份,一致行动人(重庆中新融泽投资中心)持有2.13%奥马电器的股份,合计持有50.18%奥马电器的股份,如愿以偿地得到了奥马电器的实际控制权。

三、避坑碎碎念

1. 当年乐视网玩的是什么套路？

说起 A 股市场中声名狼藉的上市公司，相信不少投资者都会想到乐视网。这家公司本来是行业内一家寂寂无名的企业，却超过了多数视频网站率先上市。上市后创始人的一系列行为和言论，让不少看起来很冷静的投资者都心血来潮跟着他一起"生态化反""为梦想窒息"。即使公司资金链断裂也拉来很多股东入局，最狠的是让融创的孙宏斌掏了 100 多亿元入局，最后血本无归。乐视网创始人留下的那句"下周回国"，成为资本市场最著名的天坑话语。

那么乐视网创始人究竟用了什么手段，引得众多投资者前来投资呢？接下来和大家一起探究原因。在乐视网 2015 年的年报中，可以找到下图所示数据。

	2015年	2014年
三、营业利润（亏损以"－"号填列）	69,422,832.97	47,866,453.36
加：营业外收入	44,987,912.96	27,556,349.09
其中：非流动资产处置利得		
减：营业外支出	40,241,523.84	2,523,697.61
其中：非流动资产处置损失	37,634,806.94	474,357.08
四、利润总额（亏损总额以"－"号填列）	74,169,222.09	72,899,104.84
减：所得税费用	-142,947,603.47	-55,897,456.04
五、净利润（净亏损以"－"号填列）	217,116,825.56	128,796,560.88
归属于母公司所有者的净利润	573,027,173.33	364,029,509.12
少数股东损益	-355,910,347.77	-235,232,948.24
六、其他综合收益的税后净额	28,543,786.73	498,719.46
归属母公司所有者的其他综合收益的税后净额	28,543,786.73	498,719.46
（一）以后不能重分类进损益的其		

左边一栏是 2015 年的数据,右边一栏是 2014 年的数据。图中数据显示,乐视网 2014 年的净利润是 3.64 亿元,2015 年的净利润是 5.73 亿元。在任何一个公开的行情软件和数据查询系统中,大多数投资者都只会注意到这个数据,下面一行"少数股东损益"几乎没人注意。少数股东损益是指公司合并报表的子公司其他非控股股东享有的损益,需要在利润表中予以扣除。

这是一个数学游戏,简单来说,乐视网 2014 年实际盈利约 1.29 亿元,但是由于公司有多个持股的子公司,这些子公司都有其他股东的股份,于是其他少数股东承担了约 2.35 亿元的亏损,所以整个公司的净利润就变成了 3.64 亿元(1.29 亿元-(-2.35 亿元))。

2015 年也同样如此,实际盈利约 2.17 亿元,其他少数股东承担了约 3.56 亿元的亏损,整个公司的净利润就变成了 5.73 亿元(2.17 亿元-(-3.56 亿元))。大家看到这里是不是都震惊了? 但这并不是最令人震惊的地方,2016 年的年报才真正刷新大家的认知。

乐视网信息技术(北京)股份有限公司 2016 年年度报告全文

四、利润总额(亏损总额以"-"号填列)	-328,708,520.87	74,169,222.09
减：所得税费用	-106,815,889.16	-142,947,603.47
五、净利润(净亏损以"-"号填列)	-221,892,631.71	217,116,825.56
归属于母公司所有者的净利润	554,759,227.43	573,027,173.33
少数股东损益	-776,651,859.14	-355,910,347.77
六、其他综合收益的税后净额	26,934,484.45	28,543,786.73
归属母公司所有者的其他综合收益的税后净额	26,934,484.45	28,543,786.73

以上是乐视网 2016 年的年报数据,并且是造假事件后经过重新修订和更新的,内容真实可靠。在这份年报中清楚记录了归属于母公司所有者的净利润(上市公司对外公布的净利润)约为 5.55 亿元。实际公司的净利润约为-2.22 亿元,少数股东承担了约 7.77 亿元的亏损。也就是说公司一年没赚钱,但是大股东扛下了几个亿的亏损,于是公司账面上就显示巨额盈利。这就是乐视网在 2016 年很顺利地从市场上进行了定增的原因,当然,大股东贾跃亭也没忘记从市场上减持套现。

采用这种做法的绝对不止乐视网一家公司,暴风集团也是非常经典的案例。暴风集团上市于 2015 年 3 月,在上市的当年就开始运用这个套路了。

	2016年	2015年
汇兑收益(损失以"—"号填列)		
三、营业利润(亏损以"—"号填列)	-391,036,410.69	160,763,571.86
加:营业外收入	26,789,134.25	10,270,017.43
其中:非流动资产处置利得	7,271,319.76	1,030.04
减:营业外支出	9,032,937.45	3,627,321.46
其中:非流动资产处置损失	2,323,659.73	7,700.00
四、利润总额(亏损总额以"—"号填列)	-373,280,213.89	167,406,267.83
减:所得税费用	-131,777,402.41	9,615,253.12
五、净利润(净亏损以"—"号填列)	-241,502,811.48	157,791,014.71
归属于母公司所有者的净利润	52,811,717.89	173,313,702.21
少数股东损益	-294,314,529.37	-15,522,687.50
六、其他综合收益的税后净额	6,581,569.30	
归属母公司所有者的其他综合收益的税后净额	6,581,569.30	

上图是暴风集团 2016 年的部分年报,左边一栏是 2016 年的数据,右边一栏是 2015 年的数据。通过对比可以清晰地看到,2015 年归属于母公司所有者的净利润约为 1.73 亿元,此时少数股东已经开始承担亏损,还好数额不大,只有 1552 万元。但是到了 2016 年,公布的财务数据显示归属于母公司所有者的净利润约为 5281 万元,此时公司实际亏损约 2.41 亿元,少数股东竟然承担了约 2.94 亿元的亏损,这才有了上市公司不但没亏反而盈利的反常现象。

	2016年	2015年
减:所得税费用	183,798,416.55	-83,029,367.95
五、净利润(净亏损以"—"号填列)	-2,023,493,734.36	-174,724,080.83
(一)持续经营净利润(净亏损以"—"号填列)	-1,995,762,569.71	-174,724,080.83
(二)终止经营净利润(净亏损以"—"号填列)	-27,731,164.65	
归属于母公司所有者的净利润	-1,090,459,243.08	55,139,272.90
少数股东损益	-933,034,491.28	-229,863,353.73
六、其他综合收益的税后净额	-637.59	-6,581,105.63
归属母公司所有者的其他综合收益的税后净额	-637.59	-6,581,105.63
(一)不能重分类进损益的其他		

在 2017 年的年报中,可以看出暴风集团原本应该亏损 1.74 亿元,少数股东再次承担了约 2.3 亿元的亏损,让公司赚了 5514 万元。直到 2018 年事发,暴风集团掩盖不住巨大的窟窿(亏损了 10 亿元),最终以破产收尾,之前少数股东扛下的所有亏损才一次性被曝光于大众视野。

暴风集团创始人冯鑫几乎是贾跃亭的翻版,他们同样靠视频起家,同样是做互联网电视,同样要"做生态",同样尝过 A 股牛市的甜头,战略跟着学,细节也跟着做。如今冯鑫身陷囹圄,贾跃亭在国外迟迟不归。唯一相同的是,各自拥有的上市公司都曾经是市场上最闪耀的星,现在都黯然退市。

通过这些案例可以发现,上市公司的造假手段并不高明,甚至堂而皇之地利用规则造假。如果投资者拥有一定的财务知识,是很容易识别出来的。现在大家可以去翻看一下心仪的上市公司的财务报表,有没有哪个公司在玩套路?请记得避开。

2. 这些上市公司玩的什么套路？

现在的小散户最怕的应该就是上市公司爆雷。但是上市公司爆雷往往没有预兆，特别是看走势图，前一天还是上升趋势，接下来可能就突然连续跌停，所以有不少股民痛恨这些上市公司，却又无可奈何。笔者认为，技术分析或是看走势图的作用不大（具体原因可以翻看相关章节），但是有些上市公司玩的套路，其实是非常明显的。

例如，某上市公司曾经发布一份业绩预告，在这份业绩预告中披露了公司这一年会出现巨额亏损，净利润会从前一年的盈利3.93亿元变成当年亏损25.89亿元，而这家公司历年所有利润的总和未曾达到25.89亿元。在这份业绩预告中，这家公司给出的亏损理由为计提大额商誉减值、计提其他资产减值损失（单项计提应收款项坏账准备和计提存货跌价准备）、经营业绩下滑等。看上去似乎合情合理，但是如果把这家公司前几年的财务报表认真地翻阅一遍，你就会发现问题。

单位：元

项 目	本报告期	上年同期	增减变动幅度
营业总收入	2,380,574,368.06	3,593,830,766.86	-33.76%
营业利润	-2,594,813,823.58	449,707,931.73	-677.00%
利润总额	-2,592,091,235.03	458,228,131.69	-665.68%
归属于上市公司股东的净利润	-2,589,251,658.64	392,966,877.65	-758.90%
基本每股收益（元）	-3.59	0.55	-752.73%
加权平均净资产收益率	-80.56%	9.09%	减少89.65个百分点
项 目	本报告期末	本报告期初	增减变动幅度
总资产	5,936,387,390.79	7,875,800,857.53	-24.62%
归属于上市公司股东的所有者权益	1,971,487,422.98	4,495,209,222.36	-56.14%
股本	724,750,590.00	729,548,456.00	-0.66%
归属于上市公司股东的每股净资产（元）	2.72	6.16	-55.84%

在爆雷 4 年前的财务报表中可以看到这样一组数据：应收账款为 3.623 亿元、净利润为 1.515 亿元，而前一年的应收账款为 2.8 亿元。也就是说，这家公司一年时间内的应收账款增加了 8000 万元左右，占这家公司当年利润的一半以上，简单来说，就是东西卖了，钱没有收回来。可能有人不理解，为什么钱没收回来却会有利润？这是根据会计制度中权责发生制的基本原则来确定的，具体来讲就是，凡是当期已经实现的收入和已经发生或应当负担的费用，不论款项是否收付，都应作为当期的收入或费用处理；凡是不属于当期的收入和费用，即使款项已经在当期收付，都不作为当期的收入和费用。也就是说，某笔业务发生的那一年，当年即使货款没有收回，也仍然要记账。

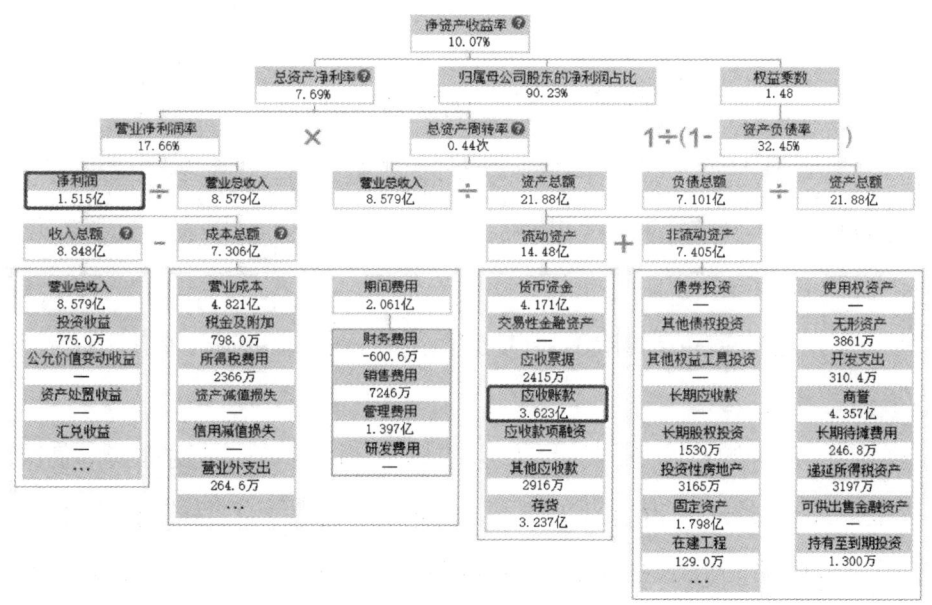

爆雷 4 年前的财务报表（单位：元）

继续分析爆雷 3 年前的财务报表，这时公司的应收账款已经增加到 6.698 亿元，当年的净利润却是 2.828 亿元。应收账款比上一年增加了 3.075 亿元，增加的应收账款金额居然比当年的净利润还要大，也就是说，这

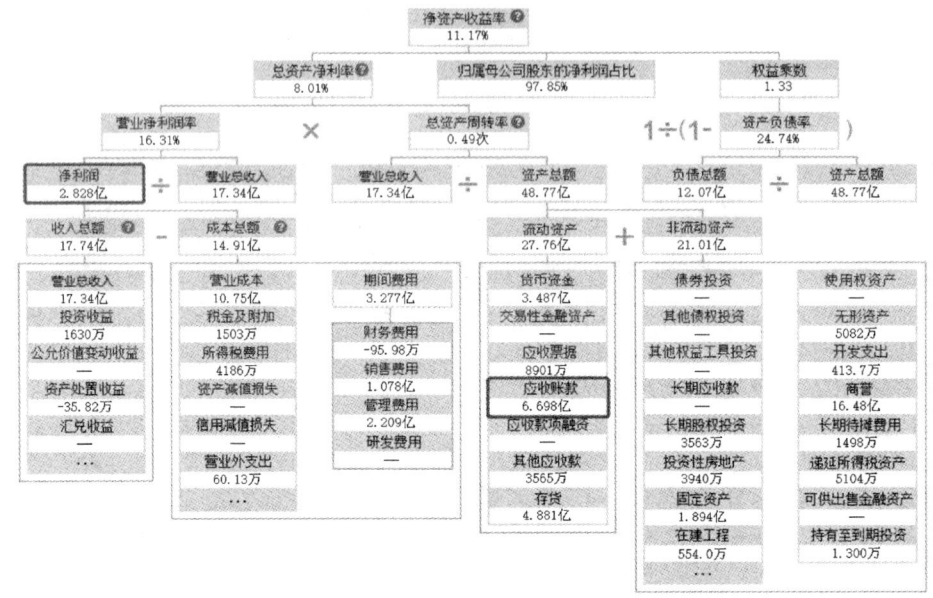

爆雷 3 年前的财务报表(单位:元)

一年公司从年头忙到年尾,不仅账款没收回来,还让别人多欠了几千万。

再看爆雷 2 年前的财务报表,这时公司的应收账款已经飙升到 11.34亿元,比前一年又增加了 4.642 亿元,而这一年的净利润只有 3.514亿元。这些数据意味着,一年过完了,钱没拿回来,还把自己的钱倒贴了超过 1 亿元!

爆雷 1 年前的财务报表显示,应收账款再一次大幅度提升,增长至 20.77 亿元,相比前一年又增加了 9.43 亿元。而当年的净利润只有 4.065亿元,新增的应收账款比净利润要多 5.365 亿元。此时公司公布的负债总额从爆雷 4 年前的 7.101 亿元增加到爆雷 1 年前的 33.06 亿元,属于典型的借债度日,这种方式无法长期采用,爆雷不过是时间问题。公司在爆雷过程中把锅甩给了商誉,认为是收购的几家公司业绩不佳造成的。可是那几家公司的商誉价值不过才十几亿元而已,剩余的 10 亿元亏损又该怎么解释呢?

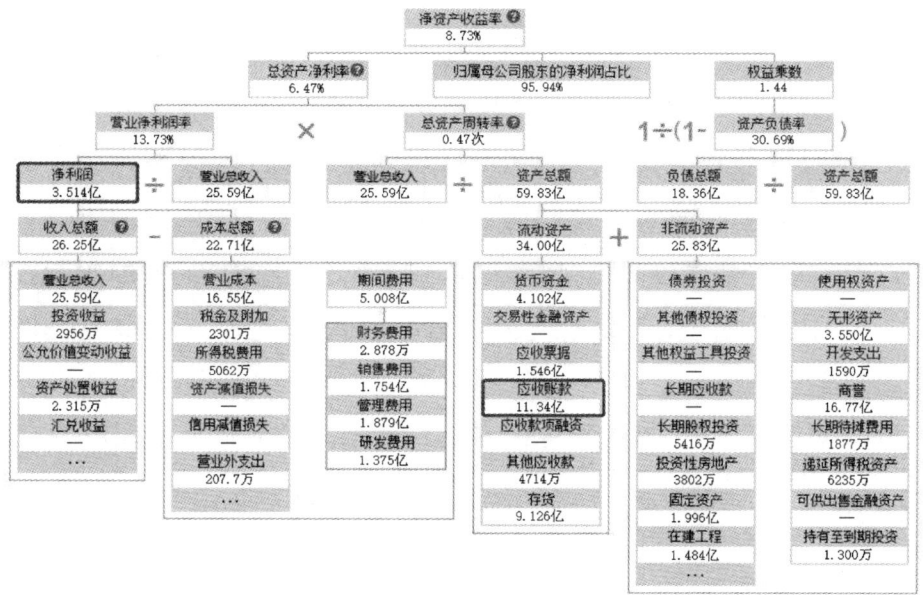

爆雷 2 年前的财务报表(单位:元)

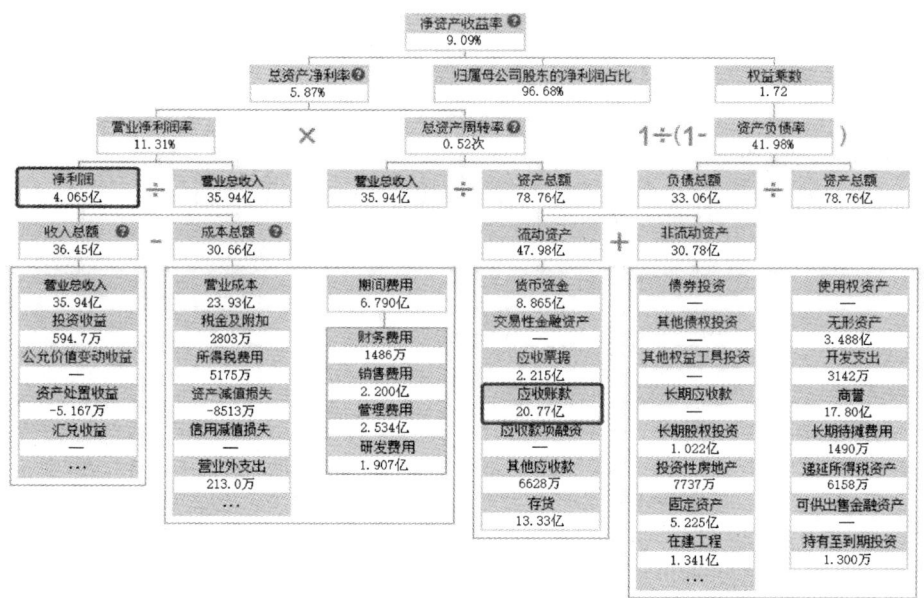

爆雷 1 年前的财务报表(单位:元)

在整个爆雷形成的过程中,券商起到了推波助澜的作用,翻看当时的研究报告发现,公司从上市到爆雷的过程中,营业收入和净利润确实每年都有大幅度的增长,但是众多投资机构和研究机构却忽视了货款是否能及时收回,导致爆雷后股价大幅度下跌,公司再无盈利。从爆雷事件发生后到撰稿时为止,此公司年年亏损,股价只有高峰时的1成左右。

股民们每次都痛骂上市公司造假,可上市公司连续多年都在如实地公布公司的财务报表,只要股民们仔细看,就能发现问题。难道就这一家公司发生这种情况?当然不是,如果股民们把上市公司的财务报表都认真地翻阅一遍,会惊讶地发现很多公司的情况都和这家公司类似。

3. 商誉是怎么爆雷的?

在 A 股市场上炒股的人,以前就算没有学过相关投资的知识,简单看看价格、看看走势就能买卖了。随着时代的发展,现在炒股的门槛也越来越高,要学习的东西越来越多。近几年,"商誉"这个词出现的频率有点高。商誉是指能在未来为企业经营带来超额利润的潜在经济价值,或一家企业预期的获利能力超过可辨认资产正常获利能力(如社会平均投资回报率)的资本化价值。大多数人看不懂这一句话,也不知道这句话在表明什么。其实可以简单地举个例子来说明,假设甲公司的净资产有 2 亿元,乙公司看好甲公司的发展前景并愿意以 5 亿元的价格来收购,那么多出来的 3 亿元就是商誉。在收购完成后,乙公司的资产负债表上可以看到 3 亿元的商誉。

从这个例子中可以得知,商誉基本上是在收购过程中产生的,所以凡是进行大手笔收购的公司,也是商誉潜在的爆雷对象!

商誉如果爆雷,会有多严重? 例如,天神娱乐(现名天娱数字科技)原第一大股东朱晔曾在 2015 年耗资 1500 万元人民币竞得与股神巴菲特共进午餐的机会,公司的股价也在股神的光环照耀下不断上涨,在共进午餐后的三个月时间里股价接近翻倍。可是 2018 年公司年报显示严重亏损 75 亿元,其中 48 亿元的亏损来自商誉的减值。动辄亏损数亿甚至数十亿元,这就是商誉减值的威力。在什么情况下会发生商誉减值呢?

多数情况下,商誉在公司的资产负债表上都会一直存在,根据现有的会计准则,产生商誉的资产如果发生减值,这时就需要对商誉进行减值处理。简单地说,假定资产 A 原来一年可以产生 1 亿元的利润,但是现在很可能只值 1000 万元,意味着资产 A 的价值达不到原来预计的金额,这时就需要对商誉进行减值处理。

作为普通投资者,怎么知道商誉这个地雷什么时候会爆炸呢?从以上例子可以看出,之所以需要对商誉进行减值处理,是因为收购资产导致业绩出现下滑。如果发现收购的资产业绩不佳,那么作为收购方的公司就很可能发生商誉减值。假设乙公司收购了甲公司,甲公司承诺未来三年利润不低于 1 亿元,而两年过去了,甲公司的利润加在一起只有 2000 万元,从这个角度分析,甲公司未来一年完成既定目标难度较大,那么甲公司违反业绩承诺的可能性很大,此时乙公司就需要进行商誉的减值处理。所以投资者要紧盯被收购的业绩不达标的企业,这时作为收购方的上市公司的风险很大。

同样是商誉减值,有的威力很大,有的威力较小,这又该如何判断呢?以天神娱乐为例,公司 2018 年年报因为商誉减值爆雷,那么在 2017 年的年报中是否可以看出相关端倪?

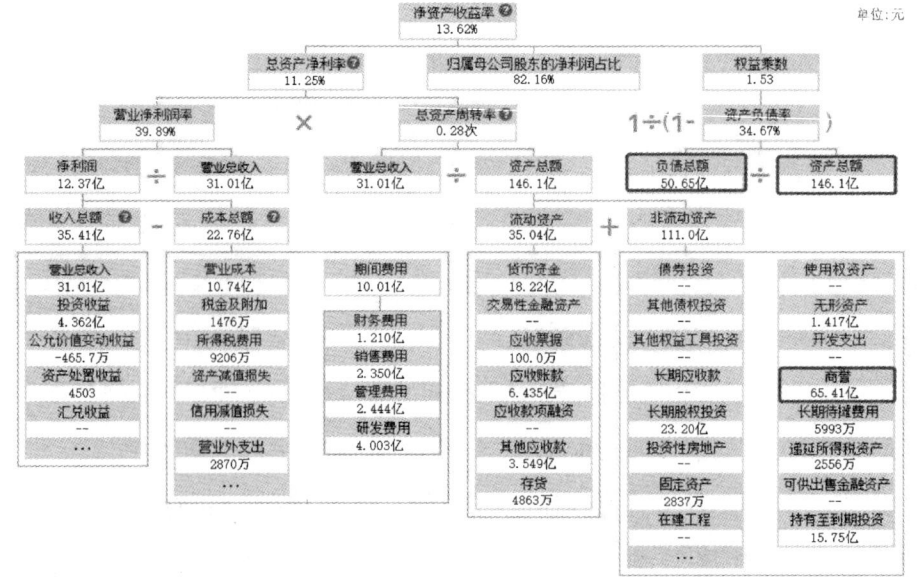

从 2017 年的年报中可以清楚看到,资产总额为 146.1 亿元,负债总额为 50.65 亿元,表面上看净资产有 95.45 亿元,但是其中商誉达到 65.41 亿元,占净资产的 68.5%,如果扣除商誉,公司的资产负债率达到 63%! 一般而言,银行大概率会拒绝给资产负债率超过 60% 的公司提供贷款,所以天神娱乐的数据已经超过银行的相关贷款规定。因此,凡是商誉占公司净资产比例很高而且商誉数额较大的公司,一旦商誉出问题,那么产生的后果将相当严重,这种公司的商誉减值杀伤力最大。

当然,商誉也并非完全无用,因为通过溢价收购可以买到一些很有潜力或者盈利能力较好的资产。

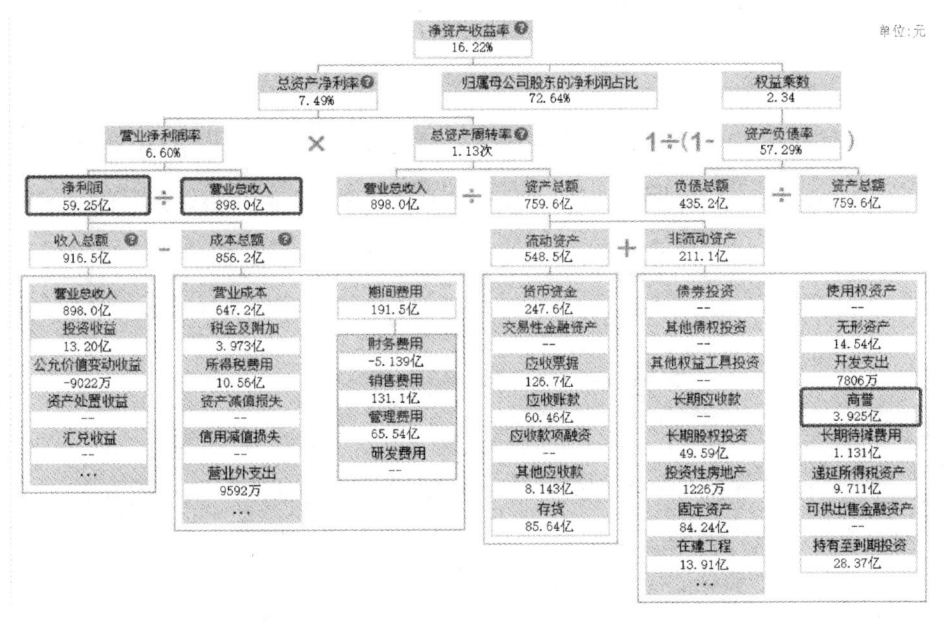

上图是上市公司海尔智家 2015 年的年报数据,也是这家公司在大规模并购之前的数据,当年的营业收入为 898 亿元,净利润为 59.25 亿元。2016 年公司完成了大规模的并购,在并购之后商誉变成了 210 亿元,当年的营业收入大幅度提升到 1191 亿元,净利润也提升到 66.96 亿元。

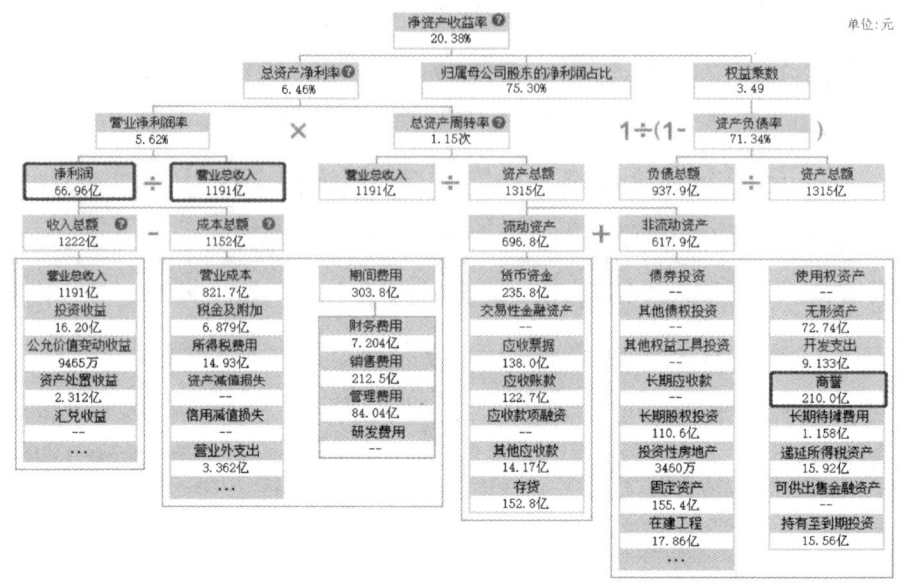

随后的几年公司经营得越来越好,在 2021 年的年报中可以看到商誉达到 218.3 亿元,增加了 8.3 亿元,显然是进行了小幅度并购。但是公司的营业收入达到 2276 亿元,净利润达到 132.2 亿元。

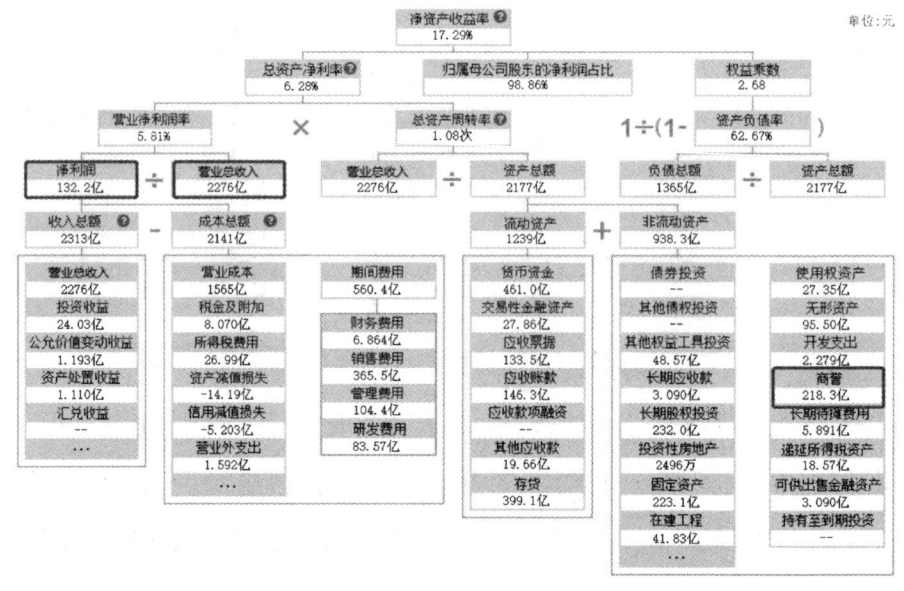

目前,海尔智家公司拥有 200 多亿元的商誉,在所有上市公司中排名前列,但这既没有影响到公司的投资价值,也没有影响到公司长期发展。这是成功并购公司的典型案例,由此得出以下结论:真正造成商誉爆雷的并不是溢价并购本身,而是以不负责的态度盲目进行高溢价并购,从而给公司造成了巨大的损失。严格来说,让商誉来承担公司业绩下滑、股价大跌的责任是不合适的。

4。 质押爆雷是怎么发生的？

经过多年证券市场洗礼的投资者现在对股份质押爆雷已经不再陌生。质押爆雷是怎样发生的？如何才能降低自己踩中地雷的风险？接下来和大家一起探讨。

首先大家要知道什么是质押。质押是指债务人或者第三人将其动产或权利移交债权人占有，将该动产或权利作为债权的担保的法律行为。当债务人不履行债务时，债权人有权依照法律规定，以其占有的财产优先受偿。证券市场上最常见的是股票质押，其实是一种融资行为。简单来说就是融资方(资金需求方)将所持有的股票抵押给资金提供方来获取资金，当融资到期后，融资方返还资金的本金和利息，资金方解除对这部分股份的质押。

之所以会出现质押爆雷，主要有两个原因：一是融资方在融资到期后不能及时偿还本金和利息；二是市场股价下跌超过一定的幅度，融资方不能及时提供其他补充质押物，也不能提前偿还本金和利息。

现行操作中当发生质押违约时，主要有以下几种处置方式：①直接通过二级市场卖出质押的股票；②通过大宗交易市场卖出质押的股票；③通过质押违约处置卖出质押的股票；④协商解决。

例如，2022 年 8 月到 9 月，上市公司中南建设就多次发出质押违约被处置的公告。2022 年 8 月 23 日公司《关于控股股东被动减持超过1％的提示性公告》(公告编号：2022-133)披露，2022 年 8 月 15 日—8 月19 日，中南城投称其持有的 39927621 股公司股份已被金融机构擅自处

1．基本情况			
信息披露义务人	中南城市建设投资有限公司		
住所	海门市常乐镇		
权益变动时间	2022 年 8 月 15 日-8 月 19 日		
股票简称	中南建设	股票代码	000961
变动类型	增加□ 减少√	一致行动人	有√ 无□
是否为第一大股东或实际控制人	是√ 否□		

2．本次被动减持情况		
股份种类	减持股数	减持比例
A 股	39,927,621	1.04%
本次被动减持方式	通过证券交易所的集中交易 √ 通过证券交易所的大宗交易 √ 其他 □	

3．本次被动减持前后，信息披露义务人及其一致行动人拥有公司股份情况

股东名称	股份性质	本次被动减持前持有股份		本次被动减持后持有股份	
		股数	占总股本比例	股数	占总股本比例
中南城市建设投资有限公司	持有股份	2,071,061,687	54.12%	2,031,134,066	53.08%
	其中：无限售条件股份	2,071,061,687	54.12%	2,031,134,066	53.08%
	有限售条件股份	-	-	-	-
陈昱含	持有股份	14,413,997	0.38%	14,413,997	0.38%
	其中：无限售条件股份	3,603,499	0.10%	3,603,499	0.10%
	有限售条件股份	10,810,498	0.28%	10,810,498	0.28%
合计	合计持有股份	2,085,475,684	54.50%	2,045,548,063	53.46%
	其中：无限售条件股份	2,074,665,186	54.22%	2,034,737,565	53.18%
	有限售条件股份	10,810,498	0.28%	10,810,498	0.28%

置,占公司总股份数的 1.04%。

通常资金方不愿意以强行平仓的方式来处置,在这种情况下无法拿回借出的资金,有时候还会产生纠纷甚至打官司。2022 年 9 月 7 日中南建设的减持公告中就显示:因股票质押式回购业务纠纷,其持有部分公司股份被金融机构违反约定擅自处置。

证券代码：000961　　　证券简称：中南建设　　　公告编号：2022-150

江苏中南建设集团股份有限公司
关于控股股东质押股份变动的公告（9月7日）

本公司及董事会全体成员保证信息披露的内容真实、准确、完整，没有虚假记载、误导性陈述或重大遗漏。

特别提示

公司控股股东中南城市建设投资有限公司（简称"中南城投"）及其一致行动人所持公司股份累计质押比例超过80%，请投资者注意相关风险。

公司日前收到中南城投通知称，因股票质押式回购业务纠纷，其持有部分公司股份被金融机构违反约定擅自处置，质押股份9月5日-9月6日减少2,450,791股，具体情况如下：

一、质押股份变动基本情况

1、本次质押股份变动情况

股东名称	质押减少股数	占其持股比例	占总股本比例	质押起始日	质权人
中南城投	222,034	0.01%	0.01%	2021年10月29日	长江证券（上海）资产
	2,228,757	0.11%	0.06%	2021年10月18日	管理有限公司
总计	2,450,791	0.12%	0.07%		

2、累计质押情况

截至9月6日，中南城投及其一致行动人所持公司股份质押情况如下：

股东名称	持股数	持股比例	累计质押股数	占其持股比例	占总股本比例	已质押股份情况 限售和冻结数	已质押股份情况 占已质押股份比例	未质押股份情况 限售和冻结数	未质押股份情况 占未质押股份比例
中南城投	2,017,028,329	52.71%	1,650,950,814	81.85%	43.14%	0	0	0	0
陈昱含	14,413,997	0.38%	0	0	0	0	0	10,810,498	75.00%
合计	2,031,442,326	53.09%	1,650,950,814	81.27%	43.14%	0	0	10,810,498	2.84%

为什么说"违反约定擅自处置"？这里使用的词是"违反约定"而不是"违反规定"，所谓规定，就是法律法规里面明确的条款，约定则是双方商定的内容。结合后面的"擅自处置"，不难推断出事情的经过：金融机构和中南建设大股东之前达成协议进行股权质押，由于股价持续下跌，中南建设大股东需要补充质押，而股价继续下跌之后质押的股份已经低于平仓线。双方可能经过协商暂时不做平仓处理，或者中南建设方认为已经达成协议不平仓。在这样的背景之下，金融机构自行出售了这部分股份，因此中南建设方面认为这是违反约定擅自处置。

在公告中，中南建设称这是股票质押式回购业务纠纷，理由是控股股东股票质押回购业务还未到期，也未触发平仓风险。但是金融机构方面认为融资人履约保障比例不符合合同约定且未履行分期还款协议。虽然双方各持观点，但事实是金融机构已经对股份进行了平仓处理。更关键的是，这次平仓的金融机构是长江资管，而 2022 年 8 月底，另外一家金融机构财达证券也同样对中南建设的股份进行了平仓处理。一般来说，券商的合规性管理还是比较好的，多个金融机构同时都在平仓，表明金融机构出错的概率比较低。

究竟质押回购业务是怎么做的，为什么会发生这种纠纷呢？当上市公司股东有质押融资需求的时候，券商等金融机构会对其进行评估，给出折扣率。所谓折扣率，就是最高可以提供的融资，一般主板股票可以按股价最高 5～6 折、中小板最高 4～5 折、创业板和科创板最高 3～4 折的比例提供融资。但是由于之前股价大跌产生的股票质押纠纷太多，现在金融机构普遍比较谨慎，现在主板股票一般接受市值 4～4.5 折，中小板股票接受市值 3 折左右，创业板和科创板股票基本上已经不接受质押。

除了折扣率，还要了解警戒线和平仓线。质押回购一般由上市公司大股东进行，所以警戒线和平仓线设定是一单一议，普遍标准是警戒线为 160％或 170％，平仓线为 140％或 160％。例如，某投资者将市值 1 亿元股份质押给券商，券商提供融资 4000 万元，假设警戒线为 160％、平仓线 140％，也就是当这部分股票市值下跌到 6400 万元的时候会提醒融资方，当市值下跌到 5600 万元的时候会要求投资者在 3 天内补充质押或者提供其他担保等方式来维持资产值不低于 5600 万元，否则就会平仓。

在这次中南建设和长江资管的纠纷中，这笔融资是在 2021 年 10 月 28 日进行的，当天 20 日均价是 4.28 元，假设质押 100 万股折扣率按 5 折计算，则融资额为 428 万元×50％＝214 万元，所以警戒线应该是 214 万元×160％＝342.4 万元，平仓线是 214 万元×140％＝299.6 万元，对应股价是 3.42 元和 3 元。发生纠纷的时候股价低于 3 元已经有一段时间,相信是券商和大股东多次协商要求补充质押、提供担保等方式补齐无果才执行平仓操作。为什么中南建设方面会觉得这是纠纷呢？道理也很简单,他们实际拿到的钱可能只有214万元,而在进行处置的时候股票市值还有270万元左右。可是他们并没有想到这就是合同约定,也完全符合相关交易规则。

如何才能规避可能发生的质押风险呢？根据《证券公司参与股票质押式回购交易风险管理指引》的规定,单只股票市场整体比例不得超过

50%。也就是说,当一只股票的质押比例接近50%的时候就要警惕了,而质押比例可以在中国证券登记结算有限责任公司的官方网站随时查询。大家可以打开中国证券登记结算有限责任公司的官方网站(http://www.chinaclear.cn/),在首页的资讯中心找到股票质押信息栏目,在对应的窗口中输入想查询的股票代码,然后将日期改为上一个星期的星期五,就可以查询到最新的股票质押信息。如果想查询历史时段的股票质押信息,修改对应时间即可查询。

5. 那些曾经活跃在市场上的"庄"

　　说起股票坐庄,很多人都会想到曾经股市上赫赫有名的庄家吕梁,他打造的"中科系"是中国最早的一批坐庄的公司,除此以外还有新疆德隆的唐家兄弟(三驾马车)。只不过后来这些人的下场都不太好,吕梁东躲西藏,最后由于重病无奈自首,于 2023 年去世。唐家兄弟坐庄失败,最后身陷囹圄,虽然出狱后还有一些想法,也没能再现辉煌,现在已消失在大众视野中。

　　其实除了这种大庄家之外,还有一种"庄",他们在不起眼的地方存在很久了,散户根本没意识到他们是在坐庄,反而以为他们是在为散户服务。这些人做的是"短庄"! 所谓"短庄",俗称抢帽子,是指证券公司、证券咨询机构、专业中介机构及其工作人员，买卖或者持有相关证券，并对该证券或其发行人、上市公司公开做出评价、预测或者给出投资建议，以便通过市场波动取得经济利益的行为。

这种模式最早兴起于南方某省会城市，这家人以 F 姓为主，他们首先在该省会城市开始做，后来带着老乡做。后期出现了很多这种短庄并发展到后来的游资，其"鼻祖"就是 F 姓的这一家人。

他们具体的做法是：首先大量买入某只股票，然后在次日开盘之前，利用各种新闻媒体推荐这只股票。早期是通过报纸、电视、广播等途径，后来逐渐演化成网络模式，但是万变不离其宗，都是让散户受到诱惑去买股票，他们就抓住机会卖出手中持有的股票从而获利。

2000 年前后，他们通过收购证券投资咨询公司和借用证券公司投资顾问名义的方式，大肆在电视和报纸上推荐股票。当时有三家证券投资咨询机构以股市三剑客的名义在"三大报"上开设专栏，每一家证券投资咨询机构都会推荐股票。而风头最劲的当属北京首放，那几年凡是北京首放周末推荐的股票，周一开盘必然封死涨停，而且往往会连续涨停。

后来中国证监会立案调查发现，北京首放的法定代表人、执行董事、经理汪建中利用北京首放及其个人在证券投资咨询业的影响，借向社会公众推荐股票之机，通过"先行买入证券、后向公众推荐、再卖出证券"的方法操纵市场，并非法获利。汪建中在 2007 年 1 月至 2008 年 5 月期间，通过上述方法操作交易 55 次，买卖了 38 只股票或权证，累计获利超过 1.25 亿元。最终证监会依法做出行政处罚决定，没收汪建中违法所得逾 1.25 亿元，并处以等额罚款。同时，证监会决定撤销北京首放的证券投资咨询业务资格，对汪建中采取终身证券市场禁入措施。这也是中国证券交易历史上个人因抢帽子交易被处罚力度最大的一次。

2009 年 11 月 19 日,北京市西城区人民法院执行了北京首放投资顾问有限公司法人代表汪建中的 2.5 亿元罚没款。2011 年 8 月 3 日,汪建中以操纵证券市场罪被判处有期徒刑 7 年,罚金 1.25 亿余元。

除了用证券投资咨询公司名义推荐股票这种做短庄的方式之外,还有一些人同样也成为"短庄"(如廖英强案)。廖英强是著名财经节目主持人,财经评论家,上海交通大学、上海金融学院客座教授。2012 年 2 月至 2016 年 4 月,廖英强在上海广播电视台第一财经频道《谈股论金》节目担任嘉宾主持人。2015 年,廖英强作为大股东的股轩文化在上海举办多场培训讲座,讲座视频放在"爱股轩"网站上,以提高股轩文化知名度。随着股轩文化的推广活动,廖英强也积累了一定的粉丝,其博客点击率很高。

2015 年 3 月至 11 月,廖英强利用其知名证券节目主持人的影响力,在其微博和博客"午间解盘"栏目视频中公开评价、推荐佳士科技等 39 只股票共 46 次,并使用"柴某玉""王某妮""张某"等 13 个证券账户进行交易。在推荐前使用其控制的账户买入相关股票,并在公开荐股下午开盘后或次日集中卖出相关股票,违法所得共计43104773.84元。最终证监会对廖英强没收违法所得43104773.84元,并处86209547.68元罚款。

廖英强接受行政处罚后被移交司法机关,查明其利用原财经节目主持人的名人效应,通过其实际控制的上海仟和亿教育培训有限公司、爱操盘(上海)网络信息服务有限公司,在未取得中国证监会经营证券、期货投资咨询业务许可的情况下,组织多名不具有证券、期货投资咨询从业资格的讲师,向公众分析、预测证券、期货投资品种的行情及价格走势,非法从事证券、期货投资咨询业务,非法获利金额巨大。2022年以非法经营罪判处廖英强有期徒刑8年并处罚金1亿元。

现在通过报纸和电视等媒介进行的短庄操作已经基本消失。但是由于利益巨大,一些不法分子仍在使用这种操作模式。目前,最常见的就是多次被警方和媒体通报的"杀猪盘"。

这些不法分子首先通过打电话免费提供"牛股""老师讲课"等形式邀约投资者加入一些微信群或 QQ 群,然后在群里给大家介绍一些"值得投资的"股票,初期一般会让投资者觉得服务很周到、认真。多数时候会采用网络直播的方式来讲解,介绍的"老师"往往有非常牛的头衔或者辉煌的战绩,甚至会冒用一些知名的基金经理或者券商研究员的身份来讲课。当时机成熟时,不法分子会在某一天重点推荐一只股票,并告知这只股票即将暴涨,要求投资者立即买入。利用部分散户想赚钱的心理,让散户去买入一些被严重高估的股票,趁散户大手笔买入的时候,不法分子将提前买入的股票全部卖出。等散户们发现的时候,这些不法分子已经解散各种群跑路了。

其实不论如何变化,这些人用的套路是一样的,都是利用了散户想快速暴富的心理,玩的套路几十年来也没什么变化。只要散户能克制自己贪婪的心态,就不会掉入陷阱。

6. 网上的"股神"都是什么人？

互联网的快速发展拓宽了大众搜集信息的渠道,简化了人们获取可用信息的流程,因此互联网也被喜欢炒股的人所青睐。在很多网络平台(如微信群、QQ群、网络直播间等)上,有许多号称"大神"的老师,每天在平台上点评走势,有一些散户被他们吸引,成为他们的忠实粉丝。

实际上,网络中的这种情况大多是骗局,最常见的骗局有三种:第一种叫黑投资顾问;第二种叫杀猪盘;第三种是向外引流,本质也是杀猪盘。

(1)黑投资顾问。

所谓黑投资顾问,是和正规持牌投资顾问相对而言的,是早期网络上的一些诈骗分子。根据《证券、期货投资咨询管理暂行办法》《证券期货投资者适当性管理办法》的相关规定,从事证券、期货投资咨询业务的人员,必须取得证券、期货投资咨询从业资格并加入一家有从业资格的证券、期货投资咨询机构后,方可从事证券、期货投资咨询业务。任何未取得证券、期货投资咨询从业资格者,或者取得证券、期货投资咨询从业资格,但是未在证券、期货投资咨询机构工作者,不得从事证券、期货投资咨询业务。而黑投资顾问就未具备这种资质,但是他们又看上了投资咨询服务的巨大"蛋糕",当然也不排除有一些黑投资顾问根本就没有经过系统的培训,他们违法地从事这项工作。

这些黑投资顾问获利的手法主要有两种。一种获利的手法是收会员费,通常以数千元为基础。当黑投资顾问发现股市行情与其早期宣传的股票涨停趋势即将不一致时,黑投资顾问就会忽悠客户进行升级,所收取的费用以客户投资额的大小而定,根本没有固定的章法,一年最高收取数十万元的费用。另一种获利的手法是分成,就是给客户推荐股票,如遇某只股票亏损,黑投资顾问就推荐另一只股票;如果出现持续亏损导致客户不信任或者客户索赔的情形,黑投资顾问就把他们直接拉黑;如果股票盈利了,黑投资顾问就每天追着客户要分成,一般的分成比例在30%左右。这些黑投资顾问最常说的一句话就是"我们的某某老师很神奇,今天推荐的股票又涨停了"。

(2)杀猪盘。

这种骗局在网络直播间非常常见,首先是骗局设计者通过某些技术手段搭建网络直播间,他们做网络直播基本上都是自建一个程序,很少在一些正规视频网站上进行操作,因为正规视频网站都有对应的监管措施,如果在正规视频网站上讲解股票相关内容,会被要求提供资质证明。在骗局设计者的直播间里,通常会有数千人同时在线,所谓的"老师"在不停地吹嘘其历史业绩:有的会说自己是某机构的操盘手,有的会说自己获得过民间某炒股大赛冠军,有的会给自己冠上某大师徒弟的称号,等等。但是这些人绝对不会说自己是否具备证券从业资格。直播间或者微信群内,不断会有人配合"老师",说自己跟着"老师"炒股赚了多少钱,号召别人下一次一定要跟着一起买。

这种模式是把高位股票推荐给散户接盘,然后骗局设计者会从庄家手上获取点差来获利。通常的结算方法是以当天成交量的90%为基准,然后按总成交金额的10%作为骗局设计者的报酬。

具体操作流程如下所述。首先通过网络揽客或电话揽客的方式来吸引一批粉丝,骗局设计者每天会帮助粉丝进行免费的股票分析,并向粉丝群体推荐股票。当骗局设计者招揽了一批客户(行话称"养鱼")之后,他们会为其提供免费的分析和推荐,在此阶段,骗局设计者会与客户谈价,然后就会利用一些暗中操纵的股票,开始"收割"了。类似的新闻在网上经常可以看到,大家要多加防范,千万不要在这种类型的股票直播间逗留。

(3)向外引流。

前面讲的两种套路,一直都是证监会打击的对象,但是向外引流这种套路就做得比较隐蔽,许多人根本意识不到被骗。这种套路先是以免费讲解、分析股票为幌子,然后择机告诉你股票赚钱太慢了,有更赚钱的方法,从而引导你去买卖外汇、黄金、现货、股权等。

例如,某大 V 在多个网络平台上表示自己为了服务大众,免费提供投资咨询服务,之后不少人都涌入其直播间。但是事情肯定没有那么简单,他这样做的目的是让投资者开通黄金期货交易。如果有人开通了他所说的百万黄金期货交易,他能获利多少呢?按照之前期货手续费的收取惯例,如果有一个 100 万元的期货客户按照他的指示频繁交易,一个月可以获得的手续费提成可达 10 万~30 万元,提成非常惊人,相比那些投资顾问的收入,他免费提供股票咨询根本不足道。

我国到目前为止从未批准过任何一种境外的外汇交易在境内落地。部分大 V 引导粉丝做外汇交易,根本就是违法的,绝大多数都是骗局,他们采用的手段也非常拙劣,通常都是借着某天晚上睡觉的时候做假单子让客户爆仓。

还有"大师"推荐粉丝做股权投资,这也是违法行为,股权募集目前都是通过私募股权基金的方式进行的,是禁止公开募集的,更不可能向散户募集。

以上说的种种骗局,只要你熟悉证券相关的法律,就会知道这些都是有问题且不能参与的。所以,熟练掌握相关业务规则非常重要。

7. 为什么你总会接到推荐股票的电话？

笔者认为所有有过炒股经历的人都或多或少地接到过诈骗团伙推荐股票的电话。在他们口中，有那么一位甚至几位"股神"逢买必赚，他们正精心挑选一些优质的股票准备免费告诉你，你只要跟着他们去"捡钱"就好。令人惊讶的是，很多时候他们可以直接说出你的真实姓名甚至知道你的资产情况。当然，经过这两年的各种曝光和宣传，有些人已经知道这是个骗局，但是诈骗团伙究竟是怎么知道你的联系方式，又是如何根据你的基本情况，精准地向你推荐股票的呢？

诈骗团伙获取联系方式的途径主要有以下几种：第一种途径来自证券公司，曾经发生过证券公司的内部员工为了利益而泄露客户信息的事情，但是近几年信息系统日渐完善，证券公司的权限管理更加严格，想要大规模地获取客户的联系方式比较困难。第二种途径来自通信行业(如移动、联通、电信等)，由于现在的证券交易软件在安装后需要实名注册，交换信息的时候在通信行业端口就可以获取相关信息。第三种途径源于大家平常在网上浏览时使用自身信息注册过的某些网站。第四种途径是通过手机软件超范围获取客户信息，然后进行转卖。第五种途径是微信，大家在看一些微信文章时，某些小程序要求获取相关权限的同时，大家的联系方式等信息就已经泄露给诈骗团伙了。

有时候我们会发现，诈骗团伙经常会推荐一些股票，而且不乏大牛股，这又是什么原因呢？其实这是一个数学算法问题，基本原理是：假设诈骗团伙选择的这些股票是市场的热门股票，也就是所谓的强势股，这种股票的风险很高，但是大涨的概率也很高。他们把信息一次群发给10000个人，并将这10000个人分成两组，每组推荐一只股票，如果有一只股票涨了一只股票跌了，下一次将股票涨了的5000人再次分成两组，每组分别推荐一只不同的股票，以此类推，在连续推荐5次股票后，就会有300多人连续5次接收到的股票都是上涨的！那么这些人很容易就会上当，成为诈骗团伙的猎物。

诈骗团伙有着专业的经营管理模式与详尽的分工，具体如下。

首先是引流，方法就是打电话、加微信。诈骗团伙利用获取的联系方式给客户打电话，电话内容是非常简单的推介、请求加微信。一般会有3%～5%的人同意加微信，只要加上微信，离受骗就近了一步！当然，随着技术的发展，诈骗团伙也开始改变策略了，他们先在某些短视频平台上发布短视频吸引粉丝，然后让大家加关注，再逐步引流到微信端。

其次是培育，当加上客户的微信后，诈骗团伙会把大家拉入一个微信群，里面有"老师"不停地发送各种成交的单子。实际上在这种微信群里，大多数情况下只有一个或者少数的客户，大部分都是他们自己人假扮的，他们的目的就是让客户增加对"老师"的信任，为最后的"杀猪"做准备。

最后是"杀猪"，主要有三种方式。第一种是诈骗团伙通过骗取客户信任，让其去炒黄金、外汇、期货、数字币等，哄骗客户把资金转到他们指定的账户。资金到达指定账户后，诈骗团伙就直接跑路或者编造虚假行情欺骗客户。第二种是股票杀猪盘，就是诈骗团伙在某一天疯狂推荐某只股票让客户买，当客户买进这只股票以后，这只股票就会"雪崩"（庄家出货），这个时候诈骗团伙会解散微信群，拉黑客户的微信。第三种是黑投资顾问，诈骗团伙给客户推荐股票以后，要求客户加入会员并缴费，然后不断地让客户进行所谓的升级，直到慢慢地把客户榨干。

想要避免受骗，那就不要贪心，世界上是没有免费的午餐的。诈骗团伙为什么有好股票自己不买反而推荐给你,想明白这个问题,你就可以避免受骗。凡是接到推销证券投资咨询业务的电话的,有一个很简单的办法避免受骗:当他们打来电话的时候,你可以直接要求对方提供从业机构名称、机构资格证号码和对方的姓名、工号、从业资格证编号等信息。如果他们能提供相关信息,那么你可以自行在网上核实真假,而如果他们不能提供这些信息,那么他们大概率就是骗子了。

8. 什么是内幕交易？

很多投资者都非常痛恨内幕交易，因为这种行为会严重危害到广大投资者的利益，但是笔者通过长时间和散户打交道发现，有很多人根本就不知道什么是内幕交易。内幕交易是指内幕人员根据内幕消息买卖证券或者帮助他人操纵证券交易，违反证券市场"公开、公平、公正"的原则，严重影响证券市场功能的发挥。

《刑法》第一百八十条有如下规定："证券、期货交易内幕信息的知情人员或者非法获取证券、期货交易内幕信息的人员，在涉及证券的发行，证券、期货交易或者其他对证券、期货交易价格有重大影响的信息尚未公开前，买入或者卖出该证券，或者从事与该内幕信息有关的期货交易，或者泄露该信息，或者明示、暗示他人从事上述交易活动，情节严重的，处五年以下有期徒刑或者拘役，并处或者单处违法所得一倍以上五倍以下罚金；情节特别严重的，处五年以上十年以下有期徒刑，并处违法所得一倍以上五倍以下罚金。单位犯前款罪的，对单位判处罚金，并对其直接负责的主管人员和其他直接责任人员，处五年以下有期徒刑或者拘役。内幕信息、知情人员的范围，依照法律、行政法规的规定确定。证券交易所、期货交易所、证券公司、期货经纪公司、基金管理公司、商业银行、保险公司等金融机构的从业人员以及有关监管部门或者行业协会的工作人员，利用因职务便利获取的内幕信息以外的其他未公开的信息，违反规定，从事与该信息相关的证券、期货交易活动，或者明示、暗示他人从事相关交易活动，情节严重的，依照第一款的规定处罚。"

例如,在 2020 年 9 月 18 日中国证监会的例行新闻发布会上,新闻发言人披露了王府井内幕交易案的相关信息,根据公告可知,吴某某等人在重大事件公告前获取内幕信息并大量买入王府井股票,获利数额巨大,涉嫌构成内幕交易。事情发生于 2020 年 6 月 9 日晚,王府井集团股份有限公司公告获得免税品经营资质。交易监控(现在上海证券交易所和深圳证券交易所已经有非常完善的大数据稽查系统,只要有异常的交易,就会及时报警,然后由工作人员进行处理)发现部分账户在公告前大量买入股票,交易行为明显异常。

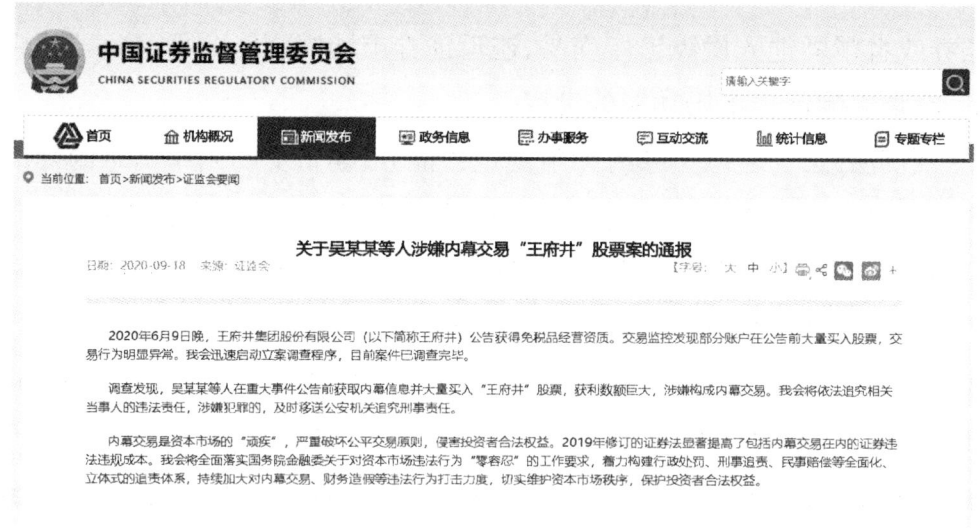

交易监控系统的某些功能类似于大家使用的股票软件功能,当有一些股票发生异常变动的时候(例如股价突然上涨或者下跌、成交量突然放大等),系统就会用弹出对话框的方式来报警,提示工作人员可以进一步干预。接着可以通过查看同一股票某时段某些账户的关联性,如同一 IP 地址、同一 MAC 地址等方式来调查这些账户的关联性质,进而做出判断。

内幕交易的核查方式主要是倒查,就是以内幕信息公布时间点为基准,向前倒查一段时间(一般是半年),核查是否存在特殊的交易行为。例如是否存在较大金额的买卖、是否单一大比例持仓、是否新买入,等等。假设在公布某只股票内幕信息之前的一段时间内,有一个从未买过这只股票的账户,突然大量买入这只股票,而且持仓量占其账户总资产的比例很高,这就具有很大的内幕交易嫌疑。

还有一些核查方式是进行身份的倒查,例如根据相关规定,内幕信息知情人是需要申报的,而这些人的关联人也要被纳入监管范围,在这个范围内被查出有内幕交易行为的也会被处罚。"王府井"股票案暴露的原因是在发布了公告后,股价出现了暴涨,交易所倒查了过去一段时间内的交易记录,发现一些账户存在内幕交易的可能。然后通过对账户相互之间的关系进行比对,得出一系列账户是在某人的控制下大量买入同一只股票的结论。最后通过对这个实际账户持有人的调查,得出了有人提前获知内幕信息的定论。

中国证监会在 2020 年 8 月 4 日披露的郭培能、李旭内幕交易的案件是截至目前较大的内幕交易案,成交金额共计约 3.7 亿元。

案件涉及上市公司广东明家联合移动科技股份有限公司(以下简称

明家联合),2016年原股东周某林计划与佳兆业集团控股有限公司(以下简称佳兆业集团)合作,当时佳兆业集团的投资银行部总经理李旭和他的朋友郭培能就抓住这个机会,利用郭培能自己控制的三家公司,买入明家联合股票2987万股,却没想到亏损了约1.6亿元。

从这个过程中可以发现几个细节:第一是他们买入的时间点,明家联合原股东周某林和佳兆业集团达成合作意向是在2016年12月,郭培能买入股票的时间点是在2017年1月,算是最早的一批;第二是真正收购成功的时间,2017年8月公告计划收购,2017年9月正式签订股份转让协议;第三是郭培能利用旗下三家公司同时大量购买明家联合的股票。

当事人:郭培能,男,1971年8月出生,住址:广东省深圳市龙岗区。

李旭,男,1982年7月出生,住址:广东省深圳市罗湖区。

依据2005年修订的《中华人民共和国证券法》(以下简称2005年《证券法》)有关规定,我会依法对郭培能、李旭内幕交易"明家联合"案进行了立案调查、审理,并依法向当事人告知了做出行政处罚的事实、理由、依据以及当事人依法享有的权利,当事人未提出陈述、申辩意见,也未要求听证。本案现已调查、审理终结。

经查明,郭培能、李旭存在以下违法事实:

一、涉案内幕信息的形成及公开过程

2016年11月,广东明家联合移动科技股份有限公司(以下简称明家联合)控股股东、实际控制人周某林拟转让控股权。佳兆业集团控股有限公司(以下简称佳兆业集团)寻求购买上市公司控制权。期间周某林与佳兆业金融投资(深圳)有限公司(内部名称先后为投融资集团、佳兆业金融集团等)投资银行部总经理李旭进行了初步接触及洽谈。

2016年12月18日,李旭指示下属侯某起草了关于收购明家联合控股权项目的立项报告,于12月19日提请立项,并于次日获审批通过。立项前,李旭就相关情况向佳兆业集团时任总裁郑某和佳兆业集团股东郭某作过汇报。

2016年12月21日,周某林在李旭的引荐下,于香港和佳兆业集团董事局主席郭某见面,双方达成合作意向,约定佳兆业集团收购周某林持有的明家联合1.65亿股股权的事项,并口头约定交易价格。该项目后续由李旭具体负责,但因周某林所持股份处于限售期,无法一次性转让公司控制权,项目暂缓推进。

2017年5月中下旬,李旭提出辞职,收购明家联合控股权的相关工作由他人接管。

2017年6月至8月中旬,佳兆业集团与周某林就控股权转让交易方案进行洽谈,并开展了尽职调查。

2017年8月16日,佳兆业集团控制的深圳市一号仓佳速网络有限公司(以下简称佳速网络)与周某林签署股权交易意向协议。2017年8月16日收市后,明家联合发布重大事项停牌公告,称公司控股股东、实际控制人周某林先生正在筹划股权转让事项,可能涉及公司控股权变更,对公司有重大影响。

2017年9月6日收市后,公司发布《关于公司控股股东、实际控制人变更暨权益变动的提示性公告》,公告称周某林与佳速网络签订了《股份转让协议》,拟通过协议转让的方式将其持有的全部股份转让给佳速网络。

综上,周某林向佳兆业集团转让明家联合股权及实际控制权的相关信息,属于2005年《证券法》第六十七条第二款第(八)项规定的重大事件,构成2005年《证券法》第七十五条第二款第(一)项规定的内幕信息。内幕信息形成时间不晚于2016年12月18日,公开于2017年8月16日收市后。周某林、郭某成、李旭等为内幕信息知情人。

为什么达成合作意向是在 2016 年 12 月,签订协议却在 2017 年 9 月呢?因为原股东股票还未解禁,导致无法卖出。郭培能利用旗下三家公司于 2017 年 1 月买入股票,表面上看起来不是直接用他的名字,但是证券市场都是实行穿透式管理的,某家公司的股票同时被三家公司大量买入,还是单股持仓、融资账户购买,问题很容易就会暴露。

9. 背后操纵股价的"庄家"

操纵市场本身是一个非常严重的问题,是《刑法》明令禁止的。股票的波动是每一位交易者共同作用的结果,但确实有少数股票的背后存在"庄家"。

在文学作品和影视作品中,也有对类似股票"庄家"的描写,可那毕竟是影视作品,现实生活中的"庄家"与影视作品中呈现的"庄家"不完全相同,很多"庄家"没有"只手遮天"的能力,甚至有不少"庄家"的下场很惨。下面介绍 2018 年证监会查处的北八道集团有限公司(以下简称北八道)操纵市场案。

北八道及其实际控制人组建、控制了一个分工明确的操盘团队,通过配资中介筹集资金数十亿元,利用300多个股票账户,于2017年2月至5月大举操纵"张家港行""江阴银行""和胜股份"等次新股的价格,累计获利约9.45亿元。

为什么要查处操纵市场行为?其法律依据是什么?如何进行处罚?大家可以把中国证监会对北八道操纵市场案出具的行政处罚决定书与《刑法》条文进行对比。

《刑法》第一百八十二条:"有下列情形之一,操纵证券、期货市场,影响证券、期货交易价格或者证券、期货交易量,情节严重的,处五年以下有期徒刑或者拘役,并处或者单处罚金;情节特别严重的,处五年以上十年以下有期徒刑,并处罚金:(一)单独或者合谋,集中资金优势、持股或者持仓优势或者利用信息优势联合或者连续买卖的;(二)与他人串通,以事先约定的时间、价格和方式相互进行证券、期货交易的;(三)在自己实际控制的账户之间进行证券交易,或者以自己为交易对象,自买自卖期货合约的;(四)不以成交为目的,频繁或者大量申报买入、卖出证券、期货合约并撤销申报的;(五)利用虚假或者不确定的重大信息,诱导投资者进行证券、期货交易的;(六)对证券、证券发行人、期货交易标的公开作出评价、预测或者投资建议,同时进行反向证券交易或者相关期货交易的;(七)以其他方法操纵证券、期货市场的。单位犯前款罪的,对单位判处罚金,并对其直接负责的主管人员和其他直接责任人员,依照前款的规定处罚。"

行政处罚决定书认定的第一个细节:"2017年2月10日至4月12日期间的31个交易日(已去除停牌的11个交易日)内,账户组持仓量占市场流通股比例超过20%的天数达25个交易日,超过40%的天数达13个交易日。在账户组操纵的主要区间2月15日至4月7日,持仓量占市场流通股比例均超过20%。2017年3月6日,账户组达到最高持仓量,持仓量占市场流通股比例为 52.34%。""在 2017 年 2 月 10 日至 4 月 12 日期间的 31 个交易日内,每个交易日账户组均交易'张家港行'股票。其中账户组交易量占该股当日市场成交量大于 10% 的有 20 个交易日,大于 20% 的有 8 个交易日,大于 30% 的有 2 个交易日。2017 年 2 月 16 日,账户组交易量占市场成交量的比例为 62.46%。账户组单日买成交量占该股市场成交量的比例大于 10% 的有 16 个交易日,大于 20% 的有 9 个交易日,大于 30% 的有 5 个交易日。账户组单日卖成交量占该股当日市场成交量的比例大于 10% 的有 15 个交易日,大于 20% 的有 10 个交易日,大于 30% 的有 6 个交易日。账户组在 26 个交易日买委托量在市场买委托量排名第一,22 个交易日卖委托量在市场卖委托量排名第一。账户组反向交易占比大于 30% 的有 18 个交易日,大于 50% 的有 12 个交易日。"以上数据足以证明,北八道持有股票的数量占流通股的比例相当大,同时每日的交易量占市场总成交量的比例极高,这些细节已经触犯了《刑法》第一百八十二条第(一)项的规定:"集中资金优势、持股或者持仓优势或者利用信息优势联合或者连续买卖"。

行政处罚决定书认定的第二个细节:"在 2017 年 2 月 10 日至 4 月 12 日的 31 个交易日内,北八道有 21 个交易日在自己实际控制的证券账户之间交易'张家港行'股票,占总交易日的 67.74%。北八道在其实际控制的证券账户之间交易'张家港行'数量占当日市场成交量比例大于 5%(含 5%)的有 3 个交易日。2017 年 2 月 16 日,该比例达到41.05%。"这一行为明显触犯了《刑法》第一百八十二条第(三)项之规定。因此,中国证监会据此做出行政处罚:没收北八道违法所得 466894890.32 元,并处罚款 2334474451.6 元,同时对相关责任人处以警告和罚款。随后案件移交至司法机关。2021 年 10 月 27 日,上海市第一中级人民法院依法公开宣判被告单位北八道集团有限公司、被告人林庆丰等 8 人操纵证券、期货市场案。审判结果:北八道因操纵证券市场罪被判处罚金人民币三亿元(以下币种均为人民币);对林庆丰以操纵证券市场罪判处有期徒刑八年六个月,并处罚金一千万元;对林玉婷、李俊苗等 7 名被告人以操纵证券市场罪分别判处有期徒刑五年六个月至一年七个月,并处一百万元至二十万元不等罚金。

10. 瑞士信贷倒下了,我们应该学会什么?

瑞士信贷是一家百年金融企业,同时也是全球第五大财团,其 2023 年初的破产让许多人震惊,更让人震惊的是,仅经过一个周末的时间,其就被瑞银集团以约 30 亿瑞士法郎的价格收购,同时价值约 172 亿美元的 AT1 债券也被清零。这些操作让无数投资者惊讶:为什么瑞士信贷会倒闭? 其中的根本原因是什么? 对每一个投资者又有什么启示?

瑞士信贷倒闭的原因要从 2008 年次贷危机说起。在 2008 年次贷危机中,瑞士信贷是受损最轻的投行之一,因为瑞士信贷从事的业务非常传统且很保守,其资产质量是比较好的,所以在雷曼兄弟倒闭的时候瑞士信贷受到的影响非常小。但是从那以后,整个欧洲银行业的业务无法与美国同行相竞争,各大银行的股价连年下滑,瑞士信贷的压力自然也不小。此时瑞士信贷迎来了一位新任 CEO,这位 CEO 工作很努力,而且特别谨慎,不开展风险大的业务。然而公司的下属却私下推进业务,这就导致了风险照常出现而 CEO 浑然不知。更糟糕的是,公司任命了一位没有风控经验的首席风控官,虽然其具有瑞士信贷多个岗位的工作经验,但对于风控却是个新手。

危机的起因源于一家叫 GREENSILL 的公司(这是一个前华尔街高管创立的公司),主要业务是供应链金融。具体业务操作方法如下所述:A 公司向 B 公司出售产品,B 公司延期支付货款,此时 GREENSILL 则以一定折扣收购这笔货款,提前将款项支付给 A 公司,当账期到期后向 B 公司收取货款赚取差价。由于 GREENSILL 公司的资本有限,因此 GREENSILL 公司把这种业务包装成资产证券化产品进行出售，为了吸引买家，又引入保险公司来担保。这看上去是非常好的业务，买家买入债券获取较高收益，同时因为有保险公司的担保，所以风险较低，再加上 GREENSILL 的投资人是著名的软银董事长兼总裁孙正义（阿里巴巴的投资人），于是瑞士信贷便购入了 100 亿美元的债券。

问题出在哪里？孙正义不仅是 GREENSILL 公司的投资人，还是 GREENSILL 公司很多客户的投资人，于是这就变成了自己的这家公司给另外一些公司进行融资，左手借给右手。供应链金融的账期不能超过 90 天，而 GREENSILL 公司给很多客户提供了长期贷款，并且有不少都是给朋友、熟人提供的，但是瑞士信贷根本不知道这种情况，且认为一切有保险公司兜底。突然有一天保险公司意识到这个问题，开始拒绝续保。GREENSILL 公司把保险公司告上法庭要求续保，但是败诉了。失去了保险公司的担保，瑞士信贷终于意识到问题，但已经晚了。GREENSILL 公司发行的很多产品无法收回，最终申请破产，瑞士信贷最终损失了几十亿美元，再加上华尔街 Bill Hwang 损失的几十亿美元，让瑞士信贷的很多大客户失去了信心，大量抽离放在瑞士信贷的资金。就在这个时候，美国的硅谷银行宣布破产，第一共和银行濒临破产。瑞士信贷虽然是全球第五大财团，管理资产上万亿美元，仍然顶不住每天上百亿美元的流失，最终陷入危机，被瑞银集团以约 30 亿瑞士法郎收购。

看明白问题出在哪里了吗？

瑞士信贷最大的问题就是在产品风控处理上的失误，其无法正确认识产品可能带来的危机，为了获取利润而忽视了风控，这是很多金融机构在经营中最容易忽视的问题。现在国内的金融机构对风控处理得很不到位，最大的问题是券商，虽然每个券商都号称建立了完整合规的风控体系，从总部到各个分支机构甚至基层营业部都配备了合规的风控人员,但是在执行上非常差。很多公司不仅随意克扣合规岗位工作人员的薪资,甚至合规人员在某些公司更是直接被当成营销人员,还被下达营销任务按考核发工资,而这本身就是严重的违规行为。表面上合规人员应该受总部垂直管理才能保持独立性,但是在很多公司其却由分支机构总经理考核,于是不少合规人员还要帮助营销人员想办法规避监管和红线,这显然是危险的。

投资者在购买金融机构股票之前,一定要牢记:成长性不是金融机构最大的价值,切莫以增长率来衡量金融机构的估值;合规风控才是金融机构的价值底线,一旦触碰,当危机发生时金融机构股票一文不值。

11. 你听说过"老鼠仓"吗？

相信很多炒股的人都听过"老鼠仓"这个词,但是真正的"老鼠仓"是什么？是不是真的可以赚钱呢？我们来看以下四个真实的案例。

[案例1]2019 年 9 月 21 日由山东省高级人民法院审理并在 2020 年 9 月正式对外发布的震惊基金业的"老鼠仓"大案,受到了国内诸多证券媒体的关注和报道。在中国裁判文书网上,可以看到《蒋宁利用未公开信息交易罪二审刑事判决书》。

蒋宁利用未公开信息交易罪二审刑事判决书

案　由 利用未公开信息交易 [点击了解更多]　　案　号 (2019)鲁刑终279号

发布日期 2020-09-09　　　　　　　　　浏览次数 648

山东省高级人民法院
刑 事 判 决 书

(2019)鲁刑终279号

原公诉机关山东省青岛市人民检察院。

上诉人(原审被告人)蒋宁,女,汉族,1971年1月20日出生于江苏省苏州市,硕士研究生文化,原系上海青沣资产管理中心(普通合伙)执行事务合伙人,住上海市静安区。因涉嫌犯利用未公开信息交易罪于2017年3月15日被刑事拘留,同年4月21日被逮捕,现羁押于青岛市第二看守所。

根据该刑事判决书了解到,本案的被告人蒋宁,生于 1971 年,1995 年至 1996 年任职于上海万国证券公司证券投资总部从事证券研究工作,1996 年至 2010 年 3 月任职于申银万国证券公司证券投资及金融衍生品总部从事证券投资、研究工作。2010 年 4 月加入华宝兴业基金管理有限公司,任华宝兴业行业精选股票型证券投资基金的基金经理助理,2010 年 7 月 3 日起担任华宝兴业基金旗下行业精选股票型证券投资基金的基金经理,2012 年 3 月起担任投资副总监。

蒋宁从 2010 年 7 月 3 日至 2013 年 8 月 22 日担任华宝兴业基金管理有限公司发行的行业精选股票型证券投资基金的基金经理,对该基金是否进行股票投资拥有决定权。在此期间,蒋宁将利用职务便利获取的行业精选基金投资信息透露给丈夫王某、父亲蒋某,由王某、蒋某等人利用该信息先于、同期或稍晚于行业精选基金控制使用他人证券账户买卖相同股票 188 只,累计成交金额约 29.96 亿元,非法获利约 1.14 亿元。

依照《刑法》第一百八十条第一款和第四款、第六十七条第三款、第六十一条、第五十二条、第五十三条、第六十四条之规定,法院判决如下:被告人蒋宁犯利用未公开信息交易罪,判处有期徒刑五年,并处罚金人民币 1.14 亿元,没收扣押在案的违法所得人民币 8000 万元,由扣押机关上缴国库,剩余违法所得人民币 3356.250972 万元继续追缴,上缴国库。

很多人只注意到蒋宁等人的盈利金额,却忽视了成交金额接近 30 亿元。就是说实际上她盈利的比例并没有那么高,只有 3% 左右。这一点和大家理解的"老鼠仓"还存在明显的差距。为什么"老鼠仓"没有大家想象中那么赚钱呢?其实原因很简单,大多数"老鼠仓"采用的方法是先于基金买入、先于基金卖出,这样才能做到让基金的资金给自己"抬轿子"。可是问题在于,单只基金实际上对股价的影响是有限的,采用短期交易的方式只不过是先利用基金的买入资金形成冲击效应,再择机卖出而获利。

从本质上讲,这种操作手法和早期市场上的"抢帽子"差不多。那个时候经常可以看到电视里有人推荐股票,然后散户买进的时候他们就卖给散户。基金的"老鼠仓"与"抢帽子"的区别在于,"老鼠仓"的操作没有公开推荐且用基金的资金替代了散户的买入资金。

于是又有了新的问题,为什么他们不多持有股票一段时间呢?这个问题的答案也很简单,他们可获得的信息太多,有很多时候刚刚买进一只股票又看中另一只新的股票或者准备下单买新的股票,原有的股票在这个时候略有盈利,就很容易将其卖掉再去买其他的股票,用"狗熊掰棒子"来形容这一行为很贴切,别以为基金经理们都是做长线的,仔细查阅各只基金的换手率,会发现换手率高得惊人。实事求是地讲,蒋宁的能力在基金经理中算上游水平,因为绝大多数基金经理的"老鼠仓"行为,最后都是亏的。

[案例2]2019年12月5日,中国证监会公布了一则行政处罚决定。2016—2017年间,时任中信证券客户经理的李旦,一边负责安信证券-工行-佑瑞持债券稳利集合资产管理计划权益部分的投资决策,一边为客户钟某玲代为操作投资。"根据上海证券交易所和深圳证券交易所计算数据,'钟某玲'证券账户与佑瑞持债券稳利集合资产管理计划趋同交易情况为:2016年4月12日至2017年6月8日,在上海证券交易所趋同交易股票共13只,占'钟某玲'证券账户在上海证券交易所交易股票数量的38.24%,趋同交易金额为8166.61万元,占'钟某玲'证券账户在上海证券交易所成交金额的45.81%,趋同交易股票盈利118.23万元。2016年2月22日至2017年6月21日,在深圳证券交易所趋同交易股票共21只,占'钟某玲'账户在深圳证券交易所交易股票数量的46.67%,趋同交易金额为16697.62万元,占'钟某玲'证券账户在深圳证券交易所成交金额的48.82%,趋同交易股票亏损210.21万元。"

中国证券监督管理委员会
CHINA SECURITIES REGULATORY COMMISSION

请输入关键字

首页　机构概况　新闻发布　政务信息　办事服务　互动交流　统计信息　专题专栏

当前位置：首页 > 政务信息 > 政府信息公开 > 主动公开目录 > 按主题查看 > 行政执法 > 行政处罚

索引号	bm56000001/2019-00041155	分　类	行政处罚;行政处罚决定
发布机构	证监会	发文日期	2019年12月05日
名　称	中国证监会行政处罚决定书（李旦）		
文　号	〔2019〕145号	主题词	

中国证监会行政处罚决定书（李旦）

〔2019〕145号

当事人：李旦，男，1971年5月出生，住址：广东省深圳市南山区。

依据《中华人民共和国证券投资基金法》（以下简称《基金法》）和《中华人民共和国证券法》（以下简称《证券法》）的有关规定，我会对李旦利用未公

[案例3]历史上比较著名的案例还有曾任上投摩根基金经理的吴文哲在2015年1月9日至2017年1月15日期间为保持与侯宇洁的恋爱关系，向侯宇洁透露其工作中获取的多只基金交易股票的未公开信息，由侯宇洁利用侯母王某的证券账户，在相近时间内买入或卖出相同股票52只，交易金额为4377.73万元，合计亏损157.19万元。

上海市第一中级人民法院的一审判决：吴文哲和侯宇洁被判处利用未公开信息交易罪，分别判处有期徒刑一年并处罚金五万元。

[案例4]申万宏源证券前投资经理助理刘钰善操作马某的广发证券账户趋同盈利约133.95万元，操作袁某的申万宏源账户使其合计亏损约108.60万元。刘钰善朋友丁某（袁某的丈夫）在证词中表示，2015年5月28日刘钰善为袁某开户后投入2000万元自有资金，操作账户直至被证监会调查期间亏损了200万元左右。最终刘钰善因利用未公开信息交易罪，被判处有期徒刑三年，缓刑三年，并处罚金140万元，并上缴违法所得约130.28万元。

吴文哲等利用未公开信息交易罪一审案件一审刑事判决书

案　由 利用未公开信息交易 点击了解更多　　　　案　号 (2019)沪01刑初61号

发布日期 2020-01-08　　　　浏览次数 608

上海市第一中级人民法院
刑 事 判 决 书

(2019)沪01刑初61号

公诉机关上海市人民检察院第一分院。

被告人吴文哲,男,1979年3月25日生,江苏省建湖县人,汉族,研究生文化,原系Z公司研究部经理,住上海市浦东新区;因涉嫌犯利用未公开信息交易罪于2019年1月9日被刑事拘留,同年2月3日被逮捕,现羁押于上海市第三看守所。

刘钰善利用未公开信息交易一审刑事判决书

案　由 利用未公开信息交易 点击了解更多　　　　案　号 (2018)辽13刑初36号

发布日期 2019-11-06　　　　浏览次数 396

辽宁省朝阳市中级人民法院
刑 事 判 决 书

(2018)辽13刑初36号

公诉机关辽宁省朝阳市人民检察院。

被告人刘钰善,女,汉族,1979年8月3日出生于安徽省合肥市,博士研究生文化,上海文洋实业发展有限公司投资发展部经理,住上海市闵行区。因涉嫌犯利用未公开信息交易罪于2017年10月31日被辽宁省朝阳市公安局取保候审,2018年10月22日被本院决定取保候审。

　　以上这些案例均充分说明，即便在掌握了基金等大规模资金的情况下利用未公开信息进行"老鼠仓"操作，最终出现亏损的可能性也非常大。此外，我国相关法律对利用未公开信息交易罪进行了明确规定，因此，那些进行"老鼠仓"交易的人将受到法律的制裁。

12. "原始股"能买吗?

大多数投资者都知道新股赚钱的可能性很大,如果能买到原始股,可以获得更高的利润。"原始股暴富神话"在以前也多次上演,现在不少公司在上市的时候,原始股东的减持赚取超额利润,也让散户们特别羡慕。如果现在有人告诉你,可以买到即将上市的某公司的原始股,能不能买呢?

首先要了解什么样的公司能发行股票。答案是必须是经过改制的公司,从有限责任公司改制成股份有限公司,改制过程需要会计师、律师、中介机构的介入,对公司的经营体系进行调整,直到符合上市公司的要求。

那这些公司为什么会发行原始股呢? 一般来说,有以下几种可能。

(1)公司真的要上市,也真的要发行一些原始股,但是这种可能性很小。根据现在的相关规定,公司已经不允许发行原始股,只有少数以员工集体持股的形式发行的股票。而且即便是这种情况,也是集体投资到某个产品或者有限合伙企业,直接记在个人名下的可能性很小。

(2)可能是骗局。这种可能性还是比较大的,目前也确实有不少公司以原始股的形式对外进行融资,主要宣称公司即将上市,但多数情况下,最后公司未上市导致股票未发行,甚至有的公司直接卷钱逃走了。根据相关规定,非公众公司不允许向社会公众公开募集股份,所以这种行为也是违法违规的。

(3)融资套路。某些公司以大股东或者公司回购的名义私下发行一些股份,它们的目的并不是真的要上市,而是看中了客户持有的货币。当客户贪图有可能获得的高额利润而入股后,这笔钱可能会被公司拿去免费使用。等几年后,客户眼看上市无望,想让公司退钱,这时候公司要给客户打个折才把钱退给客户,而此时客户还要感谢公司终于退钱了。仔细想想,钱给公司免费用了好几年,最后还要感谢公司把一部分钱还回来。

所以要牢记一点:在这个世界上,如果有既安全又稳当的获利机会,凭什么别人会把机会让给你呢?

13. 铁公鸡为什么突然大手笔分红？

分红是上市公司把自己的经营所得的利润分配给投资者，这也是证监会所倡导的行为。但是大家有时候会发现某些公司特别奇怪，它们往往长期不分红，却突然在某一年大手笔分红，这是为什么呢？

遇到这种情况就要小心了，这可能是套路。通常大部分上市公司每年的分红都是很少的，能保持持续高分红的上市公司也很少。这里说的高分红，包括以下两个概念。

一个是分红率高。分红率指在一个考察期（通常为 12 个月的时间）内，股票的每股分红占考察期内公司净利润的百分比。通俗地讲，分红率指的是公司每年把利润的一部分拿出来分发，比如某家公司 2022 年净利润是 5 亿元，如果拿 5000 万元出来进行分红，那么分红率就是 10％，这种分红率就比较低。但是如果 2022 年净利润是 5 亿元，却拿出来 3 亿元甚至 4 亿元进行分红，这个情况下分红率就达到了 60％～80％，那么这种分红率就比较高。通常情况下，上市公司在分红的时候，分红率都低于 20％，分红率超过 20％的上市企业不多，但是也有分红率达到 80％以上的。

另一个是股息率高。股息率是一年的总派息额与当时市值的比例，是年度股息占股票最终销售价格的百分比。该指标是投资收益率的简化形式。简单来讲，股息率就是股息与股票价格的比率。在投资实践中，愿意把钱拿来分给投资者当然是好事，但是从投资的角度来说，投资者投出去的每一分钱都是成本，收回的分红占总投资额的比例就是投资者的回报率,所以股息率也是非常重要的指标之一。股息率的数值越高,公司的股价就相对越低,投资价值就相对越高。在 A 股的上市公司中,绝大多数公司的股息率都低于 1%,只有少数公司的股息率接近 3%。如果公司股息率能保持在 5% 以上,说明这家公司是非常优秀的,而实际上能长期保持在这个比例以上的公司,整个交易市场除了上市银行之外一共也没有几家。

既然大多数上市公司平时不分红,为什么某些不分红的公司又会突然大比例分红呢?原因很简单,经过大比例分红之后,公司的净资产会明显下降。这是一个非常经典的计算题,当公司的净利润不变而净资产下降时,净资产收益率就会提升。有一部分投资者和大部分证券分析师非常追捧净资产收益率(ROE,是企业净利润与平均净资产的比率,反映所有者权益所获报酬的水平),他们认为净资产收益率高的公司有很高的投资价值。其实完全可以通过单次高分红起到大幅度提高净资产收益率的效果,同时大比例分红之后,净资产收益率提高,除了可以满足某些研究人员的偏好而使其写出各种推荐报告外,还可以起到满足再融资条件的作用。

通常为了控制上市公司的随意融资行为,监管部门在审批再融资条件的时候把净资产收益率作为一个很重要的指标。上市公司通过高分红大幅降低净资产,在净利润不变的情况下就可以大幅提高净资产收益率了。

14. 投资高分红股票的误区有哪些?

当股市行情不好的时候,高分红股票就成为不少大 V 和媒体记者追捧的题材。在浏览了一些财经作者和记者写的关于股票分红的文章甚至推荐后,笔者发现,如果真的按照他们写的文章或推荐去购买股票,估计不少散户会亏得非常惨。一般来说,投资高分红股票目前主要的误区有以下几方面。

误区一:每股股票分红金额越多越好。很多媒体的报道习惯把每股分红金额作为评判企业价值以及股票是否值得买入的标准,这显然是错误的。衡量股票是否值得买入的基准是股息率,这个数值越高,表示单位投资获得的收益越大,而不仅仅是看每股分红。例如,2022 年 3 月贵州茅台公布了 2021 年年报和分配方案,10 派 216.75 元,也就是每股分红 21.675 元,贵州茅台当时的股价在 1700 元左右,如果以 1700 元为基准进行估算,股息率只有 1.28%,也就是投入 1 万元可以获得 128 元的分红。2023 年 3 月贵州茅台公布了 2022 年年报和分配方案,这次是 10 派 259.11 元,也就是每股分红 25.911 元,当时其股价在 1700 元以上,甚至达到 1800 元,如果以 1770 元为基准进行估算,股息率为 1.46%,其实还是非常低的。

与之对比,2022 年 3 月山东钢铁公布的分红方案是 10 派 0.6 元,也就是每股分红 6 分,但是山东钢铁的股价当时为 1.75 元左右,股息率高达 3.43%。如果投入 1 万元购买山东钢铁的股票,可以获得 343 元的分红,比贵州茅台的分红高很多。时隔一年后,山东钢铁公布了新的分红方案,这次是 10 派 0.3 元,也就是每股分红 3 分。当时山东钢铁的股价在 1.6 元左右,股息率约为 1.88%,还是比贵州茅台的分红多。

误区二:只关注一年分红。上市公司赚钱给股东分红是天经地义的事情,但是并不代表每一家上市公司给自己股东分红都是单纯地给予股东回报。很多时候上市公司的分红是由大股东提出的,而大股东的资金状况很容易影响上市公司的分红。如果大股东资金吃紧,往往会采取上市公司高分红的方式;如果大股东资金宽松,也很可能不要求分红。要观察上市公司的分红情况,应该把分红的观察时限拉长。通常情况下,一家上市公司连续保持 5 年甚至更长时间的高分红,就可以认为这家上市公司未来仍会持续高分红。如果上市公司只是偶尔一年的分红高,基本上可以忽视,因为未来其继续高分红的概率也不会太大。例如,2022年 3 月江苏索普公布的年度分红方案是 10 派 10 元,当时其股价在 13.6元左右,股息率大约是 7.35%。2017 年的分红方案是 10 派 1.2 元,2018 年不分红,2019 年不分红,2020 年的分红方案是 10 派 1.7 元。大家认为江苏索普未来还会继续高分红吗?当然是不太可能的。到了2023 年 4 月,江苏索普公布了新一年的利润分配方案——10 派 2 元,相比前一年大幅下降。

误区三:为了分红去买股票。有些初入市场的投资者,偶尔接触到分红这个名词,觉得会赚到更多的资金,于是在股权登记日之前买入股票等待分红。可是在拿到分红后却发现自己出现了亏损,此时就会抱怨分红是骗人的。分红肯定是真金白银,但是为什么会出现亏损的情况呢?那是因为没有任何一个人能说分红一定就可以短期获利,分红是投资者分享上市公司经营的成果,但不代表短期股价变动会给投资者带来利润。特别是分红需要除权或除息,除权、除息的原则是除权、除息前后市值相等。在除权、除息后股价下跌,投资者的股票总市值其实是在减少的,这会导致部分投资者认为分红是假的。而在很多股票分红前,恰恰是一些不明真相的投资者因为分红而追高买入股票,导致股息率显著下降,并且他们从未想过长期持有,除权后股票价格下跌造成账面出现亏损。例如,义翘神州 2022 年 3 月底进行了分红和转增股本,如果在股权登记日买入 1 万股股票需要 3640100 元,经过送股和分红后,第二天手中股票市值会降为 3478710 元,分红为 100000 元,合计 3578710 元,亏损 61390 元!

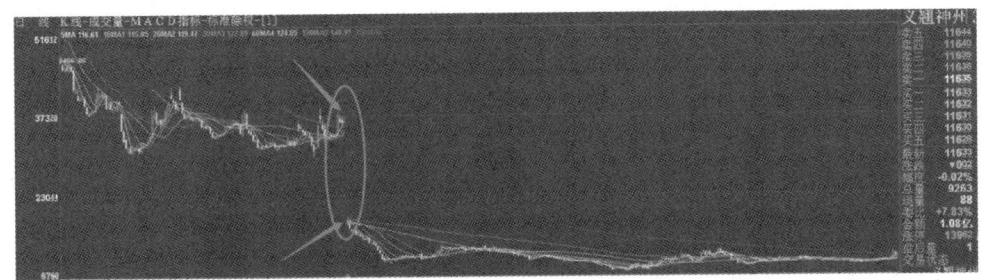

误区四:短期追逐高分红。有人曾经提出一个问题:为什么投资者半个月前买了某只股票分红后卖出,证券公司把分红收回去了? 答案是:根据规定,持有股票时间小于 1 个月的要收取分红金额 20% 的红利税,持有股票时间大于一个月小于一年的要收取分红金额 10% 的红利税,持有股票时间大于一年的免税。投资者在短期内买卖股票,当然会被收取红利税。

通常股票每次分红后股价都会有一定的下跌,因此如果确实是想通过高分红的方式投资获利,买入的最好时机应该是在完成分红之后。此时股价往往不高,而且已经完成分红,那些以短期炒作为特征的短线交易客已经退出。

15. 看上市公司财务报表就能投资获利吗？

很多人认为，认真学习并研究财务报表，就可以找到适合投资的公司，长期持有其股票即可获利。只不过事情的结果往往不能尽如人意，不少投资都是以亏损收场。

笔者认为，通过潜心研究财务报表来投资的人是非常努力的投资者，在投资者中属于进阶版，而且这些人往往比较理性。而多数人亏损是因为他们把股票和公司分开了，他们还沉浸在技术分析中，只有少部分人接受了投资好公司的理念，会把公司和股票结合起来分析。2014—2019年，笔者跟随交易所的考察团一起走访了约100家上市公司，与上市公司创始人、董事长、总经理、董秘等人面对面地交流。通过与这些人的交流，笔者了解到很多关于企业投资管理方面的经验和教训。

从笔者所接触的上市公司以及结合中国股市的实际情况来看，通过财务报表来研究和判断上市公司是否值得投资存在很大的问题。从上市公司的财务报表来分析，其经营情况还不错，虽然有些方面不太合理，但是无论是会计师事务所还是一些专业研究人员（包括市场上的众多投资者），都未曾发现上市公司的问题所在。而有些上市公司却被爆出财务报表造假。

以上问题只是冰山一角，大家虽然很难通过对财务报表的研究来判断某些公司是否值得投资，但是大家可以通过研究财务报表对一些公司提出些许质疑，这是两种完全不同的方式。

事实上，笔者认为不能单纯靠财务报表就判定是否投资这些公司以及是否下重注投资这些公司,而是在通过实际调查之后,才能确定是否投资,这并不是因为怕单纯的造假。单纯的造假大多是玩数字游戏,例如,"两康"(康美药业、康得新)玩的高存款、高贷款的双高游戏,还有应收账款飙升、银行存款飙升等。笔者最怕的是一些业绩表现良好的公司既不分红,也没有什么好的投资,只在原地等待。因为这些公司很可能几年来一次"大洗澡",就是通过一些手段制造巨额亏损,把前些年赚的钱都亏掉,甚至把新项目融资的钱都一并亏损,然后美其名曰"轻装上阵"。接下来的几年这些公司业绩仍然表现良好,甚至还有一定的成长性,可是再过几年甚至十年就会再来一次"大洗澡"。这类公司非常多,笔者就不在此处举例了。

实际上,想通过财务数据发现数据造假实在太难了。道理很简单,能做出这种财务报表的人肯定是高手,高手会轻易让大家发现数据造假吗?大多数时候人们也只是怀疑,很难获得实证。除非你和会计师一样做审核,在全部细节资料都齐备而且所有人员都配合的情况下,才有可能发现。投资不是警察破案,并不需要有确凿的证据再否定,而是有怀疑就要撤离。

但是,也并不是说无法发现上市公司财务报表中的"水分",有这么几种方法可以用来甄别。第一是一些很明显的事实,比如康美药业和康得新就是如此,存款几百亿元的同时贷款几百亿元,一听就不真实。第二是查找不合理的地方,比如有些公司年年报告赚大钱,却从不分红,反而年年大手笔从市场上融资。第三是不符合逻辑,每个行业都是有其特征的,虽然行业龙头可能会赚得多一些,但是如果全行业亏损,就一家公司赚钱,这显然不可能。如果说成本控制得特别好,那可能整个行业有几家公司发展得都不错,不可能只有一家公司,如果发生这种情况,笔者只能说很可能这家公司的财务报表做得不错。

这也是笔者一直强调公司必须高分红的原因,因为只有分红,上市公司是需要拿出真金白银的,这个没办法造假,造假的公司都是财务报表看着漂亮,实际上银行账户里并没钱,还到处挂账。

16. 神奇的本福特定律

在投资的时候,大家最害怕的就是做假账。但识别假账是非常困难的,因为大多数投资者都不具备相关的财务知识,对企业管理和投资理论更是不了解,所以大多数投资者只能用最原始的办法(看走势图)来解决问题。正因为如此,大多数投资者经常处于亏损状态,这种局面很难改变,毕竟让每位投资者都熟练地掌握财务知识是一件很困难的事。

有没有简单的办法来解决这个问题呢? 答案是肯定的。大家需要先了解本福特定律。本福特定律也称为本福特法则,其指出,从实际生活得出的数据中,以 1 为首位数字的数出现的概率约为总数的三成,接近期望值1/9的 3 倍。扩大来说就是,越大的数,以它为首位数字的数出现的概率就越低,这可用于检查各种数据是否造假。

在大多数人看来,如果是一堆没有任何规律的数字,每个数字的第一位是 1、2、3、4、5、6、7、8、9 的概率应该是一样的,也就是1/9。但是实际上第一位数字是 1 的概率最高,超过了 30%。例如,挑选一堆完全没有关联的银行账户,统计出第一位数字的比例,会发现 1 开头的最高,9 开头的最低,这个定律最早由天文学家西蒙·纽康发现。西蒙·纽康于 1877 年成为美国航海天文年历编制局局长,组织同行们重新计算所有主要的天文常数。繁杂的天文计算经常需要用到对数表,西蒙·纽康发现一个奇怪的现象:对数表中包含首位数是 1 的那几页资料比其他页破损得严重,似乎表明计算所用的数值中,首位数是 1 的概率最高,他在

1881 年发表的一篇文章中提到并分析了这种现象。1938 年,美国电气工程师、物理学家法兰克·本福特发现这种现象不仅存在于对数表中,还存在于其他多种数据中,于是,法兰克·本福特查阅了大量数据证实了这一点。法兰克·本福特和西蒙·纽康都从数据中总结出首位数字为 n 的概率公式是:$P(n) = \log_d\left(1 + \dfrac{1}{n}\right)$,其中 d 取决于数据使用的进位制,对十进制数据而言,$d=10$。因此,根据本福特定律,首位数是 1 的概率最大,为 lg2＝0.301,十成中占了三成;首位数是 2 的概率是 lg1.5＝0.176;然后逐次递减,首位数是 9 的概率最小,只有 4.6％。首位数字从 1 到 9 出现的概率分别为 30.1％、17.6％、12.5％、9.7％、7.9％、6.7％、5.8％、5.1％、4.6％。

按照人为规则设计的数据不满足本福特定律。例如,按照某种人为规则设计选定的电话号码、身份证号、发票编号和为造假而人工修改过的实验数据等都不符合本福特定律。正是基于这一点,如果财务数据是经过人为粉饰的,就会与本福特定律相悖。例如康美药业造假案,2018 年该造假案发生后经过多次严格审核,康美药业重新公布了以前的财务数据,因此大家可以认为重新公布的数据是真实可靠的。大家可以看一下重新公布的 2017 年的资产负债表中,期末余额总共有 50 个数据,其中以 1 开头的数据有 17 个,占所有数据的 34％;以 2 开头的数据有 11 个,占所有数据的 22％;以 3 开头的数据有 5 个,占所有数据的 10％;以 4 开头的数据有 4 个,占所有数据的 8％;以 5 开头的数据有 5 个,占所有数据的 10％;以 6 开头的数据有 6 个,占所有数据的 12％;没有以 7 开头的数据;以 8 开头的数据有 2 个,占所有数据的 4％;没有以 9 开头的数据。

因为笔者选取的样本总数只有 50 个,所以不能完美地和本福特定律的数字规律一一对应,但是大家也能看出其大致符合本福特定律。也就是开头数字越小,出现的次数越多;开头数字越大,出现的次数越少。

如果某上市公司的财务报表中的数据明显偏离这个规律，那么数据造假的概率就会很高。

采用这个办法虽然不能精确地判断出上市公司的财务报表是否造假，但是如果某上市公司公布的财务数据严重偏离本福特定律，就应该引起大家的警惕了。

合并资产负债表
2017 年 12 月 31 日

编制单位：康美药业股份有限公司

单位：元　币种：人民币

项目	附注	期末余额	期初余额
流动资产：			
货币资金	七、1	34,151,434,208.68	27,325,140,365.21
结算备付金			
拆出资金			
以公允价值计量且其变动计入当期损益的金融资产			
衍生金融资产			
应收票据	七、4	266,968,670.46	223,922,614.73
应收账款	七、5	4,351,011,323.40	3,095,183,749.30
预付款项	七、6	1,130,340,627.05	720,535,749.50
应收保费			
应收分保账款			
应收分保合同准备金			
应收利息	七、7	47,190,356.13	41,739,589.03
应收股利			
其他应收款	七、9	180,323,027.94	140,131,083.99
买入返售金融资产			
存货	七、10	15,700,188,439.34	12,619,374,963.24
持有待售资产			
一年内到期的非流动资产			
其他流动资产	七、13	651,621,065.23	295,516,209.71
流动资产合计		56,479,077,718.23	44,461,544,324.71
非流动资产：			
发放贷款和垫款			
可供出售金融资产	七、14	6,000,000.00	
持有至到期投资			
长期应收款			
长期股权投资	七、17	517,601,016.04	444,615,921.74
投资性房地产	七、18	1,235,816,793.05	813,208,153.46
固定资产	七、19	6,106,217,529.32	5,919,649,265.52
在建工程	七、20	1,084,519,812.47	241,830,624.01
工程物资			
固定资产清理			
生产性生物资产			
油气资产			
无形资产	七、25	1,963,554,997.75	1,814,943,007.66
开发支出	七、26	29,908,042.65	15,532,544.03

商誉	七、27	552,727,733.31	456,185,916.36
长期待摊费用	七、28	224,411,463.24	203,538,891.38
递延所得税资产	七、29	261,001,505.68	167,292,780.08
其他非流动资产	七、30	261,184,018.87	285,555,147.86
非流动资产合计		12,242,942,912.38	10,362,352,252.10
资产总计		68,722,020,630.61	54,823,896,576.81
流动负债:			
短期借款	七、31	11,370,246,000.00	8,252,339,832.62
向中央银行借款			
吸收存款及同业存放			
拆入资金			
以公允价值计量且其变动计入当期损益的金融负债			
衍生金融负债			
应付票据	七、34	22,010,293.35	64,175,386.42
应付账款	七、35	2,081,584,918.55	1,692,635,566.20
预收款项	七、36	1,727,719,773.75	1,218,840,871.50
卖出回购金融资产款			
应付手续费及佣金			
应付职工薪酬	七、37	107,838,240.46	69,849,882.01
应交税费	七、38	691,950,009.87	533,726,974.61
应付利息	七、39	502,768,572.59	276,182,589.76
应付股利			
其他应付款	七、41	1,603,455,877.02	416,690,314.79
应付分保账款			
保险合同准备金			
代理买卖证券款			
代理承销证券款			
持有待售负债			
一年内到期的非流动负债	七、43	2,500,000,000.00	
其他流动负债	七、44	5,000,000,000.00	7,500,000,000.00
流动负债合计		25,607,573,685.59	20,024,441,417.91
非流动负债:			
长期借款			
应付债券	七、46	8,306,694,177.52	4,888,604,959.65
其中: 优先股			
永续债			
长期应付款	七、47	1,800,000,000.00	
长期应付职工薪酬			
专项应付款			
预计负债			
递延收益	七、51	872,778,707.45	527,723,165.11
递延所得税负债			

其他非流动负债			
非流动负债合计		10,979,472,884.97	5,416,328,124.76
负债合计		36,587,046,570.56	25,440,769,542.67
所有者权益			
股本	七、53	4,974,253,675.00	4,947,223,675.00
其他权益工具	七、54	2,967,700,000.00	2,967,700,000.00
其中：优先股	七、54	2,967,700,000.00	2,967,700,000.00
永续债			
资本公积	七、55	11,613,604,048.12	11,338,752,055.93
减：库存股	七、56	385,985,860.15	139,405,200.00
其他综合收益	七、57	-4,349,636.76	-4,502,838.30
专项储备			
盈余公积	七、59	1,882,478,621.90	1,474,094,193.74
一般风险准备			
未分配利润	七、60	10,985,258,959.65	8,531,708,492.62
归属于母公司所有者权益合计		32,032,959,807.76	29,115,570,378.99
少数股东权益		102,014,252.29	267,556,655.15
所有者权益合计		32,134,974,060.05	29,383,127,034.14
负债和所有者权益总计		68,722,020,630.61	54,823,896,576.81

17. 投资者炒股亏的这些钱，可以找他们赔(1)

近几年,随着监管力度逐渐加强,上市公司虚假陈述的案件频发。其实并不是上市公司这几年犯错太多,正好相反,他们这几年犯错比以前少很多,被频繁曝光和处罚的原因很简单,就是监管越来越严格,导致被查处的案件越来越多。

什么是虚假陈述？证券市场虚假陈述是指信息披露义务人违反证券法律规定,在证券发行和交易过程中,对重大事件做出违背事实真相的虚假记载、误导性陈述,或者在披露信息时发生重大遗漏、不正当披露信息的行为。根据行为方式的不同,虚假陈述可分为四类,即虚假记载、误导性陈述、重大遗漏和不正当披露。

简单地说,就是上市公司对应该披露的事实却没有披露,或者说遗漏了重要的部分,或者说做了虚假的披露,这些都属于虚假陈述,其中投资者听得最多的就是做假账。例如突然发布某重大工程合同,但是事后被证明是虚假的合同,杭萧钢构在 2007 年初与中国国际基金有限公司签订了约 344 亿元的安哥拉安居房工程合同,随后股价大涨,但是一个小国家实际上不可能有这么大的合同需求,在随后的调查中也证明这是一个假合同,杭萧钢构也因此被证监会处罚。

为什么上市公司虚假陈述后需要赔偿投资者的损失？最高人民法院在 2003 年发布的《最高人民法院关于审理证券市场因虚假陈述引发的民事赔偿案件的若干规定》第二十一条明确规定:发起人、发行人或者上市公司对其虚假陈述给投资人造成的损失承担民事赔偿责任。不仅如此,该司法解释也同样规定了实际控制人、证券承销商、证券上市推荐人、专业中介服务机构及其直接责任人等如果有虚假陈述,也同样要承担民事赔偿责任。有了这把"尚方宝剑"在手,投资者的索赔自然就会无往不利。这也是 2000 年之前大家很少听到有索赔事件的发生,而最近这些年各种索赔案件越来越多的原因。

在什么情况下投资者可以向上市公司索赔?大家都知道打官司是很麻烦的事情,而且投资者在面对上市公司和大股东时多数情况下都是弱势群体,在什么样的情况下法院会受理且胜诉概率较高呢?当上市公司已经被中国证监会、财政部出具了行政处罚决定书或者被人民法院认定有罪后,投资者可以以此为依据向各级人民法院提起诉讼,保障自己的合法权益。

当然,并不是所有的投资者都可以获得赔偿,除了需要上市公司本身满足已经被行政处罚或者被判定犯罪之外,投资者也同样需要符合以下特定条件:投资人在虚假陈述实施日及以后,至揭露日或者更正日之前买入该证券;投资人在虚假陈述揭露日或者更正日及以后,因卖出该证券发生亏损,或者因持续持有该证券而发生亏损。这个可能听起来有点复杂,下面通过一个案例来说明。2016 年 12 月 27 日,有一家叫万家文化(现在改名为祥源文化)的上市公司发布公告称,龙薇传媒打算用 30.6 亿元的价格收购万家文化 29.14% 的股份。发布公告后,万家文化的股票一直处于停牌状态,直到 2017 年 1 月 12 日复牌,而后股价从停牌之前的 18.38 元涨到最高 25 元。2017 年 2 月 27 日,因为龙薇传媒收购万家文化股份涉嫌违反证券法律法规,万家文化被证监会立案调查。

在这个案例中,有几个时间点非常重要,万家文化实施虚假陈述的时间点是 2016 年 12 月 27 日,但是该公司股票当时一直处于停牌的状态,直到 2017 年 1 月 12 日才复牌,而 2017 年 2 月 27 日就发布公告称被证监会立案调查。所以在2017年1月12日至2017年2月27日之间买入这只股票的所有投资者,都可以向上市公司索赔!

可能有人会有疑问,在2016年12月27日之前买入股票的投资者和2017年2月27日之后买入的投资者为什么不能索赔呢?2016年12月27日之前,该公司还没有做出虚假陈述的行为,因此不能索赔。而2017年2月27日之后,由于证监会已经宣布对该公司立案调查,那么该公司的违法违规行为已经被大众所知,在这种情况下仍然坚持去买入该公司的股票,就表示投资者已经认可了它的违法违规行为不会影响投资者的具体操作,因此也不能获得任何的赔偿。

在满足条件的情况下,如何索赔?当证监会或者财政部已经对上市公司出具行政处罚决定书或者人民法院认定其犯罪之后,投资者就可以向人民法院提出诉讼,大多数情况下,投资者可以委托律师来进行诉讼。目前也会有很多律师在向社会征集集体诉讼,投资者可以自行选择律师委托。

不过还有一个细节是需要注意的,就是诉讼时效问题。《最高人民法院关于审理证券市场因虚假陈述引发的民事赔偿案件的若干规定》第五条规定:投资人对虚假陈述行为人提起民事赔偿的诉讼时效期间,适用民法通则第一百三十五条的规定,根据下列不同情况分别起算:(一)中国证券监督管理委员会或其派出机构公布对虚假陈述行为人作出处罚决定之日;(二)中华人民共和国财政部、其他行政机关以及有权作出行政处罚的机构公布对虚假陈述行为人作出处罚决定之日;(三)虚假陈述行为人未受行政处罚,但已被人民法院认定有罪的,作出刑事判决生效之日。因同一虚假陈述行为,对不同虚假陈述行为人作出两个以上行政处罚;或者既有行政处罚,又有刑事处罚的,以最先作出的行政处罚决定公告之日或者作出的刑事判决生效之日,为诉讼时效起算之日。

《民法典》第一百八十八条规定,向人民法院请求保护民事权利的诉讼时效期间为三年。法律另有规定的,依照其规定。涉及虚假陈述的诉讼时效通常为三年,符合条件的,只有少数案例败诉。大家可以去翻看一下自己的股票交易记录,有没有遇到这种被侵害的情况,而且真的别把打官司想得太复杂,这种赢面很大的案子,只需要委托给律师就可以了。据不完全统计,祥源文化涉及证券虚假陈述责任纠纷案件 540 多起,涉讼金额大约 5770 万元,最后有 270 起原告投资者一审胜诉获赔约 1700 万元,16 起原告二审胜诉获赔 486775.72 元。因此,只要符合条件,基本上没有败诉的案例,但是时间可能会拖得比较久,会持续 1 到 2 年的时间,让上市公司掏钱赔偿,必要的程序还是要走的。

18. 投资者炒股亏的这些钱，可以找他们赔(2)

上一篇文章向大家解释了当上市公司发生虚假陈述之后，投资者可以向上市公司索赔的情况。接下来说说在交易过程中出现亏损而索赔的一种情况，以下讲述的索赔目标是证券公司。

证券公司是提供中介服务的机构，是投资者与交易所之间的桥梁，大多数情况下，证券公司都会按照证监会的既定规则与法规从事经营。投资者是投资的主体，需要为自己的投资行为承担责任与后果，但是在某些特殊情况下，投资者的投资发生了损失，是可以向证券公司索赔并且获得支持的。

场景一：信息系统出现故障

目前大多数投资者都是通过网上交易的模式来进行投资的，因此证券公司的软件信息系统的稳定性就尤为重要。现在经常可以看到券商在软硬件上投入巨资，就是为了保证交易的稳定性。但是系统出现问题仍然时常发生，例如，2020年4月20日，湘财证券和渤海证券的交易系统就出现故障，影响了投资者的正常交易。

在这种情况下，根据《证券期货业信息安全事件报告与调查处理办法》，证监会会对券商进行处罚。而投资者也可以在发现系统故障并且影响自己交易的第一时间联系所开户的营业部，按照人工方式报单，留下委托信息并且做好相关信息固定工作，便于后续的索赔。

例如，某客户计划以当时市场价格10元卖出所持有的股票，但是因为信息系统故障无法交易，应该立即联系开户的营业部，并且用录音、录像等方式记录下自己的诉求。如果未来股票实际卖出的时候与当时的市场价格存在差价,这个差价是可以向券商索赔的,而且大多数提出赔偿的投资者都获得了券商的及时赔偿。但是实际上提出索赔的客户只占极少数,大多数投资者放弃了自己的权利。

场景二:券商工作人员失误

投资者有时候也会因为券商工作人员的失误,遭受一些实际的损失。例如,开户前和证券公司的员工协商好佣金按照万分之二收取,但是很可能因为他们工作交接,佣金没有被调整而是按照千分之三收取,是原来的 15 倍。某营业部就曾经发生过这种情况,一位客户在过去的几年时间内被多收了 30 余万元的佣金。

在大多数情况下,营业部经理处理此类事件不积极,或者提出佣金再次调低,用这个差价来补偿,如果您仔细计算后就会发现,这个差价可能需要几十年才能补回来。证券公司拒绝直接补偿的原因有以下几种:①多年前的收入难以调账;②存在税费的问题;③存在前任领导责任。在这里也提醒大家,在证券公司开展的业务,一定要保留好业务凭据,不要轻易相信口头承诺,避免发生纠纷时无法保障自己的权益。

场景三:工作人员的违规操作

在证券公司最常见的违规操作就是工作人员给客户推荐股票导致亏损。根据现行业务规则,给客户提供投资建议是投资顾问的职责,其他人员是不能向客户提供咨询服务的。在实际工作中,与客户接触最多的是客户经理,他们很多时候为了让客户多做交易而使自己能获得更多佣金提成,会不自觉地向客户推荐股票,这种行为就是典型的违规行为。

除此之外,代理客户理财也是比较典型的违规操作。《证券法》规定,证券公司的员工不能接受客户的委托理财。在实际生活中,这类操作更多的是发生在经纪人身上,投资者大多数情况下会自认倒霉,但是如果对方的身份是客户经理而不是经纪人,那就不一样了,客户经理属于公司的正式员工,是可以索赔的。

为什么向经纪人索赔很困难,但是向客户经理索赔会容易得多呢?因为证券经纪人和证券公司之间属于委托合作关系,双方并没有签订劳务合同,经纪人是受证券公司的委托对外开展业务。但是客户经理本身就是证券公司的员工,双方属于雇佣关系。当因委托理财产生损失时,如果对方是经纪人,那只能由经纪人自身来承担赔偿责任。而客户经理作为证券公司的员工,如果给客户造成损失,客户可以向证券公司提出索赔,虽然损失不可能全部挽回,但是得到的赔偿会多一些。

在以上特殊的场景下,投资者都是可以向证券公司提出索赔的,具体的索赔方式是一样的。应在掌握充分证据的基础上向证券公司提出索赔,如果对方拒绝,可以向中国证监会或者当地证监局投诉,多数情况下都可以得到解决。

19. 退市了是否应该赔偿投资者?

随着退市新规和注册制的逐步实施,现在退市的公司越来越多。以往十多年也没有几家公司退市,现在一年动辄就有十几家公司甚至更多公司退市。当上市公司退市之后,有很多投资者提出:应该由上市公司对投资者的损失进行赔偿。投资者的这种说法有没有道理?上市公司是否应该对投资者的损失进行赔偿呢?

这个观点笔者只赞同一半。为什么呢?如果上市公司出现了财务造假、虚假陈述、违规披露等情况,最终导致上市公司退市,那么这是上市公司发生侵权行为在先,给投资者造成了损失,进行赔偿是应该的,也是合理的。

但是如果投资者本人高价买入而导致亏损,上市公司本身没有违规,也没有造假,完全是因为经营不善或者技术落后无法满足社会需求而导致企业的主营业务无法继续,失去了持续经营的能力,是不需要赔偿的。投资有风险,这句话是实实在在的,总不能说赚钱了是个人的本事,亏钱了就怨上市公司,这种说法无论在理法上还是在人情上,都是站不住脚的。

当然,也有可能在预料到企业经营不善,无力回天之后,大股东清仓式减持造成股价大跌,然后企业因为触发了退市规则中的相关条款而导致退市。这种情况下,是否应该赔偿投资者呢?笔者相信大多数投资者对大股东的减持是深恶痛绝的,所以一定会支持索赔。可是在这种情况下,应该由谁来赔偿?由上市公司赔偿吗?很显然是不合理的,因为卖股票的不是上市公司,投资者认为自己遭受损失是侵权行为导致的,可是上市公司并不是侵权主体,这种赔偿要求无法获得支持。那是否可以向大股东要求赔偿呢?当然也不行。只要股东是按照规则进行的减持,就没有理由阻止,哪怕对方是清仓减持,也同样如此。一般情况下,股东减持上市公司的股份有两个原因:一是股东因为资金需求必须减持,这种情况下不管卖股票的限制有多严格,股东都要卖掉股票来还债。二是股价太高,这就更没办法了,股东觉得划算就卖掉,散户觉得低就会去买,这个本来就是买卖双方对企业价值理解的不同,不能说一个人认为股价低了就不让卖。投资者需要明白股东的想法,大多数情况下,大股东比散户更了解公司的市值,这一点没人会否认吧?

2015年7月初,笔者到一家上市公司参观,当时公司股价刚刚发生了连续6个交易日的跌停,笔者问公司的董秘:"你们自己觉得股价如何?"他沉思片刻说:"还是贵了,再跌一半可能就差不多。"后来这家公司的股价真的跌到比2015年7月初的一半更低的价格,这是巧合吗?

其实大多数散户对向上市公司索赔是没有信心的,这反而是不对的。目前所有的索赔通道都是畅通的,完全可以通过起诉来进行,而且程序并不复杂,胜诉率也很高,费用也不高。可是为什么大量的投资者不去起诉呢?非要在私下里抱怨,在网上发帖怒骂上市公司和大股东。投资者宁愿放弃权益也不去索赔,只是因为觉得麻烦吗?这是什么道理呢?

目前对于索赔,券商有先行赔付的义务,如果是造假上市,就由券商负责先赔付。例如,万福生科造假上市,后期是平安证券垫付了所有的赔偿款;欣泰电气造假上市,后期是兴业证券垫付了所有的赔偿款,等等。

请各位投资者炒股亏了钱,不要总是抱怨上市公司、抱怨证监会,多从自身找原因。

20. 遇到股票连续跌停怎么办？

每一位投资者最害怕的就是自己手中的股票跌停,而比这更糟糕的是手里的股票出现了连续跌停,很可能一连数日都无法卖出,眼睁睁地看着资产不断地缩水。有没有办法解决这个问题呢？答案是肯定的,虽然不是每一次都有效,但很多时候是完全可以做到的。

例如,2020 年 10 月和 2021 年 4 月,中潜股份曾经两次出现了连续跌停的走势,每一次都让持有这只股票的投资者欲哭无泪(完全没有任何成交量,卖也卖不出去,只能眼看着自己的资产缩水)。但是如果投资者能熟练掌握相关业务的规则,就完全有机会避开。

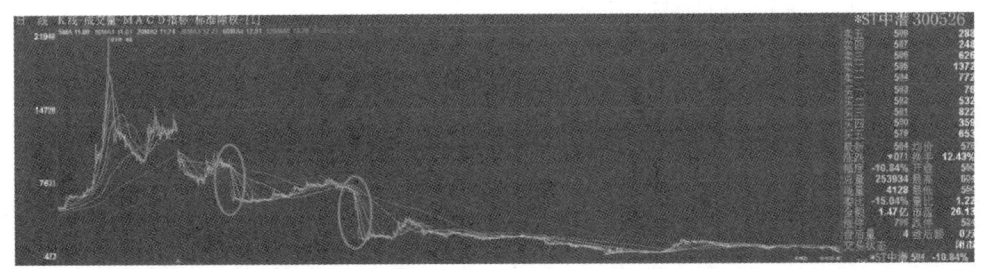

首先,投资者需要确定自己想卖出的股票属于什么指数,这在一些行情软件或者公开的数据中是可以查到的,如中小创新指数、中证民企指数、中证全指、中证 1000、深证 700、深证 1000、创业 300 等。知道了属于以上哪类指数,接下来投资者就需要去查询对应的交易型开放式指数证券投资基金(exchange traded fund,以下简称 ETF),简称"交易型开放式指数基金",又称"交易所交易基金"。这个数据在很多财经网站上都可以查到。例如,某只股票属于中证 1000 指数(中证 1000 指数是由中证指数有限公司编制的,其成分股由中证 800 指数样本股之外规模偏小且流动性好的 1000 只股票组成,与沪深 300 和中证 500 等指数形成互补。中证 1000 指数成分股的平均市值及市值中位数较中小板指、创业板指、中证 500 指数都更小,更能综合反映沪深证券市场内小市值公司的整体状况),在网站上搜索之后,就可以发现很多基于中证 1000 指数的基金,大家可以随意选择一个。

这里以南方中证 1000ETF(代码 512100)为例进行介绍。首先投资者需要准备 100 万元的现金(不够的话可以找别人临时借一下),然后利用证券公司提供的专用 ETF 交易软件,同步按照权重买入中证 1000 对应的其他 999 只股票,然后和投资者手中的中潜股份配对,向基金公司申请转换基金份额。在这个时候投资者就获得了市值 100 万元的中证 1000 基金,立刻卖出这只基金使资金回笼,然后再次用专用 ETF 交易软件同步买入中证 1000 对应的其他 999 只股票,循环操作。每进行一次循环操作,投资者手里拥有的中潜股份就会按照一定的比例被换成基金抛出。由于指数权重的关系,每次操作可能只有几十股中潜股份被卖出,但是这个交易都是即时(T+0)的,也就是说投资者可以快速地重复操作,每天操作几十次甚至几百次都没有问题。此外,这些操作是可以通过软件设置自动进行的,无须人工干预,投资者唯一需要做的就是在交易之前请证券公司的工作人员协助做一些设置工作。

当然这么做,投资者还是会有一定的损失,因为大量的高频交易,投资者要缴纳比较多的证券交易手续费,但是这种操作是买入股票卖出基金,因此是不收取印花税的。而股票交易佣金可以向证券公司申请到万分之一左右,所以这个损失是完全可以接受的,因为中潜股份是创业板的股票,股价一个跌停就是20%。

笔者认为,交易规则是投资者的朋友,即使是在股价涨跌最不利的情况下,熟练掌握交易规则能帮到投资者,连续跌停的时候利用ETF基金降低损失,就是很好的案例。当然,这种操作也不是百试百灵,因为当股价出现连续跌停的时候,基金公司出于保护基金持有人利益,很可能会暂停这只股票的换股,采用现金替代。但是如果投资者在基金公司发布公告之前进行操作,是有机会降低损失的。

四、看好"钱袋子"

1. 股票交易成本究竟有多高？

炒股的人都很关注股票的交易成本，那么现在股票交易成本（手续费）到底是多少呢？其实股票交易成本包括佣金、印花税、过户费、其他费用。

佣金是指投资者付给证券公司的通道费用，也是证券公司的收入来源之一。现行收费标准是不高于成交金额的千分之三，而且是双边收取，也就是买卖双方都会收取。关于这个收费，其实存在较大的议价空间，现在不同的证券公司存在不同的收费标准。例如，某互联网券商公开宣称开户佣金按照成交金额的万分之二点五收取；某些大型券商只要客户没有单独提出要求，基本上还是默认按照万分之五至万分之八收取。当然，笔者也见过收费特别高的券商，如果客户默不作声，他们会默认客户没有要求，直接按千分之三收取；如果客户发现了，他们会说客户未申明，同时他们并没有违反规定，客户只能吃亏。

笔者朋友所就职的一家公司就曾经出现过业务差错，一位资产约200万元的客户在开户的时候，办事人员忘记调整佣金率，一直按照成交金额千分之三的上限收取，8年后才发现多收了客户30万元的佣金。所以大家如果之前从未注意过佣金收取标准，可以检查一下自己的收费情况，用佣金金额除以成交金额，就可以得到交易佣金率了。如果觉得收费比例过高，可以到证券公司要求降低，如果无法降低到客户满意的程度，换一家券商开户是最好的选择，因为没有哪个券商会拒绝一个新客户。

印花税是国家收取的,标准是成交金额的千分之一,2023 年 8 月调整为成交金额的万分之五,卖方缴纳买方不交。

过户费是根据中国证券登记结算有限责任公司的最新规定,按照成交金额的十万分之二收取的,而且是买卖双方都收。这个收费标准经历过很多次的变革,早期是按照成交股份面值的千分之一收取,当时只有上交所收取这项费用,深交所不收。后来是按照成交股份面值的万分之六收取,直到 2015 年中国证券登记结算有限责任公司统一了标准,按照成交金额的十万分之二收取,且上交所和深交所的股票都按此标准收取,此标准延续到现在。新标准显然对低价股有利,对高价股不利。例如某只股票股价为 2 元,某客户买了 10000 股,成交金额是 20000 元。假设佣金率是 0.025%,佣金会收取 5 元,按照之前的标准,过户费会收 20 元(优惠后是 12 元)。过户费比佣金收取得都要高。按照新标准,只收 0.4 元,确实是降低了费用。

如果某客户买的是高价股,假设面值为 1 元的股票买了 10000 股,现在的价格是 1800 元/股,佣金率同样按照 0.025% 计算,要收取 4500 元,按照以前的标准,过户费要收 10 元(优惠价格为 6 元),而按照新标准是 360 元。

还有一个细节,现在各个券商在向客户收取佣金的时候,两个交易所做了不同的处理。客户买卖上交所上市的股票时,过户费是独立在佣金之外的,总的收费构成为:佣金+印花税(卖出收取)+过户费;客户买卖深交所上市的股票时,过户费包含在佣金之内,总的收费构成为:佣金+印花税(卖出收取)。

至于其他费用主要是看各个券商的收取标准,目前委托费、撤单费等费用都已经取消了,如果客户在交易明细中还看到类似的收费,那这家券商的收费标准就真的太高了,客户应该考虑换一家券商。

2. 分红以后钱变多还是变少了？

随着证监会不断提倡上市公司分红，上市公司已经开始逐渐改变，越来越多的上市公司开始分红。但是经常有人发现，自己的钱在分红之后变少了，这是怎么回事呢？

有投资者问："我的美盈森股票昨天10股派3.33元，本以为可以获得更多的资金，可是今天一看昨天股价跌了很多而且还扣了税，反而亏了6个点。"这是为什么呢？

首先要来了解一下什么是分红？分红是股份公司在盈利中每年按股票份额的一定比例支付给投资者的红利，是上市公司对股东的投资回报。上市公司分红一般有送股分红和现金分红两种。上市公司可根据情况选择其中一种形式进行分红，也可以两种形式同时使用。

当上市公司送股分红时需要对股价进行除权，现金分红时需要对股价进行除息。分红对象为权益登记日持有上市公司股票的股东。沪深证券交易所在除权除息日开市前，以该股前日收盘价为基准计算出该股的除权除息价，作为该股当日开盘的参考价。

接下来我们看几个例子：

例如，美盈森在股权登记日的收盘价为4.91元，第二天股价收盘为4.67元，直观来看损失了0.24元/股（4.89%）。那一天究竟发生了什么呢？股票交易除权有一个基本原则，叫除权前后市值相等，也就是除权之前和除权之后的市值要相等。假设当时买入了1万股，那么总市值

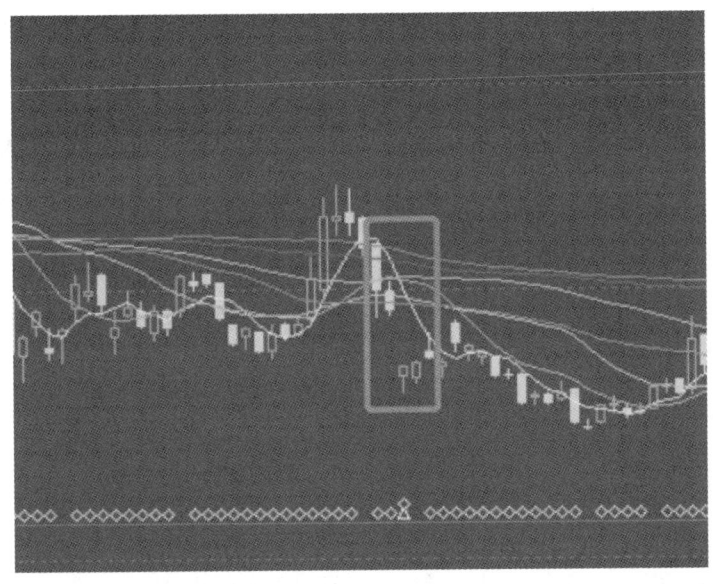

应该是 49100 元。除权之后,每 10 股派发 3.33 元红利,所以应得的红利是 3330 元。除权日的前收盘计价是 4.58 元,因此 1 万股市值为 45800 元,加上派发的 3330 元现金,总和为 49130 元。只多出来 30 元?

再看一个例子,假设某人买进 A 公司股票 1 万股,股价 4 元,每股分红 0.067 元,在除权之前股票市值是 4 万元,分红之后股价变成了 3.93 元,加上分红 670 元,市值变成了 39970 元,还少了 30 元?

这就涉及股票除权前后市值相等这一基本原则,所以在除权后计算次日参考前一天收盘价的时候,需要减去分红派息的金额。在第一个例子中,每股分红派息是 0.333 元,原来的股价是 4.91 元,所以股价变成了 4.577 元(4.91-0.333)。但是股票的报价最小单位是分,所以必须四舍五入,就变成了 4.58 元,多出来的 30 元刚好是 1 万股的差价(4.58×10000-4.577×10000)。如果买的是 1000 股而不是 1 万股,那就会多出来 3 元。

在第二个例子中,股价是 4 元,除权之前市值是 4 万元,除权之后第二天早上开盘之前的前收盘参考价应该是 3.933 元(4-0.067)。因为股票报价最小单位是分,所以要四舍五入,就变成 3.93 元,市值就变成 39300 元。然后加上分红的 670 元,总和为 39970 元,就少了 30 元。

在分红的时候还需要考虑到扣税的问题,国家为了鼓励大家长期投资,现在有一个差异化的税收政策。因为股息分红属于投资所得,根据税法是应该缴纳个人收入所得税的,而税率为股息部分的 20%。而差异化缴税是由持股时间长短决定的,现行规定为:持股时间小于一个月,按 20% 税率缴纳;持股时间大于一个月小于一年,按 10% 税率缴纳;持股时间大于一年,免征。

为什么在最开始的例子中投资者说被扣税,就是因为持股的时间太短(没有达到一年),因此被扣税。如果购买的是 10000 股股票获得的 3330 元股息,而且从买入到卖出的时间小于 1 个月,那么应该缴纳的税款为 666 元,最后个人实际获得股息是 2664 元,加上股票市值 45800 元,还剩 48464 元,相比之前 49100 元的市值,减少了 636 元。这就是为什么他会觉得自己的钱变少了。

当然,实际上他的钱并没有减少。因为第二天的收盘价是 4.67 元,如果还是那 10000 股股票,股票的市值是 46700 元,加上 2664 元扣税之后的股息,总市值变成了 49364 元,比前一天的 49100 元多出来 264 元。股票看起来下跌了 4.89%,实际上按照 4.58 元的前收盘参考价,是上涨了 1.97%。这就是为什么股票走势图看上去显示下跌,实际上钱多了。

因此,分红前后,其实股民的总市值加现金(指的是现金分红部分,如果没有现金分红,则没有这部分)是基本不会发生变化的。如果股民持股不满一年,分红就需要缴纳红利税,持股在一个月以上一年以下,需缴纳 10% 的红利税,持股若不满一个月,则需缴纳 20% 的红利税。那么很多做短线投资的股民,买进来之后,假设股价没有上涨,他的账户上现金加股票市值并没有改变,持有一两天卖出后,分红还要补扣 20% 的红利税,就会造成亏钱。

3. 10 送 10、10 转 10、10 派 10 分别是什么?

大家在看上市公司年报的时候,经常会看到年度分配方案里有类似 10 送 10、10 转 10、10 派 10 之类的表述,它们分别代表什么意思呢?

所谓送,是指上市公司向股东赠送股份,通常被当作上市公司向投资者分配股利的一种形式。从上市公司角度来说,送股是将上市公司的留存收益转入股本账户,留存收益包括盈余公积和未分配利润,上市公司一般只将未分配利润部分进行送股。从投资者角度来说,只会感觉自己股票账户内的股票数量有所增加。10 送 10,第一个数字 10 表示每 10 股,第二个数字 10 表示赠送的数量。所以 10 送 10 的意思就是投资者每持有 10 股股票将会获赠 10 股股票,如果原来投资者有 1000 股股票,在执行 10 送 10 之后将会有 2000 股股票。

所谓转,是指转增股票。转增股是上市公司将资本公积以股本的方式赠送给股东。资本公积是指直接由资本原因形成的公积金,如超过票面价额发行股份所得的溢价额、公司财产重估增值、接受捐赠的资产价值等。绝大多数上市公司的资本公积的来源都是溢价发行股票所得。例如,某上市公司以 10 元价格发行了 1 亿股面值为 1 元的股票,发行之前总股本为 1 亿股,发行后变成 2 亿股。由于这部分股票面值是 1 元而发行价是 10 元,那么多出来的 9 元就叫作溢价。本次发行的总溢价就是 9 亿元,这 9 亿元就会被记到公司的资本公积科目下。而公司总股本现在是 2 亿股,那么每股资本公积就是 4.5 元。类似某房产原值 1 亿元,现在经过评估后价值变成 10 亿元,多出来的 9 亿元也同样会被计入资本公积科目。

具体执行的时候把资本公积转到"实收资本"或者"股本"账户,并按照投资者所持有的公司股份份额比例分别发放到各个投资者的账户中,以此增加每个投资者的投入资本。从投资者的角度来看,也只会看到自己账户中的股票数量增加。10 转 10,第一个数字 10 同样表示每 10 股,第二个数字 10 表示将会获赠 10 股股票,所以 10 转 10 就是每持有 10 股股票将会获得新的 10 股股票,10 转 5 就是每持有 10 股股票获得新的 5 股股票,以此类推。

所谓派,是指派发现金股利,也就是进行现金分红。第一个数字 10 表示每 10 股,第二个数字 10 表示每 10 股会获得的现金。10 派 10 是指每持有 10 股股票会派发 10 元现金,那么 10 派 5 就是每持有 10 股股票会派发 5 元现金,10 派 2 是每持有 10 股股票派发 2 元现金,以此类推。

从严格意义来说,送股实质上是指将公司的留存收益转入股本账户,而转增股本则是将资本公积转入股本账户。股本、未分配利润、资本公积、盈余公积同属股东权益类账户,都是公司的净资产,归投资者所有。也就是把股东自己的东西拿来送给股东,经过送股、转增股本后,上市公司的股东权益并没有改变,更不会影响公司的总资产、总负债。可见,送股、转增股本的行为只是会计上的转账而已。所以无论是送股还是转股,都不能被列入上市公司的利润分配方案中,不过是一种将股份拆细的行为而已。但是长久以来这两种行为都被大家判定为是对股东的利益补偿,这也是没办法的事。

打个比方,就像家里买了一整块排骨,原本是一整块直接吃掉,现在通过送股和转股的方式把整块排骨剁成小块然后吃掉,可是吃掉的排骨并没有因为剁碎而增加了,总量是不变的。

如果投资者细心观察的话,会发现以前送股是非常流行的,但是随着时间的推移,近几年几乎看不到送股,全都变成转股,这是为什么呢?

国家税务总局
State Taxation Administration

请输入关键字　Q搜索

本站热词：退税减税 个税 增值企业 发票

总局概况　信息公开　新闻发布　税收政策　纳税服务　税务视频　互动交流

国家税务总局关于股份制企业转增股本和派发红股征免个人所得税的通知

国税发〔1997〕198号

全文有效　成文日期：1997-12-25

字体：【大】【中】小　打印本页

近接一些地区和单位来文、来电请示，要求对股份制企业用资本公积金转增个人股本是否征收个人所得税的问题作出明确规定。经研究，现明确如下：

　　一、股份制企业用资本公积金转增股本不属于股息、红利性质的分配，对个人取得的转增股本数额，不作为个人所得，不征收个人所得税。

　　二、股份制企业用盈余公积金派发红股属于股息、红利性质的分配，对个人取得的红股数额，应作为个人所得征税。

各地要严格按照《国家税务总局关于印发〈征收个人所得税若干问题的规定〉的通知》（国税发〔1994〕89号）的有关规定执行，没有执行的要尽快纠正。派发红股的股份制企业作为支付所得的单位应按照税法规定履行扣缴义务。

　　根据《国家税务总局关于股份制企业转增股本和派发红股征免个人所得税的通知》的规定，上市公司进行利润分配是需要缴税的。送股和派现金都是从未分配利润科目划出，因此都需要缴税。缴税费率按照持有时间而定，如果持有时间小于等于一个月，需要缴纳20％的个人所得税；持有时间在一个月以上一年以下，需缴纳10％的个人所得税；超过一年则不需要缴纳个人所得税。送股是按照送股的面值缴税，例如，某只股票10送10，即原来持有1000股股票，现在变成2000股股票，新增加的1000股股票需要缴纳200元的个人所得税，也就是送股之后每股的成本会增加0.1元。

　　同样根据《国家税务总局关于股份制企业转增股本和派发红股征免个人所得税的通知》的规定，股份制企业用资本公积金转增股本不属于股息、红利性质的分配，对个人取得的转增股本数额，不作为个人所得，不征收个人所得税。这就是上市公司不送股而转股的重要原因之一，其实是为了迎合投资者喜欢送股而不愿意缴税的心理，配合炒作而已。

4。 股价低于净资产就不会下跌了吗？

每当股市行情低迷的时候,总有人喜欢拿净资产说事,他们觉得股票已经严重下跌了,比净资产还低,要赶紧买进。

多年前,笔者在电视台参加节目制作的时候遇到一位嘉宾,这位嘉宾在演播台上向广大观众说,股价低于每股净资产＋每股未分配利润＋每股公积金的总和,这种股票属于严重低估,所以应该马上买进。她的错误观点却得到了很多人的认同,甚至在不少网络论坛和股吧里都能找到类似的观点。

净资产是企业总资产减去总负债之后的净额,所以未分配利润和资本公积等都包含在其中。事实上现在股市里最容易跌破净资产的股票有两类,一类是银行股,另一类是周期性的股票(例如钢铁股和有色金属股)。

银行股本身就是负债经营的模式,和普通的企业不同,银行的资产负债率通常为90%甚至更高。普通企业如果资产负债率超过70%,已经达到警戒线了,但是银行的资产负债率低于90%,反而说明它们的揽储能力不够好。因为银行的经营模式是吸收储户的存款,然后将存款放贷出去,新的存款又形成新的贷款,银行赚取中间的利差。

从这个经营模式来看,银行属于典型的用负债赚钱,普通的企业则是通过资产赚钱,因此用净资产来衡量普通工商企业的投资价值是合理的,但是用来衡量银行的价值是不合理的。

而周期股的特性则不同,周期股的业绩会跟随行业周期的变动出现上下波动。当行业处于景气周期的时候,企业的盈利会非常好,股价大幅度上涨。当行业处于下降周期的时候,企业的盈利下滑,甚至可能会出现巨额亏损。最典型的案例就是2007年上市至今的中远海控,经过了两次非常完整的周期。在每一次下降周期,企业的盈利都非常糟糕,甚至还出现因业绩太差险些退市的尴尬局面,幸亏大股东及时施以援手才避免退市。

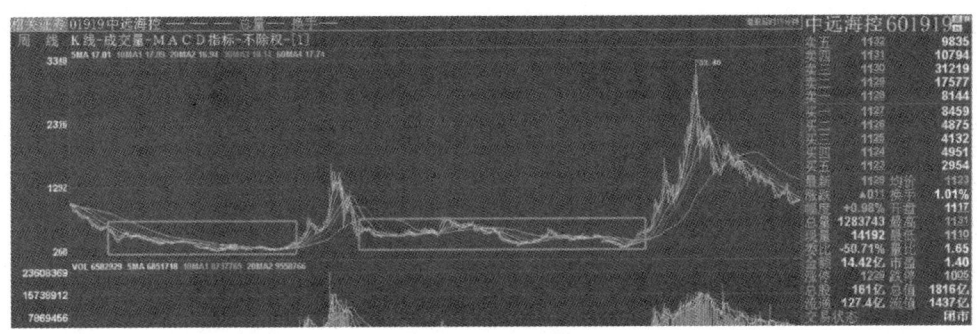

在这个过程中,不难发现有几次股价已经跌到低于净资产,持续巨亏导致净资产一再降低,因跌破净资产而买入的投资者也会遭受较大的亏损,好在这家企业的股东背景强大、资金雄厚,使得企业顺利走出下降周期并且在景气周期的时候赚得盆满钵满。

可惜并非所有的周期股都能这么幸运,例如,以养殖为主的雏鹰农牧就没有这么好的运气。这家企业在2016年之前还是很景气的,也是不少机构重点推荐的对象。但是当养殖行业进入下降周期的时候,雏鹰农牧未能及时挽回下降趋势,持续不断的扩张导致了巨大的成本压力,最后甚至出现了养殖动物惨遭饿死的悲剧。

每股指标	20-12-31	19-12-31	18-12-31	17-12-31	16-12-31	15-12-31	14-12-31	13-12-31	12-12-31
基本每股收益(元)	-0.7731	-0.7749	-1.2325	0.0100	0.2700	0.0700	-0.1900	0.0885	0.3543
扣非每股收益(元)	-0.9200	-0.9500	-1.2400	-0.1000	0.1900	0.0200	-0.3442	0.0408	0.5571
稀释每股收益(元)	-0.7731	-0.7749	-1.2325	0.0100	0.2700	0.0700	-0.1900	0.0885	0.3543
每股净资产(元)	-1.2139	-0.4331	0.3423	1.5833	1.6266	4.2045	2.8457	2.4520	3.9815
每股公积金(元)	0.1857	0.1935	0.1940	0.1824	0.1752	2.5277	1.3275	0.6277	1.6043
每股未分配利润(元)	-2.4633	-1.6902	-0.9154	0.3371	0.3877	0.5565	0.3976	0.6917	1.1966
每股经营现金流(元)	0.0104	-0.0351	-0.2659	0.0243	0.5744	-0.2614	-0.1606	0.2747	-0.1702
成长能力指标	20-12-31	19-12-31	18-12-31	17-12-31	16-12-31	15-12-31	14-12-31	13-12-31	12-12-31
营业总收入(元)	1.517亿	8.518亿	35.56亿	56.98亿	60.90亿	36.19亿	17.62亿	18.68亿	15.83亿
归属净利润(元)	-24.24亿	-24.29亿	-38.64亿	4519万	8.334亿	2.204亿	-1.895亿	7562万	3.027亿
扣非净利润(元)	-29.75亿	-29.64亿	-38.77亿	-3.053亿	5.571亿	1868万	-3.208亿	3489万	2.975亿
营业总收入同比增长(%)	-82.19	-76.04	-37.60	-6.44	68.28	105.43	-5.70	17.99	21.78
归属净利润同比增长(%)	0.23	37.13	-8650.78	-94.58	278.09	216.34	-350.54	-75.02	-29.38

由于没有资金雄厚的股东持续提供资金支持,导致资金链断裂,最终雏鹰农牧被勒令退市。2015 年,雏鹰农牧每股净资产在 4 元左右,如果此时因为股价跌破净资产而买入就是错误的做法。之后企业持续亏损导致其净资产不断减少,直到最后成为负数,而股价在临近退市的最后一天只剩下 0.15 元。

所以说,股价低于净资产并非已经到了买进的时候,各位投资者需要根据具体原因进行分析来确定,才能保证投资立于不败之地。

5. 股票破发是怎么回事？

股市里以前有一个神话叫新股不败。近几年出现不少公司的股票在上市后就跌破了发行价(即破发)，甚至有些比较极端的案例，上市当天就跌破发行价，导致这个神话被多次打破。例如，百济神州于 2021 年 12 月 15 日在 A 股挂牌上市，当时发行价高达 192.6 元，上市第一天就跌破发行价，直到笔者写作这本书稿之前仍然没能涨回去。

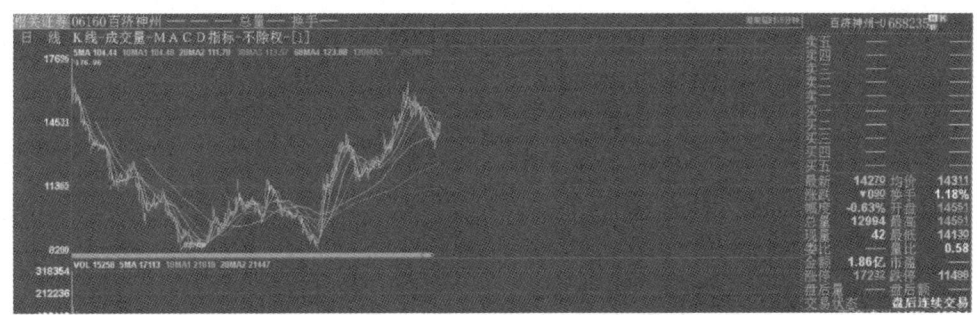

发行价太高容易破发，这个大家还比较好理解，但是有些公司发行价并不算很高同样也破发，而且是上市第一天就破发，这就让投资者非常费解。例如，信科移动发行价为 6.05 元，上市第一天收盘价只有 5.85 元，而且股价长期在发行价之下，半年后股价才涨至发行价之上。

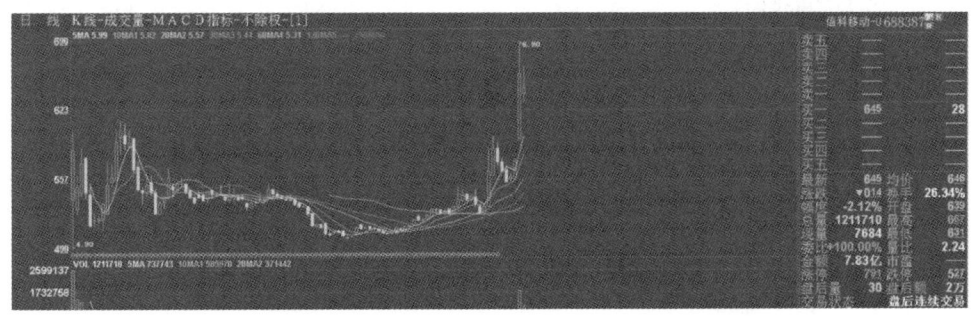

如果说这些公司业绩太差导致破发，相信大家也能理解，但是银行的盈利非常好，浙商银行上市后股价长期处于发行价以下，这就让多数投资者无法理解了。

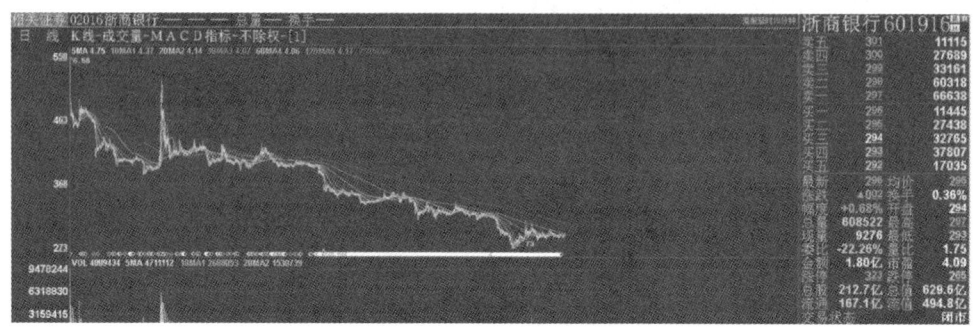

浙商银行发行价为4.94元，上市后立即跌破了发行价，并且几年时间过去了，丝毫没有要回本的趋势。这种现象让不少投资者都很疑惑，究竟原因是什么呢？下面来探讨一下。

首先说发行价过高的问题，现在股票发行价是经过机构询价之后得出的，机构愿意报价也就是愿意以这个价格来认购股票。因此从机构的角度来说，它们是认可这个发行价的，而出现跌破发行价的情况就表示大多数投资者对发行的价格不认可。询价过程是在担任承销的券商指导下进行的，因此各券商出具的投资研究报告对于机构的定价就有非常重要的参考意义。所以如果券商的投研报告认为公司的投资价值很高，必然会影响机构的报价行为。由此不难得出结论，券商的研究机构对上市公司的估值偏高。

有时候券商自己也是受害者，因为很多公司在发行的时候券商除了跟投还会包销一些弃购的股份。例如，中信证券就曾经跟投成大生物90.9万股，发行价格为110元，到笔者完成书稿之际，股价仍不到34元，浮亏接近7000万元，这还没算资金成本的利息！

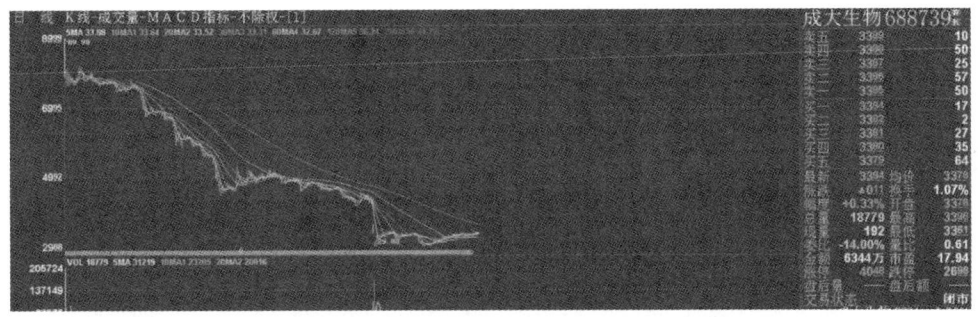

当出现部分股票破发之后,准上市公司也不会停止发行自己的股票,只会降低发行价。只有降到发行人无法接受的价格时,宁可不发行也不愿意低于发行价,这时才会停止发行新股。

这里也许有人会问,如果散户都不申购,是不是就无法发行新股了?并不是,就算散户不买,机构和基金也会买,再不济保荐机构也会根据承销协议包销,大家不要以为这种情况没有发生过,当初南方证券因为哈药定增发不出去而包销,结果成了哈药的大股东。

破发是一种市场行为,必然有它的合理性。在证券市场上要记住:不要因为股价便宜和破发就去买。

为什么你用技术分析炒股总是亏？(1)

经常听到有投资者抱怨自己炒股总是亏(绝大多数投资者都是用研究 K 线图的方式来炒股的)，每当炒股发生亏损时，不少投资者会抱怨是自己技不如人，因此，有的投资者四处拜访名师，有的投资者买了很多"大师"的书籍，还有的投资者花重金买炒股软件，甚至有的投资者以每个月数万元的价格缴费给那些媒体上的"大师"。可是最后的结果往往都让他们失望，不但炒股继续亏损，还额外增加了学费，有些投资者亏损成倍增加。这是为什么呢？

原因其实不复杂，这是因为绝大多数投资者都是使用技术分析，无论是购买软件还是向某些"大师"求教，都没有逃脱技术分析的范围。而技术分析是有欠缺的，所以亏损的可能性还是很大的。

那么什么是证券投资技术分析？证券投资技术分析是综合运用数学和统计学的方法，对过去曾经发生过的行情进行统计和分析，然后运用相关指标来判断，进而预测未来行情走势的一种分析方法。技术分析实际上是建立在市场行为反映一切信息、股价沿趋势变动、历史会重演这三个前提之上的，这三个前提是技术分析的基础，也是最基本的假设，如果不承认这三个前提，那么技术分析就无从谈起。

所谓市场行为反映一切信息，其包含了以下两点：一是市场上股价的走势已经完全反映公司的全部情况；二是市场上股价的走势已经反映了市场资金面、消息面、政策面等一切可能影响股价的信息，这是技术分析最基本的前提。

可是大家仔细想想，在当今的 A 股市场中，是否具备相关的条件？

实际上有些人可以用资金来干预市场价格的走势,可以用媒体的力量来影响股价,特别是非常流行的市值管理。这说明市场行为实际上无法反映一切信息。尽管证券监管部门一直在很努力地消除内幕信息,取缔以市值管理为名的坐庄行为,打击各种利用股份和资金优势来操纵市场的行为,但是以目前 A 股市场的实质来说,距离市场上股价走势反映一切信息还是比较远的。

所谓股价沿趋势变动,是指趋势一旦形成,会持续沿着既定方向运行,直到趋势发生改变。那些广大散户最为熟悉的技术指标,很多都是以趋势为基本参照和考量的。例如,MACD、KDJ、布林通道、均线系统等分析方式,这些指标很多就是研究趋势转折点的,认为当趋势发生变化的时候,股价也会随之发生一定的变化。

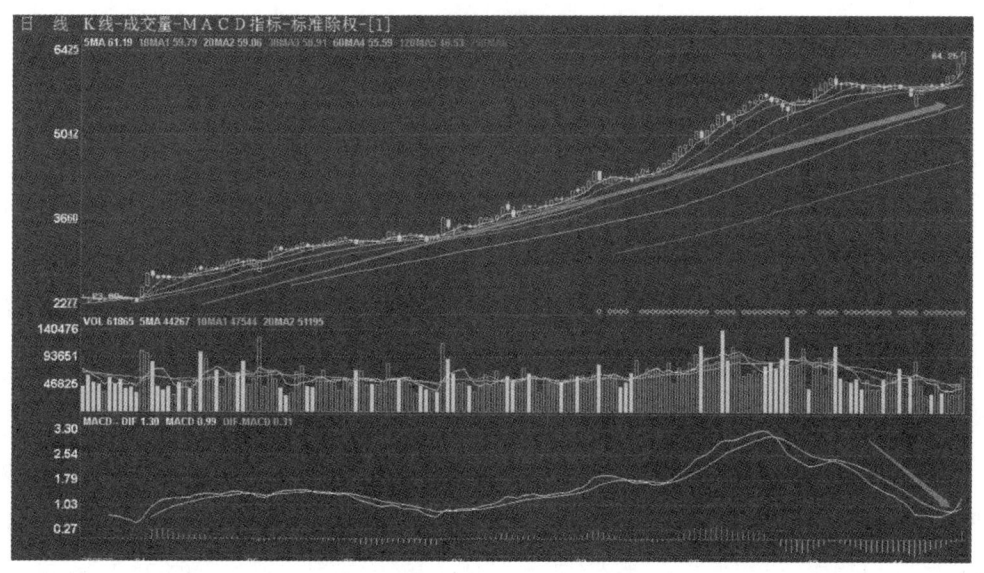

大家来看一个现实中的例子,用技术分析的方法来对某一公司做一个分析。如果从均线系统走势来看,短期均线在长期均线上方并且形成多头排列方式,技术指标 MACD 也在低位构成金叉,特别是中长期均线呈现向上趋势,成交量也相对温和。毫无疑问应该继续看涨,没错吧?接下来再看几个月之后的发展态势。

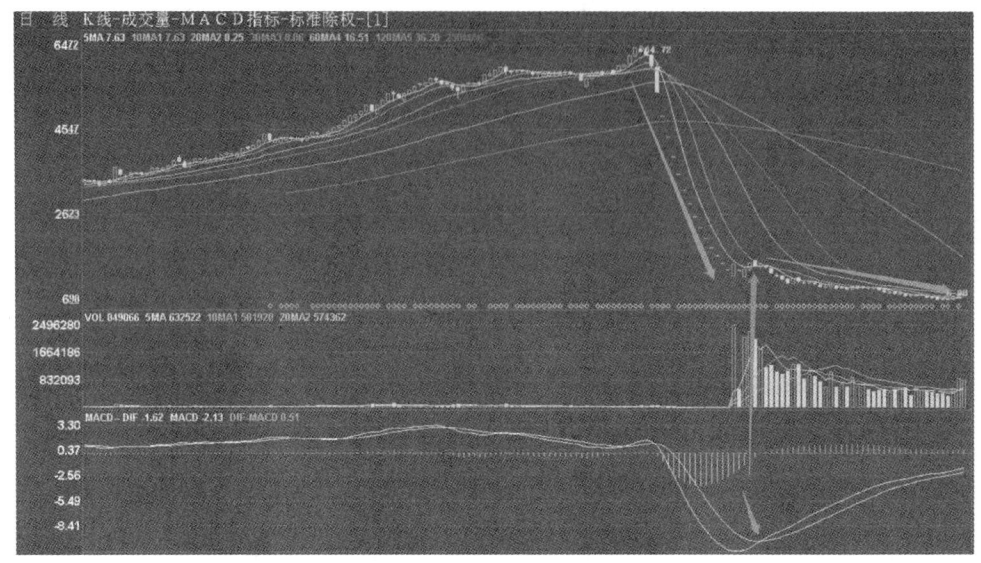

该公司股价在某天达到最高点之后连续下跌,甚至出现了连续 15 天触及股价跌停位置的惨剧。在连续下跌之后被认为是最可靠的中期技术分析指标 MACD 又一次发出低位金叉进场信号,大家如果这个时候买进该公司股票(股价大约 15 元),随后会发现,根本没有任何出逃机会,两个月以后股价不到 7 元。

这个案例告诉广大投资者,技术分析的这两个前提虽然都是用数学和统计学的方法进行分析,但是它们和数学定理不一样。数学定理是经过证明的,在任何时候都适用,而这两个前提有非常大的局限性。

至于最后一条"历史会重演",简单来说,就是一些股票价格的 K 线形态出现后,交易市场还可能会再次出现这样的形态。投资者为了追求利润,交易行为将趋于一定的模式,因此导致历史重演。但是人性是善变的,遇到同样的事情,不一定会出现一模一样的结果。也就是说历史不太可能会重演。

正因为这些原因,技术分析的准确率其实并没有大家想象中的高,所以在证券从业资格考试的辅导教材中,关于技术分析的篇幅很少。

7. 为什么你用技术分析炒股总是亏？（2）

　　大多数人在炒股时需要借助股票软件进行技术分析,更有不少人把股票软件和相关指标奉若神明,对那些买入和卖出信号深信不疑。但是每次使用的效果往往并没有宣传的那么好,不少人都会感觉到很纳闷,为什么自己使用的效果和"大师"使用的效果差距这么大？是自己学艺不精吗？

　　那就需要来了解一下技术指标的编制原理,现在股票软件里那些神秘的技术指标是如何设计出来的？

　　股票软件也是软件的一种,在编写软件也就是计算机程序的时候,会使用到一个概念叫算法。所谓算法是指解题方案的准确而完整的描述,是一系列解决问题的清晰指令,算法代表着用系统的方法描述解决问题的策略机制。常见的计算机算法包括递推法、递归法、穷举法、贪心算法、分治法、动态规划法、迭代法、分支界限法、回溯法等,而在编写股票软件和技术指标的时候最常用的是回溯法。

　　回溯法又称试探法,是一种选优搜索法,按选优条件向前搜索,以达到目标。但当探索到某一步骤时,发现原先选择并不优或达不到目标,就退回一步重新选择,这种走不通就退回再走的技术称为回溯法,而满足回溯条件的某个状态的点称为"回溯点"。具体什么意思呢？如某只股票在这个阶段上涨,然后软件工程师就根据成交量、走势等各个因子设计出一个指标,接下来调整指标的参数,让这个指标恰好在股票即将上涨的低点发出买入信号,在股票即将下跌的高点发出卖出信号。当这一只股票满足条件之后,会将这个指标继续向其他的股票和指数来进行回溯,如果其他的股票和指数都出现了不一样的结果,就需要调整技术指标参数的设置,直到所有的股票和指数或者大多数情况下,这个技术指标都能够满足及时发出买卖信号为止。如果始终都不能得到满意的结果,那么仅仅调整参数是不够的,很可能是在设计这个技术指标的时候,公式编写得不够完善,需要重新编写一个公式或者改变一下公式的部分内容。

通过这样一个循环往复的过程,最终得到了大多数投资者在股票软件中常常见到的这些技术指标。如果大家去验证过往的数据,会神奇地发现,以前的每次低点都发出了买入信号,高点都发出了卖出信号,投资者会如获至宝,花费大价钱买下这个软件。可是当投资者自行使用后就会发现这个软件有时候有效,有时候无效,根本原因就是这些软件的设计理念决定了效果的有限性。当然,如果有如此神奇的股票软件,设计者为什么不自己留着炒股赚大钱,却要卖出呢?

8. 为什么你用技术分析炒股总是亏？（3）

技术分析方法因其简单、直观、快速的特点，一般是散户喜欢的分析股票的方法。一个完全不懂技术分析的人，只要查看技术指标的说明书，很快就能掌握它，虽然还不能直接做出判断，但是能听懂别人的分析过程。

谁都知道散户炒股大部分都是亏损的，而且很多散户都是看 K 线图和各种技术指标，那是不是大部分散户用技术分析来炒股都亏损呢？如果大多数人用这种方法都是亏损的，那作为广大投资者的你们，又有多大的可能性成为少数的人呢？就如同考大学一样，能上 985、211 的注定只有少数人，凭什么一个人在上小学的时候就笃定自己能上北大？

如果投资者喜欢用技术分析方法，就会关注上市公司的股东人数。有很多人特别喜欢用股东人数的变化判断筹码分散和集中的情况，以此作为股票上涨或者下跌的判断依据。

通常大家可以在交易所网站、财经网站等数据库找到相关信息，一般上市公司也会在季度报告、中报、年报等定期报告中披露股东人数的信息。有些投资者也会在交易所的 E 互动平台上向上市公司提问，因为股东人数信息属于非强制披露信息，为了所有投资者的公平性，所以大部分的上市公司不会主动披露。

但是也有些上市公司不但会积极公布这些信息，而且是频繁公布。

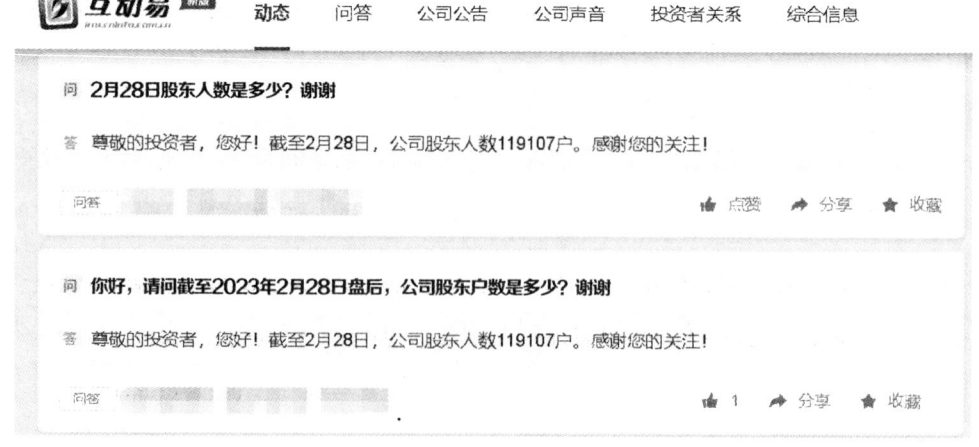

　　大家之所以这么关注股东人数,是因为技术分析理论中的筹码分析在起作用。特别是在以前的庄家时代,时刻掌握大资金动向是每一位投资者的梦想,而通过这个数据进行分析也是相对比较有效的。

　　但是很多人都没有想过这个数据是怎么来的。上市公司的董秘会定期从交易所获取股东人数和详细的名单,特别是那些打着市值管理旗号实际上坐庄的上市公司的股东们,非常在意这些信息。在交易所大数据稽查系统完善之前,上市公司的类似行为较多,但近几年由于监管的日趋严格,它们收敛了许多,但是此行为依旧存在。

　　这种情况和技术分析有什么关联呢? 同样是股东信息,散户以为拿到了股东人数就可以进行分析,实际上董秘拿到的完整数据是一个完整的电子文件,里面除了会提供这家公司的股票在全国所有营业部的总数据,还会详细列明,具体到哪家证券公司的哪个营业部席位上总共多少个账户,托管有多少股票。

　　大家可以想象一下,如果某家上市公司在进行市值管理,也就是自己在坐庄操纵自己的股票,那么它一定会拥有这些数据。为什么散户用了各种技术分析的妙招来炒股仍然会亏钱? 那是因为在这些数据中,可以看到每一位股东的姓名、地址、账号、持股数量等信息。如果把连续的数据进行对比,甚至可以知道具体某一个股东是哪一天买了多少股,知道他的买入成本。这些数据就算投资者用尽一切技术分析的手段,试图用图形、指标来判断大机构的买进卖出,也是徒劳无功的,因为散户的任何一个动向在它们面前都是透明的。这就好比4个人打麻将,一个人只能通过已经打出来的牌和自己手上的牌来分析判断应该如何出牌才有赢的机会,但是不会想到有人不但知道他自己手上有什么牌,还知道他对手都抓了什么牌,他甚至可以准确判断出每个人即将打什么牌! 和这样的对手打牌,你认为自己有赢的机会吗?

　　散户的对手清楚地知道散户特别喜欢技术分析,因此他们完全可以利用资金的优势制造出散户最喜欢的技术指标和图形,然后赚取散户的钱。所以如果散户想投资获利,最有效的方法就是完全不按他们的套路出牌,走一条不一样的路。依靠市面上教授炒股的书籍是没什么用的,如果那些方法真的有用,为什么作者不用自己的那些秘诀赚钱,而是要写在书里广而告之呢?

9. 学习了很久的价值投资为什么还会亏损?

人人都说中国股市十炒七亏两平一赚。其实以笔者的工作经验来看,真正有盈利的投资者少之又少,而且在这些盈利的投资者中,如果认真算一下年化收益率,大多数都低于银行同期存款利率。

其中不少人都说,他们明明是在做价值投资,为什么还会亏损? 事实上,很多人理解的价值投资并不是真正的价值投资。一般来说,各个券商的分析师写了很多的研究报告,这些报告运用了非常多的分析方法,不少散户将其奉为投资指导书。姑且不论分析师分析判断的结果如何,从分析的过程来讲,还是获得了很多散户、机构和基金的认可,也有相当多的投资者觉得这就是价值投资了。

这些想法是不正确的,如果投资者认真翻看研究报告就会发现,分析师对于上市公司所强调的并不是价值,而是成长。不单单是研究报告,任何一个公开媒体上能找到的对于上市公司的分析重点都是成长。例如,某上市公司投资了某个项目,未来可能会对净利润产生多大的影响,因此会出现怎样的增长率,上市公司具备多高的成长性;经过计算增长率之后,未来几年公司业绩会达到什么水平,按照某个估值模型进行推算,最终股价应该为多少;等等。

其实这并不是价值投资,而是成长投资。打开百度百科,搜索"成长投资"这个词条,会发现只有一句话:成长投资是一种选择高成长潜力的股票投资策略。与百度百科其他词条完全不同,其他的词条都能引经据典,写得满满当当,还有不少名人书籍作为佐证,可是关于成长投资的书非常少,几乎找不到太多成功的人,这是为什么呢?

成长投资是指投资那些高成长性、业绩增长型的个股,期待企业未来价值快速增长带来收益。在这个过程中最讲究的就是一个字——快。而这个字也是广大散户最喜欢的,当然也被大量的基金经理所追捧。可问题在于,速度很慢的巴菲特最后成了世界首富,他的年化收益率只有20%左右,那些速度很快的基金经理哪去了?

为了追逐利润最快的增长,成长投资者们很可能买的都是现在看上去是"垃圾股",但是以后却可能很有价值的股票。问题在于,未来是未知的,再加上过多资金的追捧,又造成了这些被追捧的成长股被过分高估,两种因素叠加起来,就成了"炒垃圾"。

而且广大散户以为自己买一些业绩好的公司的股票就叫价值投资,这也是不正确的。真正的价值投资是要求投资者以合适的价格去持有合适的公司股票,从而达到某个确定的盈利目标。它通常要求投资者低价买入或者以合理的价格买入,不能以过于高估的价格买入,否则会遭遇高风险的境地以及低收益的窘境。

经济学中很重要的一个规律叫作价值规律,其核心就是商品价格以价值为中心上下波动,其实在股市里也是一样的。股价有时候会高于真实的价值,有时候会低于真实的价值,投资者需要在股价低于真实价值的时候买进,在高于真实价值的时候卖出,这才是价值投资真正的含义,而不是追求企业的高成长,盲目地以高得惊人的价格买进股票。

10。 为什么反对散户买高成长的股票？

笔者一向反对散户去买那些高成长的股票，很多人都表示不理解。一来这种做法符合目前市面上非常流行的投资逻辑，二来高成长代表着高的收益率，可以更快地实现盈利，为什么要反对呢？

一家企业从诞生到结束，会历经几个阶段：初创期、成长期、稳定期、衰退期。当其成为上市公司的时候，基本上已经度过初创期。成长期是大家最喜欢的阶段，因为营业收入、利润和业绩增速很快；稳定期盈利增长不多，但是利润稳定，其实也是它最好的阶段；而它的衰退期，就意味着该企业即将结束，大家肯定不会感兴趣。对应成长期企业的股票是成长股，对应稳定期企业的股票是蓝筹股。

大多数人偏好成长股，这个阶段就是贵的。这个贵不是指价格，而是指此时企业的实际价值远远没有市值那么高，这也是很多企业上市后老板疯狂减持的原因。因为企业是其一手创立的，企业的价值没有人会比他更清楚，如果老板认为值 5 亿元，哪怕市值到了 10 亿元甚至 50 亿元，他往往也会卖掉股票。

还有一个更重要的原因：如果一个成长期企业未来能够成功过渡到稳定期，它的股票将会变成蓝筹股。现在的市盈率是 80 倍、100 倍，大家预期未来会有很好的成长，所以给予很高的估值，对今后抱有特别高的期待。假设某公司现在总股本 1 亿股，每股股价 10 元，每股收益是 0.1 元。此时的市盈率是 100 倍，但是大家都预期未来的业绩会有很大的增长空间，所以完全可以接受。第二年公司的每股收益变成了 0.2 元，股价涨到 16 元,市盈率为 80 倍。第三年公司的每股收益增加到 0.3 元,股价涨到 18 元,市盈率为 60 倍。第四年每股收益 0.4 元,股价涨到 20 元,市盈率变成 50 倍。第五年每股收益 0.5 元,股价还是 20 元,市盈率变成 40 倍。很明显,增长率每年都在下降,从 100％下降到 50％、33％、25％。明明增速还是很快,但是为什么股价涨不动了呢?

有另外一家公司,业绩一直很稳定,每年每股收益都是 0.5 元,但是因为迟迟不增长,所以股价多年不涨,一直维持在 5 元、10 倍市盈率。对于这种现象,分析师们解释为业绩没有成长性。对比一下两家公司,每股收益一模一样,甚至上一家公司花了 5 年时间才赶上这家公司,为什么股价能这么高呢? 无非就是"成长"两个字。

其实这还算乐观的,因为成长股还有第二种结局,就是成长失败变成垃圾股。垃圾股是什么结局? 以前是重组,现在是大规模退市。特别是注册制全面实行之后,上市远远比以前容易,想上市的企业完全没有必要花费巨资去收购一家空壳公司,壳资源的价值大幅度降低。

对于一位不具备足够投资知识和投资能力的散户来说,追捧成长股最终的两种结局都不是很好,要么成为低市盈率的蓝筹股,要么成为有退市风险的垃圾股。散户因为能力不足,无法准确找到成长股最好的阶段,又不能及时在成长股成长结束或者失败之前撤离,亏损风险自然是巨大的。现在明白为什么笔者反对散户购买高成长股票了吧。

11。 为什么笔者特别喜欢高分红的公司？

很多投资者喜欢上市公司采取高送转的股利政策,不喜欢上市公司现金分红。而笔者特别喜欢现金分红的公司。

笔者在 2014 年到 2017 年间,多次参加由上海证券交易所、深圳证券交易所主办的"中小投资者走进上市公司"活动。后来也多次参与其他媒体自行组织的走访上市公司的活动,因为那个时候在湖北卫视《天生我财》节目有专栏,所以也以媒体观察员的身份加入了上交所投教媒体观察团的活动。整个过程持续了 5 年。

在这 5 年的时间里,笔者走访了约 100 家上市公司,行程数十万千米:最北到吉林长春,最南到海南海口,最西到新疆乌鲁木齐,最东到上海。到这些地方除了亲眼看到上市公司的实际情况,也了解了很多一手资料,而且和很多上市公司的创始人、董事长、总经理等面对面座谈。正是这样的经历让笔者从这些人身上学会了很多东西。关于分红,给笔者印象最深的有两位。

第一位是九牧王的创始人林聪颖。在和他的聊天中说起发家史,有一次生产的一批裤子质量不合格被退货,有些工人说修改一下就好了,而他把全厂工人都召集起来,当着大家的面把这些次品都烧了。这批货物的价值几乎是那个时候全厂一年的利润!

这么执着和认真的人,确实非常少见。在和部分散户的交流会上,有一个散户提议,公司不要搞现金分红,要多搞高送转。林聪颖的回答是,公司赚钱了给股东分红难道不是天经地义的事吗?可是那么多上市公司,有几个公司赚钱了给股东分红?即便分红,也是少得可怜,为什么上市公司不分红呢?

这就要说到第二位,当时任方大特钢董事长的钟崇武。钟崇武到公司的时间是 2015 年,那时候公司 2014 年的年报刚刚披露完,钟崇武的年薪达到 2037.77 万元,同年王石的年薪是 1045.6 万元,董明珠的年薪是 720 万元。在该公司交流会上有股东对公司的业绩表示怀疑,因为方大特钢是一个中型钢铁企业,利润比很多同类型企业高得多,问是不是做假账了?钟崇武说,高分红的公司不会做假账,如果是假账,就只是账面上有钱,银行里是没钱的。但是分红是要拿真金白银分给大家的,如果是假账,拿什么分呢?

由此,笔者特别在意上市公司的分红。而之所以在意股息率,是因为这个指标可以有效地衡量公司净利润的含金量,并且可以对公司真实价值做出准确的判断。如果一家公司年年都保持高分红,又年年为投资者创造很好的回报,那么投资者投资给它们,怎么会不赚钱呢?

反过来再看看那些爆雷的公司,还有那些动不动把人套在山顶上的公司,有哪一家能做到每年持续高分红?如果一家以前持续高分红的公司现在不能再分红了,说明什么?说明公司的利润没有以前那么可观,投资者也该撤退了。

12. 股指期货是股票下跌的元凶吗？

绝大多数投资者对做空这两个字都是非常反感的,特别是在2015年股市下跌时,很多人都把这种下跌归结于股指期货这个做空工具。

在没有股指期货这种做空工具的时代,股市难道就只有牛市而没有熊市吗？答案显然是否定的。从20世纪90年代股市开始交易以来,没有做空工具的情况下多次出现熊市,所以简单地把做空工具和股市下跌联系起来肯定是不科学的。另外,如果做空工具真的会造成股票下跌,为什么后来除了股指期货之外还推出了各种各样的具备做空功能的工具,如融券、期权等？

在弄清楚这些问题之前,大家需要知道做空工具的基本原理。做空是股票期货市场常见的一种操作方式,即预计市场会有下跌趋势,操作者将手中筹码按市价卖出,等股票期货下跌之后再买入,赚取差价。从这个过程来看,无非是先卖再买,和传统的先买后卖相比,除了方向相反之外,没什么区别。大多数投资者所理解的做空就是砸盘,砸盘是带有操纵性质的,这和做空有本质的不同。

至于现在的股指期货能够造成A股的涨跌,就是无稽之谈了。在股指期货的交易中,有两种不同的投资者:一种是套期保值,另一种是投机交易。进行套期保值的人,他们主要是因为在股市里买入了比较多的股票,担心可能会出现下跌,于是选择在股指期货市场上做空来保护自己。实际上这部分人最担心的是股票下跌,而不是希望股票下跌,因此本质上他们的目的不是做空,做空只不过是保护自己的手段而已。另外一种就是投机交易,投机交易是以赚取差价为目的,就如同刚刚解释的做空原理一样,无非是先买再卖和先卖再买的差别而已。只有少部分人,确实是认为股市将下跌,因此采用做空股指期货的方式来谋利。那么究竟做空的力量有多大呢?

国内的股指期货有很多品种(上证 50、沪深 300、中证 500、中证 1000),每个期货品种都对应不同的指数。如上证 50 指数期货就是对应的上证 50 指数,沪深 300 指数期货就是对应的沪深 300 指数,中证 500 指数期货对应的是中证 500 指数,中证 1000 指数期货对应的是中证 1000 指数。

其中,IF 代表沪深 300 指数期货,IC 代表中证 500 指数期货,IM 代表中证 1000 指数期货,IH 代表上证 50 指数期货。以 2023 年 3 月 17 日的行情交易为例(以下数据可以在中国金融期货交易所官方网站查到)。从成交数据可以看出,沪深 300 指数期货当日成交总金额约为 188 亿元,中证 500 指数期货成交总金额约为 125 亿元,中证 1000 指数期货成交总金额约为 109 亿元,上证 50 指数期货成交总金额约为 89 亿元。以上所有总成交金额合计约为 511 亿元。

从持仓量来看,沪深 300 指数期货总持仓 211100 手,按照指数 3960 点,每点 300 元估算,总市值约 2508 亿元。中证 500 指数期货总持仓 279628 手,按照指数 6180 点,每点 200 元估算,总市值约 3456 亿元。中证 1000 指数期货总持仓 148635 手,按照指数 6730 点,每点 200 元估算,总市值约 2001 亿元。上证 50 指数期货总持仓 135213 手,按照指数 2630 点,每点 300 元估算,总市值约 1067 亿元。以上所有总市值合计约为 9032 亿元。

所有的股指期货合约当日总成交金额为 511 亿元,但是当日沪深两市的总成交金额约为 9767 亿元,股指期货的成交金额只有沪深两市总成交金额的 5.23%。从市值角度来说,当日上海市场总市值为 49.25 万

合约代码	今开盘	最高价	最低价	成交量	成交金额	持仓量	持仓变化	今收盘	今结算	前结算	涨跌1	涨跌2
IF2303	3,963.4	4,008.8	3,958.6	26,726	3,189,583.500	0	-32,380	3,974.6	3,974.68	3,947.6	27.0	27.1
IF2304	3,970.0	4,021.6	3,943.4	87,013	10,397,733.420	80,237	22,164	3,964.0	3,964.4	3,947.8	16.2	16.6
IF2306	3,959.6	4,013.0	3,935.4	33,956	4,048,582.272	91,465	4,816	3,955.0	3,956.6	3,937.0	18.0	19.6
IF2309	3,908.4	3,966.6	3,888.0	10,020	1,180,210.878	39,398	2,954	3,908.0	3,909.4	3,883.6	24.4	25.8
小计				157,715	18,816,110.070	211,100	-2,446					
IC2303	6,184.8	6,244.4	6,183.2	20,029	2,486,759.260	0	-24,965	6,200.2	6,199.63	6,156.4	43.8	43.2
IC2304	6,177.2	6,243.8	6,157.0	54,179	6,718,272.820	83,023	9,742	6,177.4	6,179.2	6,140.4	37.0	38.8
IC2306	6,108.0	6,180.4	6,098.0	19,561	2,400,780.848	113,849	207	6,119.0	6,118.8	6,074.4	44.6	44.4
IC2309	6,014.8	6,091.6	6,014.0	7,031	850,706.996	82,756	-71	6,028.2	6,032.0	5,984.4	43.8	47.6
小计				100,800	12,456,519.924	279,628	-15,087					
IM2303	6,742.4	6,791.2	6,726.2	17,456	2,358,946.204	0	-21,210	6,748.4	6,748.21	6,707.2	41.2	41.0
IM2304	6,715.0	6,785.6	6,695.6	39,453	5,319,238.236	49,839	7,854	6,726.0	6,722.2	6,678.0	48.0	44.2
IM2306	6,655.2	6,718.0	6,631.6	16,923	2,260,135.052	60,418	458	6,663.6	6,656.0	6,617.0	46.6	39.0
IM2309	6,552.0	6,603.0	6,524.2	7,298	958,110.696	38,378	1,495	6,553.8	6,544.4	6,506.4	47.4	38.0
小计				81,130	10,896,430.188	148,635	-11,403					
IH2303	2,641.6	2,676.6	2,638.8	21,018	1,670,330.388	0	-24,507	2,645.6	2,645.78	2,630.2	15.4	15.6
IH2304	2,651.0	2,684.8	2,623.0	56,781	4,520,713.494	62,755	23,867	2,636.6	2,638.0	2,635.6	1.0	2.4
IH2306	2,651.0	2,683.0	2,624.6	24,624	1,960,322.064	48,613	5,462	2,638.4	2,639.0	2,635.4	3.0	3.6
IH2309	2,618.0	2,650.0	2,598.2	9,036	711,445.194	23,845	3,821	2,607.4	2,612.2	2,601.8	5.6	10.4
小计				111,459	8,862,811.140	135,213	8,643					

亿元,深圳市场总市值为34.04万亿元,而股指期货对应的总市值只有9032亿元,约为沪深两市总市值的1.08%。

显然,两者的体量存在巨大的差距。按照物理学来解释,作用力和反作用力是相等的,但是当两者的质量存在巨大差距的时候,相互的引力作用并不相等。这就好比一个刚刚出生的小孩面对一个体重数百斤的胖子,能构成多大的影响呢?

客观上来说,现在的股指期货市场还是非常弱小的,对股市造成的影响主要存在于心理层面。更多的原因还是普通投资者对于做空工具本身的原理和作用存在较大误解,很容易被市场情绪和一些似是而非的网文引导,从而得出错误的结论。

市场数据

数据日期：2023-03-17

数据总貌　主板　科创板

上市公司/家
2191

上市股票/只
2230

总股本/亿股（份）
47933.24

流通股本/亿股（份）
42838.01

总市值/亿元
492537.42

流通市值/亿元
426364.37

平均市盈率/倍
13.52

| 市场总貌 | 主板 | 创业板 |

2023-03-17

股票总市值（亿元）
340396.88

股票流通市值（亿元）
278579.13

上市公司数
2760

上市证券数
15805

股票平均市盈率
23.87

股票成交金额（亿元）
5428.49

数据统计范围包含存托凭证。

13. 为什么银行增发价格这么高？

　　大多数情况下,上市公司为了保证发行成功,在融资的时候,价格会比二级市场价格有一定的折让。但是银行股的增发却很特殊,多次出现高于二级市场股价的价格,这是为什么呢？

　　在了解原因之前,大家需要先了解一件事,为什么银行这么有钱,还要不停地再融资? 这是出于监管的要求,而最重要的一条监管要求是《巴塞尔协议》。《巴塞尔协议》是巴塞尔委员会制定的在全球范围内主要的银行资本和风险监管标准。巴塞尔委员会由来自各个国家和地区的银行监管部门的代表组成,是国际清算银行的四个常务委员会之一。由巴塞尔委员会公布的准则规定的资本要求被称为以风险为基础的资本要求。1988 年 7 月,颁布第一个准则文件,称《巴塞尔协议》,又称"1988 资本一致方针",主要目的是建立防止信用风险的最低资本要求。1996 年,对《巴塞尔协议》做了修正,扩大了范围,包括基于市场风险的以风险为基础的资本要求。1998 年,巴塞尔委员会讨论了操作风险作为潜在金融风险的重要性,并在 2001 年公布了许多准则和报告来解决操作风险。2004 年,颁布新的资本要求准则,称《巴塞尔新资本协议》(以下简称《新巴塞尔协议》),其目的是引入与银行所面临风险更加一致的以风险为基础的资本要求。《新巴塞尔协议》鼓励银行不仅要识别当前的风险,而且要识别将来的风险,通过改进现有的风险管理体系来管理风险,即《新巴塞尔协议》力求建立一个更具前瞻性的资本监管方法。《新巴塞尔协议》三大支柱是指最低资本要求、外部监管和市场约束。

我国银行业监管机构根据《新巴塞尔协议》对资本充足率、一级资本充足率、核心一级资本充足率做出了具体的规定。多年来银行高速发展，随着存贷款和资产规模越来越大，资本充足率、一级资本充足率、核心一级资本充足率都出现了一定程度的下降，出于安全考虑，必须通过各种方式来提高以上各项充足率，于是各个银行纷纷进行再融资。

例如，2023 年 3 月 30 日中国邮政储蓄银行股份有限公司(以下简称邮储银行)发布公告，向中国移动通信集团有限公司(以下简称中国移动通信集团)以 6.64 元的价格定向增发股份，募集资金约 450 亿元。在完成定增之后的第二天就发布公告公布了截至 2022 年 12 月 31 日的核心一级资本充足率、一级资本充足率、资本充足率等数据。

证券代码：601658　　　　证券简称：邮储银行　　　　公告编号：临 2023-009

中国邮政储蓄银行股份有限公司
非公开发行 A 股股票发行结果暨股本变动的公告

中国邮政储蓄银行股份有限公司董事会及全体董事保证本公告内容不存在任何虚假记载、误导性陈述或者重大遗漏，并对其内容的真实性、准确性和完整性承担个别及连带责任。

重要内容提示：

● 发行数量和价格

本次发行的股票种类：人民币普通股（A 股）

募集资金总额：44,999,999,995.12 元

发行价格：6.64 元/股

发行数量：6,777,108,433 股

● 发行对象认购数量和限售期

本次非公开发行的发行对象共 1 名，为中国移动通信集团有限公司（以下简称中国移动集团）。

3.1 资本充足率

2022年末,根据《资本办法》计算的核心一级资本充足率、一级资本充足率及资本充足率分别为9.36%、11.29%及13.82%,均满足监管达标要求。资本充足率情况如下。

人民币百万元,百分比除外

项目	2022年12月31日		2021年12月31日	
	本集团	本行	本集团	本行
资本净额:				
核心一级资本净额	679,887	658,372	635,024	619,935
一级资本净额	820,013	798,358	793,006	777,789
资本净额	1,003,987	981,608	945,992	930,200
资本充足率:				
核心一级资本充足率(%)	9.36	9.12	9.92	9.74
一级资本充足率(%)	11.29	11.06	12.39	12.22
资本充足率(%)	13.82	13.60	14.78	14.62

资本充足率情况

将2021年和2022年的数据进行对比发现:资本充足率、一级资本充足率、核心一级资本充足率都出现了明显的下降,而国内监管资本最低要求分别为资本充足率8%、一级资本充足率6%、核心一级资本充足率5%。中国人民银行、中国银行保险监督管理委员会令〔2021〕第5号《系统重要性银行附加监管规定(试行)》规定:"系统重要性银行在满足最低资本要求、储备资本和逆周期资本要求基础上,还应满足一定的附加资本要求,由核心一级资本满足。"邮储银行作为被认定的系统重要性银行第三组,需要满足0.75%的附加资本要求,所以还要继续提高,考虑今后业务的发展,及时再融资也算是情理之中。

问题在于,这次定增的发行价为6.64元,而当时邮储银行在二级市场的股价不足5元,为什么中国移动通信集团会主动亏这么大一笔钱呢? 其实这并不是孤例,在银行再融资的时候高价参与定增的现象时有发生,最典型的例子是华夏银行股份有限公司(以下简称华夏银行)。

2022年10月20日,华夏银行发布公告宣布该行第一大股东首钢集团有限公司和第四大股东北京市基础设施投资有限公司(以下简称京投公司)认购华夏银行非公开发行的A股股票金额分别约为50亿元、30亿元。这次定增的发行价为15.16元,而当时华夏银行二级市场股价不足5元,两家大股东用市价3倍以上的价格认购股票!而且这并不是大股东第一次这么做,2008年10月22日华夏银行就发过公告,首钢总公司、国家电网公司、德意志银行股份有限公司以14.62元的价格分别定增认购了2.69亿股、2.53亿股和2.67亿股。而当时华夏银行二级市场股价仅仅只有7元出头,三家股东认购价格高于市场价格一倍以上。2011年4月28日华夏银行公告完成定增,首钢总公司、英大国际控股集团有限公司、德意志银行卢森堡股份有限公司以每股10.87元的价格分别认购了约6.91亿股、6.53亿股和5.14亿股,当时二级市场华夏银行的股价在12元左右。

A股代码:600015　　　A股简称:华夏银行　　　编号:2022—48

优先股代码:360020　　优先股简称:华夏优1

华夏银行股份有限公司
非公开发行A股股票发行结果暨股份变动公告

本公司董事会及全体董事保证本公告内容不存在任何虚假记载、误导性陈述或者重大遗漏,并对其内容的真实性、准确性和完整性承担法律责任。

重要内容提示:

- 本次发行的股票种类:境内上市人民币普通股(A股)
- 募集资金总额:7,999,999,992.60元
- 发行价格:人民币15.16元/股
- 发行数量:527,704,485股
- 发行对象、认购数量:

序号	发行对象	认购股票数量(股)	认购金额(元)
1	首钢集团有限公司	329,815,303	4,999,999,993.48
2	北京市基础设施投资有限公司	197,889,182	2,999,999,999.12
	合计	527,704,485	7,999,999,992.60

证券代码：600015　　　证券简称：华夏银行　　　公告编号：2008-25

华夏银行股份有限公司

非公开发行股票发行结果暨股份变动公告

本公司董事会及全体董事保证本公告不存在任何虚假记载、误导性陈述或者重大遗漏，并对其内容的真实性、准确性和完整性承担个别及连带责任。

重要提示

1、发行数量和价格

发行数量：790,528,316 股

发行价格：14.62 元/股

募集资金总额：11,557,523,990.49 元

2、发行对象认购的数量和限售期

序号	发行对象	认购数量（股）	锁定期限（月）
1	首钢总公司	269,634,462	36
2	国家电网公司	253,520,393	36
3	DEUTSCHE BANK AKTIENGESELLSCHAFT 德意志银行股份有限公司	267,373,461	36
合计		790,528,316	-

证券代码：600015　　　股票简称：华夏银行　　　编号：2011—11

华夏银行股份有限公司

非公开发行股票发行结果暨股份变动公告

本公司董事会及全体董事保证本公告内容不存在任何虚假记载、误导性陈述或者重大遗漏，并对其内容的真实性、准确性和完整性承担个别及连带责任。

重要提示：

● 本次发行的股票种类：境内上市人民币普通股（A股）

● 发行数量：1,859,197,460股

● 发行价格：人民币10.87元/股（经除息调整后的发行价格）

● 发行对象、认购数量：

序号	发行对象	认购数量（股）	认购金额（元）
1	首钢总公司	691,204,239	7,513,390,077.00
2	英大国际控股集团有限公司	653,306,499	7,101,441,644.00
3	德意志银行卢森堡股份有限公司	514,686,722	5,594,644,668.00
	合计	1,859,197,460	20,209,476,389.00

● 限售期：36个月；根据中国银行业监督管理委员会（以下简称"中国银监会"）关于相关商业银行主要股东资格审核的监管要求，首钢总公司、英大国际控股集团有限公司（以下简称"英大国际"，原名国网资产管理有限公司）、

2019 年 1 月 10 日,华夏银行又一次发布公告完成定增,这一次是首钢集团有限公司、国网英大国际控股集团有限公司、北京市基础设施投资有限公司以每股 11.4 元的价格分别认购了约 5.20 亿股、7.37 亿股和 13.07 亿股,当时华夏银行二级市场的股价仅仅只有 7 元出头,明显是又亏了。

华夏银行股份有限公司
非公开发行普通股股票发行结果暨股份变动公告

本公司董事会及全体董事保证本公告内容不存在任何虚假记载、误导性陈述或者重大遗漏,并对其内容的真实性、准确性和完整性承担个别及连带责任。

重要内容提示:

● 本次发行的股票种类:境内上市人民币普通股(A 股)

● 募集资金总额:29,235,725,562 元

● 发行价格:人民币 11.40 元/股

● 发行数量:2,564,537,330 股

● 发行对象、认购数量:

序号	发行对象	认购股票数量(股)	认购金额(元)
1	首钢集团有限公司	519,985,882	5,927,839,054.80
2	国网英大国际控股集团有限公司	737,353,332	8,405,827,984.80
3	北京市基础设施投资有限公司	1,307,198,116	14,902,058,522.40
	合计	2,564,537,330	29,235,725,562.00

特别是首钢集团有限公司,最初成立华夏银行的时候投入注册资本 10 亿元,多年累计投入资金 200 多亿元,所获得的股份总数为 34.50 亿股,平均每股成本接近 7 元,考虑到市价只有 5 元左右,浮亏约为 70 亿元。而京投公司更是在 2021 年 1—3 月,耗资 9.29 亿~10.11 亿元在二级市场买入了华夏银行约 1.54 亿股;2019 年 1 月京投公司投入 149 亿元参与定增,加上 2022 年的定增,合计持有约 17.28 亿股。目前这些股份市值约 90 亿元,浮亏数十亿元,为什么要这么做?

首先肯定是因为监管要求,根据央行、银保监会发布的我国系统重要性银行名单,华夏银行作为第一组名单之列的银行,核心一级资本充足率的适用标准为7.75%。2021年,华夏银行的核心一级资本充足率为8.78%,虽然离这个监管标准还有1%左右的空间,但是为了保证银行今后的发展,未雨绸缪还是非常有必要的。在定增公告发布前的2022年8月5日,华夏银行公告称,拟发行规模不超过300亿元的二级资本债券获得了银保监会的批复同意,募集的资金将按照有关规定计入二级资本,这充分说明了华夏银行对于补充相关资本的迫切性。首钢集团作为华夏银行的大股东,有必要对华夏银行提供足够的支持,因此果断出手支援。而京投公司是北京市人民政府的全资企业,注册资本高达1731亿元,对注册地在北京的华夏银行提供支持自然也是责无旁贷的。

至于发行价格问题,根据有关部门的规定,国有银行发行股份价格不得低于净资产。以2022年华夏银行的增发为例,当时的增发价格为15.16元,而2021年每股净资产为15.49元,2022年每股分红0.338元,增发价格刚好高于15.152元(15.49−0.338)。同样,2023年中国移动通信集团参与邮储银行增发价格为6.64元,但增发的时候邮储银行的2022年年报尚未完成,因此沿用2021年年报中的数据每股净资产6.89元,2021年每股分红0.2474元,刚好约是定增发行价6.64元(6.89−0.2474)。

更关键的是,在大多数人看来,首钢集团和京投公司在华夏银行持股成本过高而市场价格太低,看上去这笔投资非常不划算,这是因为大家不了解投资赚钱的原因。2022年的新闻曾经报道过股神巴菲特管理的伯克希尔·哈撒韦公司出现巨亏,持股市值出现了单季度530亿美元以上的亏损,但是巴菲特的公司都是长期投资蓝筹股并且用权益法记账的(相关内容参见前面的章节)。所以伯克希尔·哈撒韦公司看起来亏损巨大,实际上运营利润高达90多亿美元。在华夏银行这件事上也是一样的,首钢集团 2021 年末持有华夏银行 20.28% 的股份,根据会计准则规定可以采用权益法记账。例如,2021 年华夏银行净利润约为 235.4 亿元,那么首钢集团就可以直接在自己的财务报表中记录 47.74 亿元(235.4×20.28%)的净利润。

长期持有业绩如此好的公司股份,每年又能在自己的财务报告上记载巨额利润,首钢集团市值即使看起来出现几十亿元的浮亏,又有什么关系呢?仅仅 2013—2021 年华夏银行就创造了约 1794 亿元的净利润,首钢集团因此在财务报表上记录 364 亿元的净利润,区区几十亿元的市值浮亏又算得了什么?更何况本身这就是长期投资,根本没打算出售,市值的波动完全可以忽略不计。

通过这件事,普通投资者应该学会以下几点。

(1)投资不仅要关注股价涨跌,还有很多认知之外的东西需要了解。

(2)面对不同的机构投资者,不同的投资方法可能会构成降维打击,投资者必须熟悉规则,否则大量亏损都不知道是什么原因造成的。

(3)投资是长跑不是短跑,不能只看一时一刻的涨跌。

(4)通过股票赚钱不是只有低买高卖这一条路,大股东不需要减持,基金也不需要出货,同样能赚得盆满钵满。如果散户只沉迷于 K 线图,会很容易亏损。

14。 银行股股价为什么会跌破净资产？

关注银行股的人会发现一个奇特的现象,很多银行股的股价都是低于净资产的。招商银行股份有限公司(以下简称招行)在 2022 年 10 月 13 日的股价持续下跌后收盘价为 29.89 元,跌破了招行在 2022 年中报公布的每股净资产 30.17 元,很多媒体纷纷把这件事当成新闻来报道。当然这些媒体的报道大多是不严谨的,因为招行虽然在 2022 年中报公布的每股净资产是 30.17 元,但是招行在 2022 年 7 月 8 日实施了现金分红(10 派 15.22 元),所以 2022 年 10 月招行的每股净资产实际上应该是 28.65 元左右(30.17－15.22÷10),并未跌破真实的净资产。

在大多数人的认知里,跌破净资产就意味着价格低于价值,这种是相对安全的投资,但是如果依据这种认知而购买银行股的朋友最后会发现自己严重亏损,很多银行股在跌破净资产(以下简称破净)后还会不断下跌,是因为企业经营不好吗？显然不是。当破净引起广泛关注之后,招行在 2022 年 10 月 13 日发布了《关于当前经营管理情况的公告》,此公告中称:"面对当前经营环境,招商银行股份有限公司(简称招商银行)将继续保持战略稳定、公司治理机制稳定、经营管理稳定、人才队伍稳定。目前,招商银行各项经营管理运行正常,经营业绩稳定。"并且还表示将继续发挥优势,推动银行高质量发展,持续为客户、员工、合作伙伴、股东和社会创造价值。很显然,从公司的层面来说,对自身的投资价值还是非常认可的,对股价的下跌感到很痛心。从研究机构的角度来看,同样对招行的价值表示认可,无论是在上涨阶段还是下跌阶段,研究机构的报告始终是看好的,评级都是买入、增持等。例如中泰证券在 2022 年 8 月 22 日发布的半年报《资产质量维持高稳健,利润保持高增》中表示:"招商银行各项指标显示其稳健优秀的基本面同时,战略执行强,零售业务在现有体系上,其护城河能持续加深,适应金融科技最新发展。招行在银行股中具有很高'稀缺性',值得长期持有。"

A股简称:招商银行　　A股代码:600036　　公告编号:2022-047

招商银行股份有限公司
关于当前经营管理情况的公告

本公司董事会及全体董事保证本公告内容不存在任何虚假记载、误导性陈述或者重大遗漏,并对其内容的真实性、准确性和完整性承担法律责任。

面对当前经营环境,招商银行股份有限公司(简称招商银行)将继续保持战略稳定、公司治理机制稳定、经营管理稳定、人才队伍稳定。目前,招商银行各项经营管理运行正常,经营业绩稳定。

未来,招商银行将根据宏观经济环境政策变化和自身经营需要,不断优化策略,提升能力,坚持模式转型,发挥零售优势和金融科技优势,促进经营管理提升。招商银行将继续坚持"质量、效益、规模"动态均衡发展理念和"轻型银行"战略方向,聚焦"财富管理、金融科技、风险管理"三个能力建设,推动招商银行实现更高质量发展,持续为广大客户提供优质金融服务,持续为客户、员工、合作伙伴、

尴尬的是招行在 2022 年公布了年报之后,招行的股价又一次向每股净资产 30.17 元靠拢,其他银行破净更是家常便饭。工农中建四大国有银行的股价只有每股净资产的一半左右,这是怎么回事呢?

和大多数企业不同,银行的净资产虽然是总资产减去总负债,但银行却不是依靠净资产发展的。在大多数企业中,负债都是对外的欠款,且是企业需要偿付的债务,很多时候也需要支付利息,因此在合理的情况下负债应是越低越好,通常情况下企业的资产负债率不应超过 60%。

S Q1 对公：零售：景据=45:21:34）。对公贷款投向以制造业+批零业、交运和信息传输业为主；对房地产和电力行业的投放规模有所压降。前三大行业新增占比分别为 18.1%、6.5% 和 6.2%。新增个贷以小微贷款为主。新增占比为 14%，另信用卡和消费贷余额较年初有所增长，Q2 有边际修复。

■ 公司战略领先且清晰：探索数字化时代的 3.0 模式，大财富管理的业务模式、数字化的运营模式和开放融合的组织模式。1、零售客户数 1.78 亿户，其中金葵花及以上 403 万户，财富产品持仓客户数 4075 万户，零售客户同比增 7.7%，金葵花和私行客户分别同比增 17% 和 16%。2、管理零售客户总资产余额 11.7 万亿元，其中管理金葵花及以上客户总资产余额 9.57 万亿元。金卡及普卡、金葵花、私行管理的 AUM 增速分别同比 22%、16% 和 17%，管理的金卡及普卡客户户均资产规模有提升。3、公司客户融资总量(FPA)余额 5.1 万亿元，其中非传统融资余额 2.4 万亿元，占客户融资总量余额的比例达到 46%。对公客户数 241 万户，同比增 5.9%。战略客户贷款占比对公贷款 59.8%；战略客户+机构客户贡献存款占比总存

请务必阅读正文之后的重要声明部分

中泰证券
ZHONGTAI SECURITIES

公司点评

款 40.6%。

■ 投资建议：业绩内生动力最持续，当前估值充分蕴含资产质量悲观预期，安全边际较高。公司当前股价对应 2022E、2023E PB 1.04X/0.91X；PE6.44X/5.83X（股份行 PB 0.5X/0.45X，PE 4.44X/4.13X）。招商银行各项指标显示其稳健优秀的基本面同时，战略执行强，零售业务在现有体系上，其护城河能持续加深，适应金融科技最新发展。招行在银行股中具有很高"稀缺性"，值得长期持有。

■ 注：根据半年报情况，我们微调盈利预测，预计 2022-2023 年归母净利润为 1343 亿和 1481 亿（前值为 1369 亿和 1568 亿）。

■ 风险提示：经济下滑超预期、公司经营不及预期。

但银行却是特例，银行主要的经营模式是吸收储户的存款，然后支付对应的利息(事实上银行的储户存款大部分都是活期存款，需要支付的利息很低)，通过揽储获得资金后，银行将资金放贷给借款人，赚取中间的利息差。储户的存款对于银行来说就是负债，如果要获得更多的利润，银行需要吸收更多的储户存款。因此，银行通过增加负债的方式来获取更多的利润，这和普通企业通过净资产来增加利润是完全不同的。

正因为银行的经营模式与大多数企业不一样，所以不能用净资产的高低来衡量银行的价值，实际上每股净资产和股价之间并不存在实质性的关联，这也是绝大多数银行的股价低于每股净资产的原因。中国银河证券在 2022 年 8 月发布的关于招商银行的研报《盈利稳健增长，资产管理业务增速亮眼》中有这样一段话："预测 2022—2024 年 BVPS 为

32.84/37.2/42.22 元，对应当前股价 PB 为 1.02/0.9/0.8 倍。"也就是说，研究机构对于破净是有预期的。

15. 为什么卖包子的公司也能上市？

上市公司在大多数人心中都有一种高大上的形象，所以大部分人对于上市公司从事的行业还是非常憧憬的，特别是中国市场上从事软件、芯片、军工、航天、航空、新能源等高科技领域的上市公司，这些公司也是广大投资者非常喜爱的。

但是如果投资者细心的话，会发现现在 A 股市场上市公司覆盖的行业越来越广泛了，例如卖烤鸭的全聚德、卖榨菜的涪陵榨菜、卖酱油的海天味业、卖醋的恒顺醋业、卖盐的雪天盐业、卖火腿的金字火腿、卖点心的元祖股份、卖面包的桃李面包……

很明显，这些公司所从事的行业看上去非常贴近人们的日常生活，2020 年 10 月 12 日，有一家叫巴比食品的公司上市，这家公司主营的业务是中式面点速冻食品的研发、生产与销售，简单来说，这家公司就是卖包子的。

如果大家比较一下这些上市公司的盈利情况，会惊讶地发现一个现象，那些看起来特别高大上的企业的盈利水平远远比不上这些卖包子、卖榨菜的。其实这就是投资中最重要的一个原则——一家企业做什么不重要，赚钱才最重要。

中国有句老话：三百六十行，行行出状元，其实用在这里非常合适。不要去计较这些公司所从事的行业，重要的是它的利润率是不是足够高，销售额是不是足够大。因为只有这样，才能保证企业每一年的盈利足够高，这才是作为投资者最应该考虑的问题。

举个简单的例子,很多人觉得军工企业才是高大上的,它的利润是最高的。事实上,我们国家有规定,军工企业的利润率是不允许超过一定比例的。军工企业也不能为了增加销售额按照企业自身的想法进行扩产。这实际上就决定了一个军工企业的利润是相对稳定的。例如,根据某个以生产航空发动机为主的上市公司的相关财务数据可以清楚地看到,从 2014 年到 2022 年,企业的毛利率水平最高时也未达到 20%,而最高净利率是在 2018 年,只有 4.69%,这个数值是相当低的。

盈利能力指标	22-12-31	21-12-31	20-12-31	19-12-31	18-12-31	17-12-31	16-12-31	15-12-31	14-12-31
净资产收益率(加权)(%)	3.34	3.23	3.72	3.97	4.07	5.24	5.82	7.08	7.69
净资产收益率(扣非/加权)(%)	2.21	1.92	2.83	2.88	2.75	2.87	4.74	4.22	6.48
总资产收益率(加权)(%)	1.50	1.59	1.83	1.90	2.06	1.85	2.35	2.48	
毛利率(%)	10.82	12.49	14.97	16.69	17.63	18.97	19.51	17.87	15.10
净利率(%)	3.64	3.61	4.07	4.40	4.69	4.15	4.12	4.58	3.74

是不是不敢相信?接下来浅谈一下农业股,农业股在历史上也是非常活跃的,但是农业股的利润从来就不高,为什么会发生这种情况?原因非常简单,民以食为天,食品的价格不宜涨太多。销售价格已经有了天花板,成本也是固定的,农业企业的利润怎么可能会高呢?经常被称作农业灵魂的几家种业公司,经过多年发展之后仍然经常亏损,往往亏损还比较大。例如,与已故著名院士袁隆平同名的隆平高科,2021 年扣非净利润亏损约 4.48 亿元,2022 年扣非净利润亏损约 8.17 亿元。而以卖包子为主营业务的巴比食品,虽然看上去没有亮眼的业绩,但是每年都有 2 亿~3 亿元的净利润。从毛利率和净利率的水平来看,在 2020 年上市之后的 3 年里,毛利率都保持在 25% 以上,净利率最低时有 14.42%,最高时达到 22.77%。

从市值角度来看,年盈利 12 亿元左右的航空发动机企业市值高达 1200 亿元,经常亏损的隆平高科市值高达 200 亿元。闷头赚钱的卖包子的公司,市值最高的时候为 110 亿元,截至 2023 年初市值为 70 亿元。

成长能力指标	22-12-31	21-12-31	20-12-31	19-12-31	18-12-31	17-12-31	16-12-31
营业总收入(元)	15.25亿	13.75亿	9.751亿	10.64亿	9.902亿	8.666亿	7.198亿
归属净利润(元)	2.223亿	3.139亿	1.755亿	1.547亿	1.434亿	1.125亿	3762万
扣非净利润(元)	1.846亿	1.522亿	1.290亿	1.372亿	1.307亿	9624万	6062万
营业总收入同比增长(%)	10.88	41.06	-8.35	7.45	14.26	20.40	--
归属净利润同比增长(%)	-29.19	78.92	13.41	7.93	27.37	199.15	--
扣非净利润同比增长(%)	21.31	18.01	-5.98	4.95	35.81	58.77	--
营业总收入滚动环比增长(%)	1.49	6.42	2.89	--	--	--	--
归属净利润滚动环比增长(%)	0.15	5.23	20.97	--	--	--	--
扣非净利润滚动环比增长(%)	-2.28	5.25	3.42	--	--	--	--

盈利能力指标	22-12-31	21-12-31	20-12-31	19-12-31	18-12-31	17-12-31	16-12-31
净资产收益率(加权)(%)	11.19	17.72	17.75	23.69	27.18	27.83	11.18
净资产收益率(扣非/加权)(%)	9.29	8.59	13.05	21.01	24.79	23.80	18.01
总资产收益率(加权)(%)	8.44	13.85	11.84	17.01	18.37	16.65	11.61
毛利率(%)	27.71	25.70	27.90	33.11	33.34	31.51	28.38
净利率(%)	14.42	22.77	17.96	14.47	14.43	12.99	5.17

巴比食品成长与盈利能力指标

作为投资者来讲,维持股价的核心是企业的内在价值,而企业的内在价值是由企业所能创造的利润决定的。从这个角度来说,笔者为那些卖包子、卖面包、卖榨菜、卖酱油、卖醋、卖火腿的企业能够上市而鼓掌。因为它们能够真正地给投资者创造实实在在的利润,而不是给大家留下一个虚构的框架。

16. 有哪些行业不起眼却很赚钱?

大多数投资者在决定是否买某只股票的时候都喜欢看这个公司有没有成长性、行业有没有发展、是否有科技成分,对于笔者而言,最在乎的是公司赚不赚钱。

很多公司看起来高大上,但是实际上根本就不赚钱,利润率低得惊人。大多数投资者最喜欢的科技行业就是典型的例子,这些公司的毛利率很多都在30%以下,净利率大多在10%以下。例如,曾经为苹果提供摄像头的欧菲光,因为加入苹果产业链,所以有很多人都特别地追捧。可是后来被苹果踢出产业链之后,大家才发现问题——欧菲光给苹果做摄像头多年,累计下来并没有赚钱,反而是亏损了一亿多元。笔者在2017年到这家公司走访的时候发现公司的净利率低于3%,根本就是赔本赚吆喝。

相反,市场上很多赚钱的公司都是大家想象不到的。例如,服装类公司的毛利率普遍在50%～60%,也就是说卖一件100元的衣服,里面有50～60元是利润。例如,生产女性内衣的汇洁股份毛利率始终保持在65%以上,这种盈利水平超过了95%的上市公司!相比之下,大家熟悉的以高科技示人的科大讯飞,毛利率只有40%～45%;生产芯片的中芯国际毛利率水平大多数时候低于30%;林园最看好的食用油企业金龙鱼的毛利率已经从10%左右下滑到5%左右。

笔者有一位开服装厂的朋友,给其他企业做代工,品牌是别人的。他生产一件衣服成本大约在40元,卖给品牌商的价格在150元左右,而这件衣服在商场里挂牌出售的价格在 1500～1800 元,服装利润有多大可想而知。

还有一个利润超高的行业,大家可能想象不到,那就是超市,特别是生鲜超市。2010 年前后,有位朋友想与笔者合作,当时看中的就是开生鲜超市。于是笔者做了一个市场调查,结果让笔者震惊:在批发市场,1 斤黄瓜的销售价格是 0.4～0.5 元,100 斤起售。而笔者在不同的菜市场和超市进行了调研,每斤黄瓜的零售价格在 2～5 元。

永辉超市是张家兄弟创建的企业,刚开始张轩松是在路边开了一家小店,不到 20 年的时间这家小店发展成为市值 600 亿元以上的企业,他的秘诀就是卖生鲜。更有意思的是,很多利润超高的企业都来自传统行业,反而不是大家所想象的新兴产业。例如,茅台就是传统的白酒,现在既是 A 股股价最高的公司,也是市值最大的公司。

中国有句老话:三百六十行,行行出状元。其实不管是什么行业,行业的头部企业都可以创造一个商业生态。

17. 近年来哪家公司股票连续上涨时间最长？

　　哪家公司股票连续上涨的时间最长？估计很多人会说茅台、万科、万华化学之类的大牛股。如果投资者仔细分析会发现，这些公司其实都不是连续上涨时间最长的，因为这些公司都发生过年度级别的大调整，都曾下跌过。

　　例如，茅台就曾经在 2013 年、2018 年和 2022 年出现过较大幅度的下跌，连续上涨也只有 4 年而已。万科则在 2013 年、2016 年、2018 年、2020 年、2021 年、2022 年等出现过较大幅度的下跌……

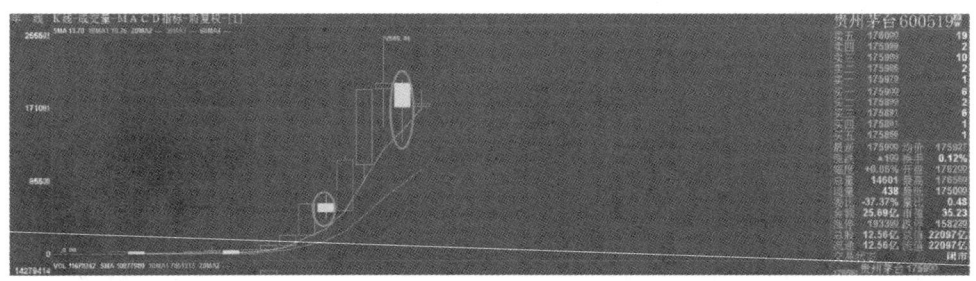

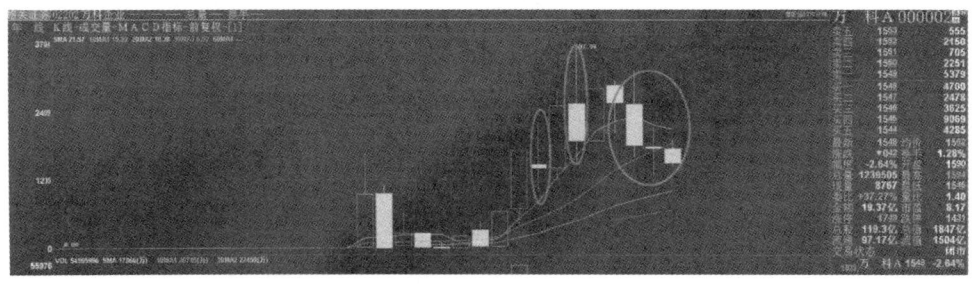

可是有一家默默无闻的公司,从 2013 年到 2021 年连续 9 年都是上涨的。为什么会是这样一个大家都没有注意过的公司连续上涨时间最长呢?是不是觉得很惊讶。更有意思的是,即使连续涨了 9 年,这家公司至今的市盈率仍然只有 35 倍,这是为什么呢?

相信很多人都会认为,这只股票一定有庄家,而且是大庄家在炒。也许在以前大家看到的大牛股都符合这种情况,每当有股价被大炒特炒的情况出现时,一定是有机构在里面操作,但是这家公司是一个例外。大家都知道,凡是被庄家炒作的股票都会有一个特性,那就是随着股价从低点逐渐爬升到高点,股东的人数会逐渐地减少,这就是所谓的庄家收集筹码的过程。

而该公司却不是这种情况,在过去的几年中,随着股价的不断上涨和时间的不断推移,该公司的股东人数是不断增加的。从 2014 年到 2016 年,股东人数基本上都维持在 2 万人左右,2019 年突破了 3 万人,2020 年突破了 4 万人,2021 年 6 月突破了 5 万人,2021 年第 3 季度突破了 6 万人,可是股价仍然一直保持上涨,这是不是很奇怪?更奇怪的是 2022 年公司的股价出现了下跌,股东人数出现了减少,这种现象一直维持到现在。

是因为有基金等机构的大手笔买入吗?也不是。从 2022 年年报披露的数据来看,有 449 家基金持有 16351.19 万股(占流通股本的 11.1%)。大家可以回看 2015 年年报披露的数据,当时有 44 家基金持有 1252 万股,9 家券商持有 650 万股,持股总数占流通股数量低于 4%。就

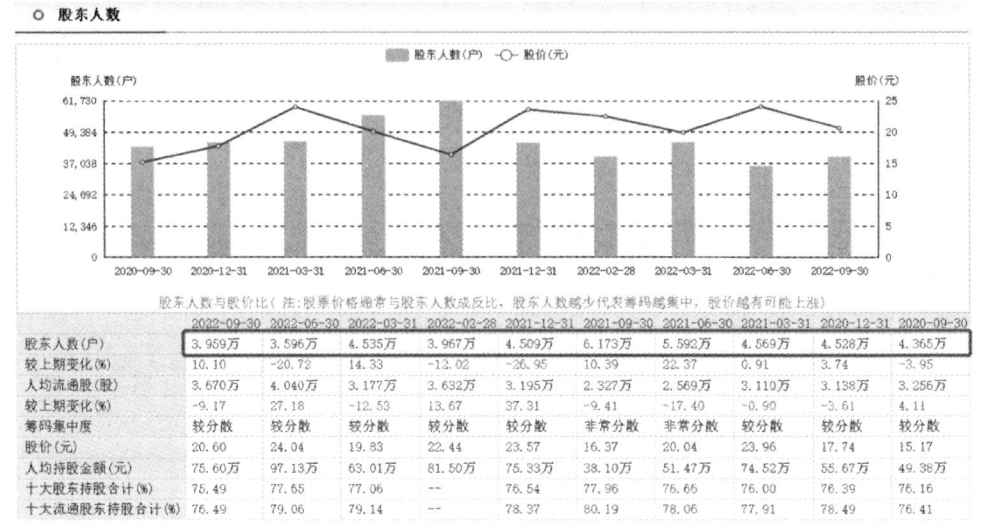

○ 股东人数

股东人数与股价比（注:股票价格理论上与股东人数成反比，股东人数越少代表筹码越集中，股价越有可能上涨）

	2022-09-30	2022-06-30	2022-03-31	2022-02-28	2021-12-31	2021-09-30	2021-06-30	2021-03-31	2020-12-31	2020-09-30
股东人数(户)	3.959万	3.596万	4.535万	3.967万	4.509万	6.173万	5.592万	4.569万	4.528万	4.365万
较上期变化(%)	10.10	-20.72	14.33	-12.02	-26.95	10.39	22.37	0.91	3.74	-3.95
人均流通股(股)	3.670万	4.040万	3.177万	3.632万	3.195万	2.327万	2.569万	3.110万	3.138万	3.256万
较上期变化(%)	-9.17	27.18	-12.53	13.67	37.31	-9.41	-17.40	-0.90	-3.61	4.11
筹码集中度	较分散	较分散	较分散	较分散	较分散	非常分散	非常分散	较分散	较分散	较分散
股价(元)	20.60	24.04	19.83	22.44	23.57	16.37	20.04	23.96	17.74	15.17
人均持股金额(元)	75.60万	97.13万	63.01万	81.50万	75.33万	38.10万	51.47万	74.52万	55.67万	49.38万
十大股东持股合计(%)	75.49	77.65	77.06	--	76.54	77.96	76.65	76.00	76.39	76.16
十大流通股东持股合计(%)	76.49	79.06	79.14	--	78.37	80.19	78.06	77.91	78.49	76.41

是说 7 年时间过去了,机构持仓比例增加了 1 倍多,这和股价大幅上涨也不相称吧? 是大家都没有注意到它吗? 并不是。2021 年 4 月到 2023 年 4 月,有多家券商的研究员撰写了大量的研究报告,对它的评价都是非常高的,评级也都是买入或者增持,但是为什么愿意下手的机构却不多呢? 原因很简单,这么多年来,几乎看不到该公司有任何的业绩预增公告,从上市到 2023 年初,该公司只有在 2013 年发布过一次业绩预增公告,预计增长 30％～40％,其他时间根本达不到预增标准。更有意思的是,这家公司从上市到现在的利润一直都是增长的,只是增长没有那么快。

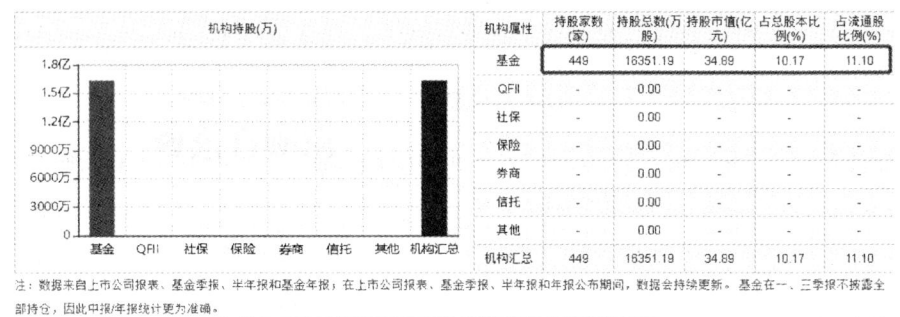

机构持股(万)		机构属性	持股家数(家)	持股总数(万股)	持股市值(亿元)	占总股本比例(%)	占流通股比例(%)
		基金	449	16351.19	34.89	10.17	11.10
		QFII	-	0.00	-	-	-
		社保	-	0.00	-	-	-
		保险	-	0.00	-	-	-
		券商	-	0.00	-	-	-
		信托	-	0.00	-	-	-
		其他	-	0.00	-	-	-
		机构汇总	449	16351.19	34.89	10.17	11.10

注: 数据来自上市公司报表、基金季报、半年报和基金年报。在上市公司报表、基金季报、半年报和年报公布期间,数据会持续更新。基金在一、三季报不披露全部持仓,因此中报/年报统计更为准确。

研报明细	装修建材研报	装修建材盈利预测				时间 两年内

序号	报告名称	东财评级	评级变动	作者	机构	日期
1	Q4业绩增长加速，优等生逆势正增长	买入	维持	陈中亮	西南证券	2023-03-06
2	不惧干扰，稳健成长	买入	维持	陈浩武	中银证券	2023-03-01
3	22Q4营收增长超预期，看好公司长期发展	买入	维持	鲍荣富 王涛 王雯	天风证券	2023-03-01
4	Q4业绩表现亮眼，原材料价格下行释放弹性	增持	维持	毕春晖	财通证券	2023-03-01
5	2022年业绩预告点评：行业低迷中稳健成长	买入	维持	赵军胜	东兴证券	2023-02-28
6	2022年业绩快报点评：Q4业绩超预期，深耕零售稳致远	买入	维持	黄诗涛 房大磊 任婕	东吴证券	2023-02-28
7	2022年业绩快报点评：Q4收入超预期，零售C端领跑者	买入	维持	李阳	民生证券	2023-02-28
8	全年业绩逆势增长，零售龙头行稳致远	增持	维持	杨侃 郑南宏	平安证券	2023-02-28
9	升级迭代，疫后有望双击	买入	维持	陈睿彬	东吴证券国际经纪	2023-01-05
10	升级迭代，疫后有望双击	买入	维持	黄钰豪 房大磊 任婕	东吴证券	2022-12-13
11	公司动态研究报告：同心圆赋能产业链，零售工程双轮驱动	买入	首次	黄俊伟	华鑫证券	2022-11-22
12	同心一体，零售"破圈"	增持	维持	毕春晖	财通证券	2022-11-20
13	成本压力释放，零售定价力彰显，逆势高质增长	买入	维持	孙颖 韩宇	中泰证券	2022-11-14
14	2022年三季报点评：稳健成长有韧性，盈利能力改善明显	买入	维持	黄道立 陈颖 冯梦琪	国信证券	2022-11-07
15	Q3盈利、现金流改善，逆境交出亮眼答卷	-	首次	丁士涛	中邮证券	2022-11-02
16	Q3表现强劲彰显实力，看好公司长期发展	买入	维持	鲍荣富 王涛 王雯	天风证券	2022-11-01
17	业绩表现亮眼，持续看好公司价值	买入	维持	陈浩武	中银证券	2022-11-01
18	同心战略验证成长性，盈利能力及现金流改善	增持	维持	毕春晖	财通证券	2022-10-30
19	2022年三季报点评：Q3盈利改善显著，防水净水等快速发展支撑收入韧性	买入	维持	黄诗涛 房大磊 任婕	东吴证券	2022-10-30
20	Q3业绩增速表现亮眼，盈利能力提升经营韧性强	买入	维持	苏多永 董文静	安信证券	2022-10-28
21	2022年三季报点评：行业低迷中优势明显	买入	维持	赵军胜	东兴证券	2022-10-28

该公司的营业收入从 2012 年的 18.57 亿元增长到 2020 年的 51.05 亿元。年营业收入增长率最好的时候只有 20％出头，最差的时候只有 2％，8 年时间的复合增长率为 13.47％。净利润从 2012 年的 2.359 亿元增长到 2020 年的 11.93 亿元，年利润增长率最高的时候为 38.46％，最低的时候为 0.5％，8 年时间复合增长率为 22.46％。无论从哪个角度看，该公司都与大家想象的高成长公司不沾边，更何况公司所从事的行业非常传统——各种材质的水管，不是高科技企业，也不是创新型企业，而是实实在在地做实业赚钱。连续上涨了这么多年市值才 360 亿元，累计给股东 48 亿元的现金分红。

之所以提及这家公司，是因为大家可以从中学到以下几点：①哪里有那么多高成长企业，真正的成长其实都是缓慢且长期的，那些业绩大幅度增长的企业多数都是昙花一现;②20％是长期业绩增长的天花板,无论是实业还是投资回报率都是如此;③真正赚钱的企业是不会吝啬给自己的股东分红的,那些看上去赚钱却从不分红的企业,或许根本就没赚到钱;④投资是长跑不是短跑,路遥知马力,日久见人心,真正的好企业从来不会让股东失望;⑤认真做事、好好赚钱的企业,才是投资者最应该投资的,那些整天叫嚷着高科技和热点题材的公司,却总是让投资者亏钱,这可能就是"宅男"和"渣男"的区别吧。

18. 优先股的分红真的那么高吗？

2023 年 3 月 4 日，中国农业银行股份有限公司发布了《优先股二期2022—2023 年度股息发放实施公告》，公告里的一些信息让很多人情绪瞬间崩溃。根据公告可知，中国农业银行股份有限公司将在 2023 年 3 月 13 日向优先股股东派发分红，每股 4.84 元。农业银行 A 股股价当时不到 3 元，而每股分红就达到了 4.84 元，会有这种好事吗？

中国农业银行股份有限公司
优先股二期2022—2023年度股息发放实施公告

> 中国农业银行股份有限公司董事会及全体董事保证本公告内容不存在任何虚假记载、误导性陈述或者重大遗漏，并对其内容的真实性、准确性和完整性承担个别及连带责任。

重要内容提示：

- 优先股代码：360009
- 优先股简称：农行优2
- 每股优先股派发现金股息人民币4.84元（含税）
- 最后交易日：2023年3月9日
- 股权登记日：2023年3月10日
- 除息日：2023年3月10日
- 股息发放日：2023年3月13日

要想知道这是怎么回事，就需要知道什么是优先股。优先股是一种很特殊的股票，是指股东享有某些优先权利的股票，如优先分配公司盈利和剩余财产权。优先股是相对于普通股而言的，优先股股东不具备普通股股东所具有的基本权利，它的有些权利是优先的，有些权利又受到限制。

优先股的特性体现在"优先"两个字上。第一体现在派发股息优先。无论公司的经营状况如何，都要按照事先规定的金额来派发股息，某种程度上可以把它理解为债券付利息。如果企业的经营状况很好，有可能每股普通股股票派发的股息大于优先股的股息；如果企业的经营状况很差，普通股股票很可能少分红或者不分红，这个时候优先股的优势就体现出来了。第二体现在剩余财产分配优先。如果企业的经营状况很差，濒临倒闭或者清算的时候，按照清偿顺序首先会支付所有员工尚未支付的福利、工资等，然后补缴相关的税费，再来偿还所有欠别人的债务，把这些都支付完毕之后得到的剩余金额要支付优先股的本金，在支付完优先股股金后，如果有剩余金额，才由普通股股东按比例分配。如果走到这一步，那么优先股股东会优先得到股金，而普通股股东排在优先股股东之后，可能什么也没有。

优先股看起来有这么多优势，但也不是没有缺点。首先是没有办法像普通股股票那样自由地在市场上流通，只能在买方和卖方单独协商同意之后办理手续转让。而且一般情况下根据发行条款，发行人有权强制赎回优先股（也有部分不能赎回），优先股股东不得拒绝。优先股的发行价格通常都是面值 100 元（优先股每股票面金额为 100 元，发行价格不得低于优先股票面金额），例如，农业银行的优先股就是按每股 100 元来发行的，仔细计算一下就会发现，股息率（每股分红÷股价×100%）是 4.84%。

其实投资者没有必要羡慕购买了农业银行优先股的股东,因为优先股股息率是 4.84%,现在农业银行二级市场股票价格不足 3 元,2021 年每股分红 0.2068 元,股息率在 7% 左右,远超优先股股息率。不过优先股的股息很稳定,即使银行的经营业绩很差,也能拿到同样的股息。

19. 好的高管对公司有多重要？

很多投资者在投资的时候特别在意公司的行业和利润增长情况，也有不少投资者去认真研究公司的财务报告，但是很少有投资者去研究公司高管对公司发展究竟有多大的影响。如果对比两家公司的不同情况，就会知道一个企业的灵魂人物对企业的价值有多么大的影响了。

2023年3月7日，云南白药发布公告，王明辉先生因个人原因申请辞去公司第十届董事会董事长、董事、董事会战略委员会委员以及在云南白药及其控股子公司的一切职务。几天后再次公告，王锦女士因个人原因，申请辞去公司首席销售官、高级副总裁以及在云南白药及其控股子公司的一切职务。

其实上市公司高管辞职是比较常见的，但是发生在云南白药这种大型企业，就非常罕见了。因为王明辉是云南白药的董事长，也是云南白药的灵魂人物，公开资料显示，其早年从宾川县医药公司副经理一直做到昆明制药股份有限公司董事、副总裁。1999年11月王明辉开始出任云南白药董事；从2004年4月起，其任云南白药董事长，时间长达19年。在他掌管云南白药的这19年里，云南白药用腾飞两个字来形容一点都不过分。

1999年云南白药营业收入为2.32亿元，净利润为3350万元，2004年王明辉开始担任董事长的时候营业收入为18.32亿元，净利润为1.71亿元。到2021年云南白药的营业收入已经达到363.74亿元，净利润为28.04亿元，2020年云南白药净利润最高达到55.16亿元。正因为

股票代码：000538　　股票简称：云南白药　　公告编号：2023-03

云南白药集团股份有限公司
关于董事长辞职的公告

本公司及董事会全体成员保证信息披露的内容真实、准确、完整，没有虚假记载、误导性陈述或重大遗漏。

云南白药集团股份有限公司（以下简称"云南白药"或"公司"）第十届董事会于近日收到公司董事长王明辉先生送达的《辞职报告》，王明辉先生因个人原因，申请辞去公司第十届董事会董事长、董事、董事会战略委员会委员以及在云南白药及其控股子公司的一切职务。根据《公司法》《公司章程》的相关规定，王明辉先生的辞职申请自送达董事会之日起生效，王明辉先生辞职后不会导致公司董事会成员低于法定人数，不会影响公司董事会和公司经营的正常运行。

截至本公告披露日，王明辉先生持有公司股份 1,008,000 股，承诺将严格按照相关法律法规的规定，自实际离任之日起六个月内，不转让本人持有及新增的云南白药股份。

公司董事会将尽快完成董事补选、新任董事长的选举及专门委员会人员调整工作。经董事会半数以上董事共同推举，在董事会选举产生新任董事长前，由公司法定代表人、董事、首席执行官（总裁）董明先生代为履行董事长职责，主持董事会日常工作，直至选举产生新任董事长为止。

1/2

公司及董事会对王明辉先生任职期间对公司发展所做的重要贡献表示衷心的感谢！

特此公告

云南白药集团股份有限公司

董　事　会

多年来营业收入和利润的持续增长，云南白药的股价表现优异，上涨了几十倍。他刚刚接手云南白药的时候，该公司的龙头产品（白药散剂）正销量骤降，于是他便组织开发了创可贴、云南白药气雾剂等市场热销产品,随后推出云南白药牙膏,2021 年云南白药牙膏的市场份额已经超过 23%。

王明辉这样一位灵魂人物的离职,很显然对公司造成了伤害,公告当天股价就下跌超过 5%。没想到几天之后王锦也提出离职,而几个月之前她刚刚被增聘为首席销售官。王锦于 1992 年加入云南白药,任职长达 31 年。王锦最初的职位只是一个低层的销售,最后成为云南白药整个销售的最高领导。在董事长离职后快速离职,不得不让人有点疑虑。而云南白药现任董事长是华为中国区前副总裁出身的董明,接替王锦的赵英明之前在零售百货业打拼,曾担任过京东副总裁。

股票代码:000538　　股票简称:云南白药　　公告编号:2023-06

云南白药集团股份有限公司
关于高级管理人员辞职的公告

本公司及董事会全体成员保证信息披露的内容真实、准确、完整,没有虚假记载、误导性陈述或重大遗漏。

云南白药集团股份有限公司(以下简称"云南白药"或"公司")第十届董事会近日收到公司首席销售官、高级副总裁王锦女士送达的《辞职报告》,王锦女士因个人原因,申请辞去公司首席销售官、高级副总裁以及在云南白药及其控股子公司的一切职务。根据《公司法》《公司章程》的相关规定,王锦女士的辞职申请自送达董事会之日起生效,王锦女士辞职后不会影响公司经营的正常运行。

截至本公告披露日,王锦女士持有公司股份 504,000 股,承诺将严格按照相关法律法规的规定,自实际离任之日起六个月内,不转让本人持有及新增的云南白药股份。

公司及董事会对王锦女士在任职期间对公司发展做出的贡献表示衷心的感谢!

特此公告

云南白药集团股份有限公司

董　事　会

2023 年 3 月 15 日

一个公司的核心高管一旦离职,会对公司产生多大的不利影响呢?历史上最典型的例子莫过于振华重工。

振华重工的创始人是管彤贤,1992 年他在 59 岁的时候选择下海创业,1998 年就成为全世界集装箱起重机的领头人,振华重工占据了全球 80% 的市场份额,而在美国更是直接垄断了其 90% 的市场。振华重工在 2000 年就实现了上市,而那一年公司的主营业务收入为 21.57 亿元,净利润为 1.24 亿元。到 2008 年,振华重工的主营业务收入达到 274 亿元,净利润为 25.51 亿元。这绝对是高成长的典范。在那段时间公司的股票也是市场上最大的牛股之一,其股价最高涨幅高达百倍。

(二)前三年主要会计数据和财务指标
单位:人民币元

指标项目	2000 年	1999 年	1998 年
主营业务收入	2,156,858,595	1,365,071,618	1,082,676,140
净利润	124,245,805	90,118,140	86,890,716
总资产	3,866,426,653	2,276,416,896	1,986,354,441
股东权益(不含少数股东权益)	1,705,099,651	826,605,276	791,762,136
每股净资产(元/股)	3.73	2.24	2.36
调整后每股净资产(元/股)	3.57	2.22	2.31
每股经营活动产生的现金流量净额	1.44	(0.07)	0.21

§3 会计数据和业务数据摘要:
3.1 主要会计数据

单位:元 币种:人民币

	2008 年	2007 年	本年比上年增减(%)	2006 年
营业收入	27,443,405,347	23,978,553,207	14.45	17,096,659,139
利润总额	2,824,414,980	2,321,527,657	21.66	1,720,796,398
归属于上市公司股东的净利润	2,551,063,379	2,089,510,323	22.09	1,606,047,627
归属于上市公司股东的扣除非经常性损益的净利润	1,459,832,071	1,912,480,092	-23.67	1,598,054,278
经营活动产生的现金流量净额	-4,075,527,362	482,890,688	-943.99	760,070,155
	2008 年末	2007 年末	本年末比上年末增减(%)	2006 年末
总资产	53,582,768,850	33,662,717,948	59.18	19,626,599,065
所有者权益 (或股东权益)	15,320,701,808	12,492,531,166	22.64	5,851,330,686

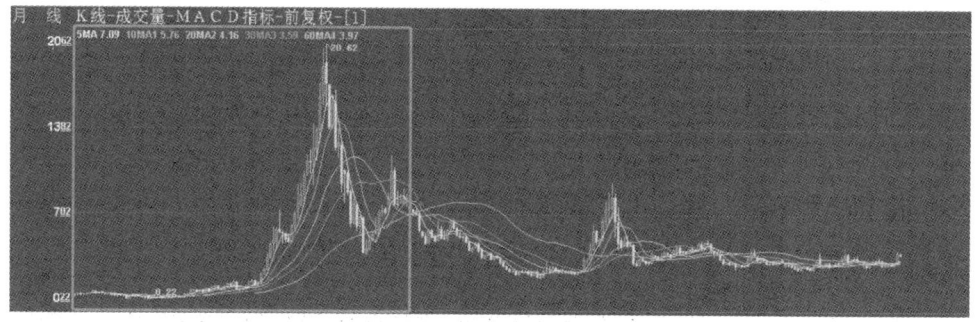

2009 年,管彤贤退休,不再担任公司的总裁。但他仍然每天持续工作,他曾经在中华人民共和国成立 70 周年的时候被评为最美奋斗者。自从他离开管理岗位,振华重工也引入了大量高科技人才,但经营却失去了当年的势头。

2009 年振华重工营业收入约为 276 亿元,但是净利润却只有 8.4 亿元左右,下降了约 67%。在之后几年,振华重工营业收入一直保持在 210 亿~260 亿元,净利润保持在 1 亿~6 亿元,甚至多次扣除非经常性损益之后的净利润为负数。振华重工这个名字也逐渐淡出广大投资者的视野,基金也不再买入,股价也只有当年的零头而已。这就是企业失去好的核心领导的代价。

上海振华重工(集团)股份有限公司 2009 年年度报告摘要

§3 会计数据和业务数据摘要
3.1 主要会计数据

单位: 元 币种: 人民币

主要会计数据	2009 年	2008 年		本期比上年同期增减(%)	2007 年
		调整后	调整前		
营业收入	27,564,115,642	27,443,405,347	27,443,405,347	0.44	23,978,553,207
利润总额	764,351,771	2,849,226,059	2,824,414,980	-73.17	2,321,527,657
归属于上市公司股东的净利润	839,853,345	2,575,874,458	2,551,063,379	-67.40	2,089,510,323
归属于上市公司股东的扣除非经常性损益的净利润	718,444,313	1,485,308,131	1,459,832,071	-51.63	1,912,480,092
经营活动产生的现金流量净额	550,280,773	-4,075,527,362	-4,075,527,362	-113.50	482,890,688
	2009 年末	2008 年末		本期末比上年同期末增减(%)	2007 年末
		调整后	调整前		
总资产	51,066,425,862	53,360,773,352	53,582,768,850	-4.30	33,662,717,948
所有者权益(或股东权益)	15,812,245,251	15,098,706,310	15,320,701,808	4.73	12,492,531,166

成长能力指标	21-12-31	20-12-31	19-12-31	18-12-31	17-12-31	16-12-31	15-12-31	14-12-31	13-12-31
营业总收入(元)	259.8亿	226.6亿	246.0亿	218.1亿	218.6亿	243.5亿	232.7亿	254.8亿	232.0亿
归属净利润(元)	4.398亿	4.222亿	5.149亿	4.430亿	3.002亿	2.124亿	2.124亿	2.022亿	1.398亿
扣非净利润(元)	-4.402亿	-5846万	3.111亿	1.213亿	2.778亿	1.574亿	-2.144亿	-7958万	-10.09亿
营业总收入同比增长(%)	14.67	-7.89	12.76	-0.21	-10.22	4.62	-8.65	9.81	27.10
归属净利润同比增长(%)	4.17	-18.00	16.24	47.57	41.32	0.00	5.04	44.61	113.40
扣非净利润同比增长(%)	-652.94	-118.79	156.41	-56.33	76.47	173.43	-169.42	92.11	19.86
营业总收入滚动环比增长(%)	7.48	-3.72	9.01	1.73	3.29	-2.42	-3.92	6.52	11.07
归属净利润滚动环比增长(%)	18.59	-8.97	4.81	36.67	31.76	10.21	-25.04	20.65	140.68
扣非净利润滚动环比增长(%)	9.61	-129.57	70.57	-50.91	60.24	0.62	-26.89	90.22	-19.53

对于普通散户来说,要牢记:①企业最核心的竞争力并不是有什么新产品或者迈入新行业,企业的灵魂人物是企业最有价值的财富。②企业管理水平的高低,决定了企业投资价值的高低。③喜欢吹嘘和追捧各种题材的高管,可能会为市场股价炒作增加短期亮点,但是如果想长期获利,一定要找高管团队高效地管理企业,否则很容易迷失前进的方向。④投资最重要的不是赚钱快,而是守得住。

五、捂住"钱袋子"：稳健投资一二三

1. 国债逆回购

　　谁都想做风险最低且收益最高的投资,只不过这几乎是不可能实现的,而目前在证券市场上有一种风险约等于零的投资方式——国债逆回购。

　　国债回购交易是一种以交易所挂牌国债作为抵押拆借资金的信用行为。其中将国债抵押给资金提供方获取资金的行为叫正回购,而将资金提供给融资方到期收取利息的行为称为逆回购。国债逆回购本质是一种短期贷款,就是个人通过国债回购市场把自己的资金借出去,获得固定的利息收益,而回购方(也就是借款人)用自己的国债作为抵押获得资金,到期后还本付息。简单地说,你作为资金提供方,通过国债逆回购的方式将自己的钱借给对方,而对方则用国债作为抵押,到期后交易所自动向你返还本息,向对方返还国债。

　　通过下图不难看出,国债逆回购的价格波动很大,最低的时候只有0.005,最高的时候达到7。一些习惯了炒股的客户一定会对这种产品产生兴趣。如果客户是一个细心的人,就会发现笔者在写这个数据的时候,后面没有带单位,这是因为国债逆回购的报价单位不是元,而是年化收益率。0.005 的意思就是对方向你借钱,只愿意按照年化收益率0.005%的利率给付,7 的意思就是对方向你借钱的时候按照年化收益率7%的利率给付,而无论利息多少,本金都是原数奉还的。

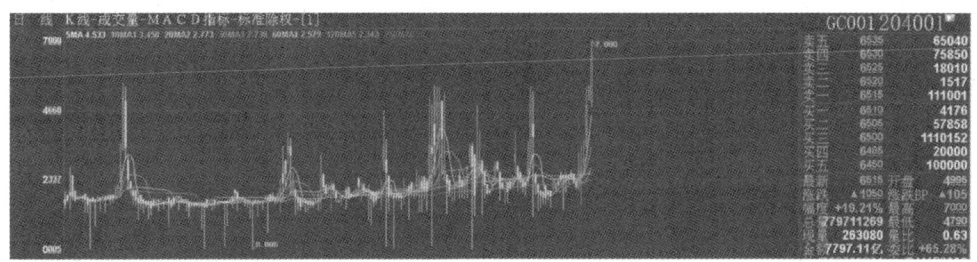

有些客户会担心,万一对方不还钱怎么办?当进行国债逆回购交易的时候,对方需要将其所持有的国债抵押到交易所,一般来说,如果向客户借1万元资金,需要向交易所抵押价值在11000元左右的国债。国债是以国家信用为担保的债券,其安全等级是所有投资品中最高的。因此作为资金方,实际上是希望对方不还钱。如果对方不还钱,资金方会获得超过自己本金和收益的国债。同时国债逆回购有1天、2天、3天、4天、7天、14天、28天、91天、182天等多个品种,可以根据自己的资金状况做出选择。期限不同的国债逆回购,报价也是不同的,例如,同一交易日的182天期国债逆回购的报价为2.45%,与1天期的国债逆回购的差距接近3倍。

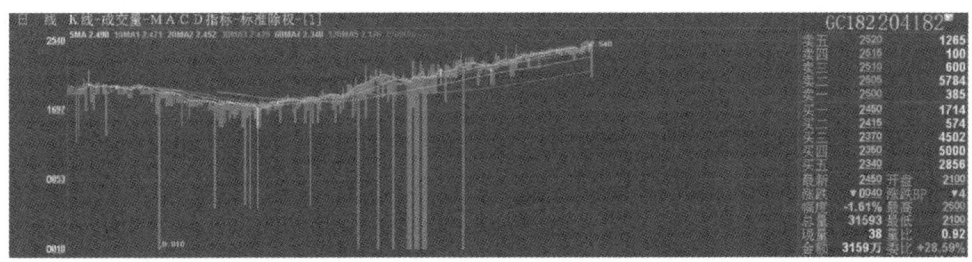

如果你仔细地观察行情波动,会发现行情呈规律性波动,这一点在短期的国债逆回购报价上表现得特别明显。实际上国债逆回购利率的高低由市场上资金的紧张程度所决定:当市场上资金充裕、资金需求不高时,资金需求方就处于强势地位,融资的报价就会很低;当市场上资金紧张、资金需求很大的时候,资金提供方就可以控制局面,市场的报价就

会很高。一般情况下,每逢周末、月末、季末、年末等银行资金结算周期点的时候,市场对资金的需求会很高,这个时候如果手上有闲置的资金,可以进行国债逆回购交易,这种操作可能会获得远超银行存款和各种理财产品数倍以上的收益!

国债逆回购交易有一种特殊的结算方式。例如,某客户在周一进行国债逆回购交易,可以获得1天的利息,资金在周二就已经回到了账面上,这笔资金虽然在周二是可以动用的,但是却不能从证券账户里转出去。也就是说,客户可以在周二拿这笔资金再进行新的国债逆回购、股票、基金等操作,却不能把资金转到银行卡进行提现,客户需要等到周三才能进行提现操作。正因为这个因素的存在,每逢周四,就会出现国债逆回购的报价较高的现象。虽然是周四进行国债逆回购,但是在周五资金已经返回却不能提现,而周六和周日是休息日,真正提现的时间已经推到了周一。也就是说,周四时选择1天期的国债逆回购,但是资金的实际占用达到了3天,资金方付出的利息也是3天,而报价仍然是按1天来计算,这就是每逢周四1天期的国债逆回购报价会比平时更高的原因。在长假之前的一天同样是资金无法提现,因为资金的实际使用时间更长,因此1天期的国债逆回购报价会出现很高的情况。

国债逆回购这种投资行为,我们可以认为是几乎无风险的投资,因为它的担保品是所有理财产品中风险最低的国债,安全性非常高!

2. 现阶段有既保本又保收益的理财产品吗？

股市风险较大,很多人都吃过亏;银行利息太低;国债安全、收益稳定,但很难买到;想买保险,又怕自己的钱付之东流;买信托,又怕买到爆雷的;银行的理财计划也不保本了;基金的收益看起来稳定,但亏的时候也很惨。现在到底有没有既能保证本金又能保证收益的理财产品呢?

中国人民银行、中国银行保险监督管理委员会、中国证券监督管理委员会、国家外汇管理局于 2018 年 4 月 27 日联合印发的《关于规范金融机构资产管理业务的指导意见》(银发〔2018〕106 号)第二条规定:"资产管理业务是金融机构的表外业务,金融机构开展资产管理业务时不得承诺保本保收益。出现兑付困难时,金融机构不得以任何形式垫资兑付。"

所以大家目前能看到的理财产品,都可以在字面上找到预期收益率的类似字样,和以前的宣传有明显不同,即使口头告知保本保收益,但是绝对不会写到合同里面。如果理财产品出现亏损,其金融机构也不可能刚性兑付,而是完全由投资者自行承担。

监管部门已经明确规定不允许金融机构承诺保本保收益,但券商发行的收益凭证本质上是能实现保本和保收益的。为什么这么说呢? 先来了解一下什么是收益凭证。收益凭证是由证券公司以自身信用发行的,约定本金和收益的偿付与特定标的(包括但不限于货币利率,基础商品、证券的价格,或者指数)相关联的有价证券。简单来说,就是证券公司以自己的信用作担保,发行并负责偿还的理财产品。只要证券公司不破产倒闭,就必须偿付本金及约定的收益。可能有人会说,公司破产了怎么办?收益凭证诞生于2013年《证券公司债务融资工具管理暂行规定(征求意见稿)》文件发出后。证券公司有非常完善的合规管理制度,但并不是每家证券公司都可以发行这种理财产品,只有少数制度规范、运行良好且偿付能力强的证券公司才能发行。投资者只要选择经营制度规范的大型券商发行的收益凭证,风险就约等于零。

这种产品的收益情况怎么样?收益凭证的收益分为两种:一种是固定收益,另一种是保底浮动收益。固定收益就是事先约定收益率,到期一次性还本付息;保底浮动收益就是在极端情况下保证本金,但是有机会博取高收益。固定收益型产品的收益,年化收益率通常在3%左右;浮动收益型产品的收益可能更高,也可能更低,但都是保本的。

收益凭证的风险级别被评为R1级,也是目前所有理财产品中风险最低的。但是低风险不代表没风险,收益凭证的风险主要来自三个方面,即流动性风险、信用风险、政策法规风险。

所谓流动性风险,是指这种产品一旦购买,没有到期是不能退出的,所以对于投资者来说,可能会出现无法周转的现象;信用风险是因为证券公司以其信用发行,如果证券公司在最不利的情况下(如证券公司解散、破产、无力清偿债务),收益可能无法按约定赔付;至于政策法规风险,是任何投资都无法避免的,所以没有办法来评价。

3. 为什么冠军基金不建议买？

2019 年基金圈里有个名字特别火——刘格菘，因为他管理的三只基金，在一年时间内实现基金净值翻倍(收益率都在 100％以上)，夺得了 2019 年混合基金的前三名。2020 年，公募基金界又诞生了一项新的纪录，赵诣管理的四只基金包揽公募基金业绩前四，一举打破刘格菘在 2019 年创造的包揽前三的纪录。

面对这样的成绩，绝大多数投资者的第一反应就是赶紧去买他们管理的基金。刘格菘所在的广发基金趁热打铁，在 2019 年底推出了他管理的一只新基金，瞬间销售一空，大卖超过 200 亿元。也有的投资者果断上车，追买他管理的三只冠军基金。赵诣所在的农银汇理就没有这么幸运了，出名之后赵诣选择了跳槽，去新成立不久的泉果基金发行了新的基金，同样大卖了 150 亿元。可是在基金圈里有一种现象叫"冠军魔咒"，就是说每年的冠军基金，在次年很可能会出现在倒数的行列。

例如，2018 年混合基金实际的冠军是长安鑫益增强，2019 年它在 2872 只同类基金中排第 2357 位。2017 年的混合基金冠军是东方红睿华沪港深混合，亚军是东方红沪港深灵活配置混合，这两只基金都是由东证资管的林鹏所管理，可是 2018 年东方红睿华沪港深混合收益率是 －21.97％，在同期的 2975 只基金中排第 1677 位，而东方红沪港深灵活配置混合 2018 年收益率是 －21.15％，在同期的 2975 只基金中排第 1613 位。2016 年混合基金冠军是兴业聚利，其 2017 年收益率只有 4.29％，在同期 2766 只基金中排 1527 位。最惨的是 2015 年冠军易方达新兴成长,2016 年收益率是－39.83％,在同期的 1332 只基金中排第 1323 位,倒数第十。即使把时间拉得再长一些,同样也是这个结果,前一年的冠军基金,第二年业绩多数不忍直视。唯一的例外是当时王亚伟管理的 2007 年的冠军基金华夏大盘精选,次年收益率是－8.94％,在同期 215 只基金中排第 12 位。

为什么冠军基金次年业绩都很差?第一个原因是基金的业绩好坏虽然和基金经理的个人能力有一定的关系,但更重要的是当年的行情风格和基金经理个人风格形成了共振,所以这类基金经理的业绩自然不差。第二个原因是中国股市目前并没有形成固定的投资风格和理念,总是今年炒这个明年炒那个,而基金经理的投资风格却很难每年都发生变化,特别是前一年依靠这个办法得到好成绩,他反而会更加坚定这种投资风格,于是第二年就亏惨了。

那么前文提到的刘格菘和赵诣管理的基金后来怎么样了呢?截至 2023 年 4 月,刘格菘在 2019 年夺冠的时候管理的三只基金(广发双擎升级、广发创新升级、广发多元新兴)在之后的一段时间内业绩都很差。

广发双擎升级近 3 年收益率为－2.37％,在同期 990 只同类型基金中排第 916 位;近 2 年收益率为－28.62％,在同期 1841 只同类型基金中排第 1543 位;近 1 年收益率为－11.13％,在同期 2963 只同类型基金中排第 2757 位。

广发创新升级近 3 年收益率为 8.94％,在同期 1827 只同类型基金中排第 1516 位;近 2 年收益率为－24.15％,在同期 1972 只同类型基金中排第 1739 位;近 1 年收益率为－10.43％,在同期 2147 只同类型基金中排第 2018 位。

广发多元新兴近 3 年收益率为－3.01％,在同期 404 只同类型基金中排第 377 位;近 2 年收益率为－26.51％,在同期 593 只同类型基金中排第 488 位;近 1 年收益率为－10.90％,在同期 771 只同类型基金中排第 718 位。

	近1周	近1月	近3月	近6月	今年来	近1年	近2年	近3年
阶段涨幅	-2.12%	-2.68%	-18.61%	-20.51%	-12.95%	-11.13%	-28.62%	-2.37%
同类平均	0.61%	3.98%	-2.70%	2.42%	3.45%	3.77%	-11.03%	30.71%
沪深300	1.08%	4.42%	-1.64%	9.54%	6.23%	1.04%	-19.09%	6.74%
同类排名	3301 | 3564	3496 | 3569	3508 | 3524	3317 | 3343	3454 | 3480	2757 | 2963	1543 | 1841	916 | 990
四分位排名	不佳	不佳	不佳	不佳	不佳	不佳	不佳	不佳

广发双擎升级的收益率及排名

	近1周	近1月	近3月	近6月	今年来	近1年	近2年	近3年
阶段涨幅	-2.14%	-0.77%	-17.41%	-19.60%	-11.79%	-10.43%	-24.15%	8.94%
同类平均	0.62%	3.44%	-0.73%	2.59%	4.36%	4.66%	-2.61%	30.28%
沪深300	1.08%	4.42%	-1.64%	9.54%	6.23%	1.04%	-19.09%	6.74%
同类排名	2164 | 2265	2096 | 2264	2224 | 2241	2187 | 2212	2211 | 2236	2018 | 2147	1739 | 1972	1516 | 1827
四分位排名	不佳	不佳	不佳	不佳	不佳	不佳	不佳	不佳

广发创新升级的收益率及排名

	近1周	近1月	近3月	近6月	今年来	近1年	近2年	近3年
阶段涨幅	-1.85%	-1.20%	-16.44%	-16.83%	-10.51%	-10.90%	-26.51%	-3.01%
同类平均	0.61%	4.47%	-1.66%	4.57%	5.06%	7.15%	-7.63%	36.93%
沪深300	1.08%	4.42%	-1.64%	9.54%	6.23%	1.04%	-19.09%	6.74%
同类排名	768 | 871	823 | 872	848 | 860	818 | 834	843 | 859	718 | 771	488 | 593	377 | 404
四分位排名	不佳	不佳	不佳	不佳	不佳	不佳	不佳	不佳

广发多元新兴的收益率及排名

　　至于那只获得冠军后立即新发行的基金——广发科技先锋混合，成绩也同样惨不忍睹。近3年收益率为－8.51％，在同期990只同类型基金中排第947位；近2年收益率为－31.48％，在同期1841只同类型基金中排第1655位；近1年收益率为－10.73％，在同期2963只同类型基金中排第2739位。

	近1周	近1月	近3月	近6月	今年来	近1年	近2年	近3年
阶段涨幅	-2.42%	-1.80%	-17.18%	-17.37%	-11.13%	-10.73%	-31.48%	-8.51%
同类平均	0.61%	3.98%	-2.70%	2.42%	3.45%	3.77%	-11.03%	30.71%
沪深300	1.08%	4.42%	-1.64%	9.54%	6.23%	1.04%	-19.09%	6.74%
同类排名	3375|3564	3421|3569	3489|3524	3278|3343	3425|3480	2739|2963	1655|1841	947|990
四分位排名	不佳	不佳	不佳	不佳	不佳	不佳	不佳	不佳

广发科技先锋混合的收益率及排名

这还不算完,其实所有刘格菘管理的基金都出现了亏损,名次也非常靠后。

基金代码	基金名称	基金类型	近三月	同类排名	近六月	同类排名	近一年	同类排名	近两年	同类排名	今年来	同类排名
012967	广发行业严选三年持有期混合A	混合型-偏股	-19.68%	3511|3524	-17.98%	3286|3343	-9.41%	2681|2963	--	-|1841	-14.37%	3459|3480
012968	广发行业严选三年持有期混合C	混合型-偏股	-19.76%	3513|3524	-18.13%	3290|3343	-9.77%	2697|2963	--	-|1841	-14.46%	3461|3480
009314	广发双擎升级混合C	混合型-偏股	-18.69%	3509|3524	-20.67%	3322|3343	-11.48%	2767|2963	-29.19%	1567|1841	-13.05%	3455|3480
009132	广发小盘成长混合(LOF)C	混合型-偏股	-16.89%	3486|3524	-19.87%	3312|3343	-10.01%	2710|2963	-25.31%	1395|1841	-11.79%	3439|3480
008903	广发科技先锋混合	混合型-偏股	-17.18%	3489|3524	-17.37%	3278|3343	-10.73%	2739|2963	-31.48%	1655|1841	-11.13%	3425|3480
003745	广发多元新兴股票	股票型	-16.44%	848|860	-16.83%	818|834	-10.90%	718|771	-26.51%	488|593	-10.51%	843|859
005911	广发双擎升级混合A	混合型-偏股	-18.61%	3508|3524	-20.51%	3317|3343	-11.13%	2757|2963	-28.62%	1543|1841	-12.95%	3454|3480
002939	广发创新升级混合	混合型-灵活	-17.41%	2224|2241	-19.60%	2187|2212	-10.43%	2018|2147	-24.15%	1739|1972	-11.79%	2211|2236
162703	广发小盘成长混合(LOF)A	混合型-偏股	-16.81%	3484|3524	-19.71%	3310|3343	-9.65%	2690|2963	-24.71%	1368|1841	-11.68%	3435|3480

刘格菘管理的基金业绩与排名详情

那么赵诣跳槽后新发行的基金情况又如何呢?2022年10月18日,泉果基金发行了泉果旭源三年持有期混合,在2023年4月下旬,其净值只有0.9652元,所有的投资人都处于亏损状态,而且3年内无法卖出。

净值估算 (23-04-21 14:35)	单位净值 (2023-04-20)	累计净值
--	**0.9652** -2.11%	**0.9652**
近1月: -0.18%	近3月: -8.85%	近6月: -3.48%
近1年: --	近3年: --	成立来: -3.48%

基金类型: 混合型-偏股 \| 中高风险　基金规模: 145.62亿元 (2023-03-31)　基金经理: 赵诣
成立日: 2022-10-18　　　　管理人: 泉果基金　　　　　　　基金评级: 暂无评级
锁定期: 买入确认后锁定期3年,期间不可卖出。

看到这里，大家应该明白了：当年获得收益冠军的基金，次年往往表现比较惨淡。其原因主要是冠军基金多数为押中当年风口的赛道型基金，随着市场风格轮动，很难长期保持优秀业绩，甚至随着市场波动的不断加大，风格暴露较为极致的冠军基金业绩会大幅震荡，往往还会出现较大亏损。所以冠军基金往往不能买。

4. 什么是 LOF?

大家通常说的基金指的是公募发行的证券市场投资基金①。除了少数基金外,这些基金基本上属于普通开放式基金,就是说这些基金的规模不是固定的,而是随着申购量和赎回量的变化在动态增减,这些基金的买卖一般是通过基金公司自营渠道或者第三方销售机构(如银行、券商、其他销售机构)等进行购买。大家常见的微信、支付宝、东方财富网旗下的天天基金等都属于第三方销售机构,这些基金是不在证券市场进行交易的。

而 LOF 是比较特殊的基金,它的英文名称为 listed open-ended fund,翻译过来就是上市型开放式基金,就是说这些基金会在证券市场挂牌交易,当然在销售机构也会提供申购和赎回服务。其中的套利机会就是在两种市场上出现价格差。证券市场的买卖价格是由市场行情决定的,完全是一种供需关系,而在销售机构进行的申购和赎回,是以基金的净值作为依据,当市场价格和净值之间出现较大的差距时,套利机会就出现了。

假设某只基金目前的净值是 1.1 元,因为市场交易比较火爆,价格上涨到 1.2 元,客户可以在银行或其他销售机构申购买入这只基金,当基金到账后申请转托管到券商。这一步非常关键,客户只有这么做才能在股票账户上卖出这只基金。当基金到账后,客户就可以在市场上卖出

---

① 证券市场投资基金是指通过发售基金份额募集资金形成独立的基金财产,由基金管理人管理、基金托管人托管,以资产组合方式进行证券投资,基金份额持有人按其所持份额享受收益和承担风险的投资工具。

这只基金了,中间的差价(0.1元)就是客户的毛利润。同样,当某只基金净值是1.1元,而市场价格只有1元时,客户可以反过来操作,在证券市场买入这只基金,然后转托管到银行,再从银行端赎回这只基金,同样可以获取中间的差价利润。在这个过程中需要注意以下几个细节:一是购买成本。申购基金的成本通常是1%,赎回基金的成本一般会在0.6%甚至更高一点,而交易成本主要是佣金,大家需要计算中间的差价是否大于需要付出的成本,当有更大的利润空间时,就可以操作了。二是时间成本。在整个交易过程中,申购基金一般是$T+1$,也就是当天申购的基金次日才能到账,而转托管是$T+3$,就是一个完整的流程下来,可能需要4天左右的时间,而市场行情瞬息万变,如果想完成套利,大家需要留出足够的时间,一旦客户开始操作,而基金的市场价格发生了巨大的变化,客户就没办法获利,甚至可能出现严重亏损。

5. 什么是 ETF?

ETF(exchange-traded fund)是在交易所上市的指数基金,与一般的基金不同,指数基金的基金经理实际上没有太多的自主权,他们所需要做的就是严格按照指数的权重来购买股票。而每只股票购买数量的多少,完全由这只股票在指数中占据的比例来决定。

当投资者购买这种基金 10000 份时,实际上是购买构成这个指数的所有股票,而且可能这只股票有 120 股,那只股票有 50 股,另外一只股票有 20 股,还有的可能达到 800 股甚至 1200 股。股票数量的多少完全取决于投资者买的是什么指数基金。例如,投资者购买的是沪深 300 指数基金,就约等于同时买了 300 只股票,只是每只股票的数量不同。而投资者买了上证 50 指数基金,那么投资者就约等于同时买了 50 只股票。这就像大家去菜场买菜,篮子里品种繁多,且每种数量不同,而这也是投资者在很多资料上会看到说一篮子股票的原因。

由于 ETF 在交易所上市交易,所以价格是被市场行情所影响的,随着市场行情的变化而出现波动,基金的净值波动相对较小,就有可能出现价格差,而这个价格差,就是投资者套利的来源。

当上证 50ETF 基金市场价高于净值时,投资者可以直接在市场上购买对应比例权重的 50 只股票,然后申请转换成 ETF,接着在市场上卖出 ETF,在扣除相关交易费用后,剩下的就是投资者获得的差价。同样,当上证 50ETF 基金市场价低于净值时,投资者可以直接在市场上购买该基金,再转换成 50 只不同的股票抛出,同样可以获得差价。而且投资者不必担心买卖几十只甚至数百只股票的烦琐,现在都是程序化处理,电脑程序可以自动完成一切,非常便捷。

投资者需要注意以下几个细节:①ETF 套利是有门槛的,最低 100 万元。②股票的交易是存在冲击成本的,很可能会因为买盘或者卖盘不足,投资者交易的价格出现偏离,盈利空间会缩小甚至亏损,所以当价格差足够大时才有可能盈利。③无论市场是快涨还是快跌,都可以操作,但是在几乎没有波动,没有价格差的时候,就无法套利。

ETF 还有一个特殊的用法,例如大家有时会遇到某只股票连续涨停买不到或者连续跌停卖不出的情况,利用这一规则可以巧妙地解决这个问题。当股票连续涨停的时候,投资者可以选择买入该股票对应的某些 ETF,然后转换成一篮子股票,再卖掉其他的股票,只保留这一个。不断重复这个过程,投资者就能大量买进自己希望保留的股票了。而当股票连续跌停时,投资者按照权重不断配比买入其他的股票,与投资者手上的某股票逐步配比,再转换成 ETF,然后卖掉该基金,投资者就可以成功卖出股票,如果没有卖完,也可以循环这个过程,直至完成为止。

6. 应该买入新基金还是买入老基金？

市场行情开始变好的时候，就是基金销售最火爆的时候，不少人会选择在这个时候去买基金，基金公司也会顺势推出很多新发行的基金。大多数投资者有一个习惯，喜欢从头开始浏览，于是新发行的基金就是他们的首选目标，但是这样做对吗？

多数人买新发行的基金，其实有一个很重要的原因，就是觉得价格便宜，1块钱1份。而其他的一些老基金因为已经运作了一段时间，可能净值已经提高了，有些甚至已经达到几块钱1份。根据很多人在股市买低价股的习惯，他们也会习惯性地买价格更低的基金，新基金就完美地符合他们的要求。有时候一些基金公司就抓住了投资者喜欢买低价基金的喜好，把已经运作了一段时间的老基金进行净值折算，恢复为1元，其目的是吸引一些贪图便宜的投资者购买。

事实上，购买新基金是不如购买老基金的。新发行的基金有两种情况。一种是由之前已经负责管理一些基金的基金经理来管理，大家可以在很多基金发行的广告宣传上看到一些之前有过优异成绩的基金经理发行的新基金，相当多的投资者都是冲着明星基金经理的光环来购买的。当新基金发行完成，基金经理开始进行投资的时候，根据相关规定，他有3个月的时间来建仓，而基金经理本人的投资理念不会因为新获得了一笔资金可供投资就发生任何改变，大概率情况下基金经理会继续购买之前就看好的股票。例如，兴全合宜混合（LOF）A于2018年1月23

日发行,而管理该基金的基金经理谢治宇于 2013 年就开始管理另外一只基金兴全合润,大家来比较一下这两只基金当时的持仓情况。

在兴全合润 2017 年第 4 季度的报告中,可以看到这只基金持仓的前十名分别占比基金资产规模的情况:中国平安 9.72％、五粮液 6.99％、伊利股份 6.54％、中国太保 6.22％、中兴通讯 4.55％、新华保险 4.36％、隆基股份 4.18％、保利地产 4.04％、中际旭创 3.90％、国电南瑞 3.89％。而兴全合宜在 2018 年第 1 季度末的时候,基金持仓前十名分别占比基金资产规模的情况如下:中国平安 7.39％、三安光电 3.76％、隆基股份 3.63％、五粮液 3.50％、伊利股份 3.06％、白云机场 2.74％、东方雨虹 1.93％、大族激光 1.53％、中兴通讯 1.48％、中国太保 1.41％。

对比这两只基金的持仓,可以清楚地看到,多只股票同时出现在两者的持仓中,而新进的大笔资金,毫无疑问就成了推高股价的动力,也许并非有意,但是新发行的基金成了抬轿子的那一个。

序号	股票代码	股票名称	数量/股	公允价值/元	占基金资产净值比例/(%)
1	601318	中国平安	7,976,500	558,195,470.00	9.72
2	000858	五粮液	5,025,228	401,415,212.64	6.99
3	600887	伊利股份	11,653,676	375,131,830.44	6.54
4	601601	中国太保	8,624,566	357,229,523.72	6.22
5	000063	中兴通讯	7,182,422	261,152,863.92	4.55
6	601336	新华保险	3,563,796	250,178,479.20	4.36
7	601012	隆基股份	6,576,764	239,657,280.16	4.18
8	600048	保利地产	16,375,065	231,707,169.75	4.04
9	300308	中际旭创	3,844,253	224,143,800.50	3.90
10	600406	国电南瑞	12,204,399	223,096,413.72	3.89

兴全合润 2017 年第 4 季度的报告

序号	股票代码	股票名称	数量／股	公允价值／元	占基金资产净值比例/（%）
1	601318	中国平安	36,022,922	2,352,657,035.82	7.39
2	600703	三安光电	51,321,990	1,197,342,026.70	3.76
3	601012	隆基股份	33,751,320	1,156,657,736.40	3.63
4	000858	五 粮 液	16,775,629	1,113,230,740.44	3.50
5	600887	伊利股份	34,251,737	975,831,987.13	3.06
6	600004	白云机场	55,789,905	872,554,114.20	2.74
7	002271	东方雨虹	14,956,577	614,117,051.62	1.93
8	002008	大族激光	8,898,230	486,733,181.00	1.53
9	00763	中兴通讯	23,096,600	472,832,151.66	1.48
10	02601	中国太保	15,950,600	449,231,701.49	1.41

兴全合宜 2018 年第 1 季度的报告

　　另外一种情况是新发行基金的基金经理没有优异的过往业绩,直接发行某只新基金。当然这种情况比较少见,一般都会有在其他同业公司的过往业绩等作为背景,不过也有从研究员或者研究总监直接转任基金经理的情况。这种情况实际上对投资者更为不利,一个没有实际过往业绩或者只有研究经验而没有实际管理经验的基金经理,在面对巨额资金的时候,会出现什么样的结果,一切都是未知数。

　　除了刚刚说到的情况以外,还有一种特殊的基金行业现象——帮忙资金。由于基金行业的特殊性,为了让基金能顺利发行,会不可避免地找一些资金来垫底,做大相关发行的规模。当基金成立后又会撤离,这些都会极大地影响基金经理的管理,也会影响基金的业绩表现,这种现象在基金发行不佳的年份表现特别明显。例如,2019 年 1 月,鹏华优选回报混合基金发行,发行规模为 3.32 亿元,仅仅过了两个月,基金的总规模就降到了 3700 万元,一只基金发行规模居然有将近 90％都是来帮忙的,让真正购买该基金的投资者做何感想。

日期	期间申购 /亿份	期间赎回 /亿份	期末总份额 /亿份	期末净资产 /亿元	净资产变动率
2023-03-31	0.01	0.02	0.48	0.74	-5.43%
2022-12-31	0.01	0.10	0.50	0.78	-17.27%
2022-09-30	0.02	0.05	0.59	0.94	-18.08%
2022-06-30	0.02	0.05	0.62	1.15	4.03%
2022-03-31	0.15	0.05	0.66	1.10	0.03%
2021-12-31	0.30	0.25	0.56	1.10	10.52%
2021-09-30	0.40	0.56	0.51	1.00	-15.78%
2021-06-30	0.01	2.74	0.67	1.19	-77.18%
2021-03-31	0.14	0.02	3.40	5.19	-3.97%
2020-12-31	0.05	0.03	3.28	5.41	20.82%
2020-09-30	3.26	0.04	3.26	4.48	6979.79%
2020-06-30	0.01	0.04	0.05	0.06	-20.50%
2020-03-31	0.01	0.05	0.08	0.08	-41.50%
2019-12-31	0.00	0.04	0.13	0.14	-19.06%
2019-09-30	0.06	0.07	0.16	0.17	-3.32%
2019-06-30	0.01	0.20	0.17	0.17	-0.01%
2019-06-28	---	---		0.17	-53.09%
2019-03-31	0.00	2.96	0.36	0.37	-88.84%
2019-02-01	---	---	---	3.32	0.02%
2019-01-18	---	---	---	3.32	0.00%
2019-01-15	---	---	3.32	3.32	---

○ 份额/净资产规模变动详情

鹏华优选

此外，新发基金有 3 个月建仓期，大多数情况下为了基金发行顺利，新发基金会承诺少量建仓，所以，投资者可能会白白浪费 3 个月的时间。

看到这里，还想买新发的基金吗？

7. 为什么不赞成买最"便宜"的基金?

实际上基金的"价格"应该叫单位净值,它是用基金的总资产扣除总负债后的净资产除以份额总数得到的。这个数字的大小代表了基金内在价值的高低,数字越大说明每一份基金份额的含金量越高,反之则越低。因此,净值越低的基金,实际上就代表了基金所持有的股票越差。

在衡量基金的时候,单纯地用基金的净值来衡量,是不全面的,大家还要注意该基金的基金经理。因为是基金经理在管理这只基金的资产,而基金的净值实际上就是基金经理能力的代表和证明,或者说就是他的成绩单。如果基金的净值很低,说明这个基金经理的管理能力很差,不但不能赚钱,还会亏钱。

除此之外,净值很低的基金还有一个风险——清盘风险,大家可以把它和股市里的股票退市画等号。某只基金可能因为业绩一直很差,投资人要不断地赎回,导致基金的规模不断缩小。根据相关规定,如果基金的规模小于5000万元并且满足相关条件,就会被清盘。而清盘的时候需要处理掉所有的资产,向每位投资者分配现金,这个时候持有低净值基金的投资者就彻底没有翻盘的机会了。千万不要以为这是小概率事件,通常一年中被清盘的基金会超过100只,因此出现损失的投资者很多。

反过来,一只净值高的基金可以证明基金经理的能力出众,投资业绩非常好,因此买基金的时候一定要注意看基金经理的业绩表现,净值越低的基金越不能买,否极泰来的事情在基金行业实在是太少了。

至于低净值基金会凤凰涅槃吗?这个可能性很小,因为很可能投资者眼中的"凤凰"会因为火太大了,变成了"烧鸡"。

8. 什么时候该考虑卖掉基金？

经常会有人问,购买的基金应该什么时候卖掉？说实话,卖基金这件事真的很难衡量,因为每只基金的情况不同,市场行情也在不断地变化,想找到一个固定的方法确实很难。如果发生了以下描述的情况,卖掉这只基金是不会错的。

对于投资者来说,最需要关注的就是基金经理,一个优秀的基金经理几乎可以决定这只基金的命运,因此一只基金的基金经理的离职,实际上就决定了这只基金的命运。接下来看一个经典的案例。

华夏大盘精选作为到目前为止的业绩冠军,毫无疑问对其进行投资是非常赚钱的,从 2004 年 8 月成立到 2023 年 4 月的时间里,累计收益率达到了 3281.43%。这只基金最核心的人物——王亚伟,大家不妨看看在他的任期内与一些其他的基金经理的比较。

净值估算(23-04-21 15:00)	单位净值 (2023-04-20)	累计净值
--	**16.3560** -0.29%	**23.4440**
近1月: 2.53%	近3月: -2.67%	近6月: 4.38%
近1年: 3.20%	近3年: 37.35%	成立来: 3281.43%

基金类型:混合型-灵活 | 中高风险 基金规模: 41.12亿元（2023-03-31） 基金经理:陈伟彦
成 立 日: 2004-08-11　　　管 理 人: 华夏基金　　　基金评级: ★★★☆☆

王亚伟是 2005 年 12 月 31 日接手华夏大盘精选的,在他的任期内分成两个阶段:第一阶段是他和蒋征共同管理,时间为 143 天,其间收益率为 64.34％；第二阶段是他独自管理,时间是 5 年又 346 天,其间收益率为 680.19％。

起始期	截止期	基金经理	任职期间	任职回报 ⑦
2017-05-02	至今	陈伟彦	5年又355天	78.44%
2015-10-15	2017-05-01	佟巍 阳琨	1年又199天	11.16%
2015-09-01	2015-10-14	任竞辉 佟巍 阳琨	43天	5.43%
2015-02-27	2015-08-31	任竞辉 佟巍	185天	-7.42%
2014-07-18	2015-02-26	孙彬 任竞辉	223天	47.49%
2013-09-23	2014-07-17	孙彬	297天	-19.74%
2013-06-28	2013-09-22	程海泳	86天	5.40%
2012-05-04	2013-06-27	巩怀志	1年又54天	9.08%
2006-05-24	2012-05-03	王亚伟	5年又346天	680.19%
2005-12-31	2006-05-23	蒋征 王亚伟	143天	64.34%
2004-08-11	2005-12-30	蒋征	1年又141天	0.10%

○ 基金经理变动一览

不难发现,这只基金之所以能成为到目前为止所有 6000 多只基金里的第一名,大部分都是王亚伟的功劳,所以他的离职对这只基金是毁灭性的。这也就是笔者今天想告诉大家的核心秘密,当投资者发现明星基金经理离职时,就意味着这只基金业绩可能会出现较大的下滑,也就是卖出的时机。

对于普通的投资者来说,又怎样能预知某位基金经理可能会离职呢？其实这种变化有时候是有预兆的,虽然不是每次都有,但是当这个预兆出现的时候,投资者就需要警惕了。以下仍然以华夏大盘精选混合基金为例进行介绍。

这只基金在最初成立的时候,基金经理是蒋征,在他管理的 1 年多时间里基金勉强保本(业绩很差),而这只基金在 2005 年 12 月 31 日发布公告,增加了一名基金经理王亚伟,两人共同管理这只基金,之后过了不到 5 个月,蒋征就离职了。2013 年 9 月到 2014 年 7 月是孙彬在管理这只基金,同样也是业绩不佳,于是在 2014 年 7 月增加了另外一名基金经理任竞辉共同管理,几个月以后孙彬离职。而后任竞辉和佟巍共同管理了半年的时间,又加入了一位叫阳琨的基金经理,阳琨加入仅仅 1 个月左右,任竞辉就离职了。

这个信号表明,当管理一只基金的基金经理人数突然增加时,原有的基金经理就可能会离职。如果这只基金原有的基金经理是一个非常优秀的明星基金经理,当明星基金经理离职后,那么这只基金恐怕就凶多吉少了。

所以紧盯基金经理的人事变动,当明星基金经理离职的时候,也差不多就是投资者该卖出这只基金的时候了。

9. 只赚不赔的基金真的存在吗？

凡是做投资的人，都怕赔钱，如果有一种基金只赚不赔，那该是多么美好的一件事啊！可是这种基金真的存在吗？答案是曾经存在过。2010年中国证监会发布了《关于保本基金的指导意见》，为基金管理人申请募集保本基金提供了法律保障，明确了相关要求。从那以后保本基金就在中国证券市场出现了，可是因为市场没有那么差的预期，大家的兴趣都不高，所以初期并不火爆。直到2015年股市大跌以后，事情发生了转机，由于投资者出现了大量的亏损，他们的保本需求急剧升高，于是各个基金公司大量发行这款基金，高峰期这款基金规模达到了3000亿元以上。

保本基金为什么可以保本？实现基金的保本有两种方法。第一种方法是通过对冲策略来实现，一边买股票，一边用衍生工具来对冲风险，从而实现保本。第二种方法是固定比例投资组合保险策略(CPPI)。固定比例投资组合保险策略是根据投资组合价值水平的变化动态调整风险资产和无风险资产投资比例的策略，具体步骤如下所述。

①根据投资组合期末最低目标价值(基金的本金)和合理的折现率设定当前应持有的保本资产价值，即投资组合价值底线。

②计算投资组合现时净值超过价值底线的数额。该值通常称为安全垫，是风险投资(如股票投资)可承受的最高损失限额。

③按安全垫的一定倍数确定风险资产投资的比例，并将其余资产投资于保本资产(如债券投资)，从而在确保实现保本目标的同时，实现投

资组合的增值。

$$风险资产投资额 = 放大倍数 \times (投资组合现时净值 - 价值底线)$$
$$= 放大倍数 \times 安全垫$$

$$风险资产投资比例 = \frac{风险资产投资额}{基金净值} \times 100\%$$

如果安全垫不放大，将投资组合现时净值高于价值底线的资产完全用于风险资产投资，即使风险资产（股票）投资完全亏损，基金也能够实现到期保本。简单地说，就是先把大部分的资金拿去买安全系数很高的国债或者企业债券来赚取利息，然后保留一小部分资金（通常这部分资金应该等于或者略大于投资债券部分未来会获得的利息），也可以理解为拿收的利息去投资，就算亏损也只是亏掉利息，大部分的本金还在，因此实现保本。为了增强投资者的信心，还特别引入了第三方保证，也就是由某个实力雄厚的第三方机构作为保证方，如果出现亏损，将由这个机构来承担补偿责任。

以上就是保本基金的基本原理，可是为什么现在大家看不到保本基金？其原因有如下两个。

第一个原因是保本基金如此保守的作风，带来的必定是投资收益的低下，本虽然是保住了，可是收益太低。当市场一片大跌的时候，投资者会觉得保本基金很宝贵，都会把资金放到保本基金，一旦市场好转，对收益的渴望就会再次来临。2017年之后，市场逐渐稳定，部分基金开始表现出优秀的投资能力和盈利能力，相比之下，保本基金就差远了。

第二个原因是保本基金并没有都实现保本。如果大家仔细阅读，会发现前面有一个词——安全垫，它就是造成保本基金不保本的原因。当基金运作的时候，有些基金公司为了提高收益，会把安全垫的放大倍数选得过高，导致基金在股票类资产的投资比例相对偏大，也就是拿过多的资金来炒股。由于大多数保本基金是在2015年下半年到2016年之间发行的,此期间中国股市恰恰处于一种单边下跌的状态,虽然保本基金买得不是很多,但是也造成了较大的亏损,由此导致基金净值低于面值,无法实现保本。

特别是原本设计的保证策略,由第三方机构来承担这部分的亏损,造成了不少大型机构的亏损。再加上名字叫保本基金,却没能真的保本,投资者的怨气很大,于是导致保本基金被抛弃了。证监会2017年1月发布《关于避险策略基金的指导意见》,要求存续保本基金到期后,应调整基金名称、转换保本保障方式,保本基金将改名为避险策略基金,并完善了相关保障机制:一是取消连带责任担保机制,避免行业承担刚性兑付义务;二是规定符合条件的商业银行、保险公司可以担任避险策略基金的保障义务人,将为避险策略基金承担差额补足责任的金额和对外提供的担保资产规模合计限定为不得超过上一年度经审计的净资产的10倍。

按照最新的资产管理要求,金融机构开展资产管理业务时不得承诺保本保收益。出现兑付困难时,金融机构不得以任何形式垫资兑付。自资管新规发布之日起至2020年底,不得再发行或存续违反资管新规的资管产品,于是存量保本基金续期运作的路径也不行了。正因为这些原因,保本基金即使改名为避险策略基金后,也逐渐地在到期前后转型为普通的平衡型基金或者混合型基金,顺应了投资者的需求,也符合了监管规定。

虽然保本基金不再出现在中国的证券市场上,但是对于保守型投资者来说,保本基金曾经采用过的CPPI策略是可以学习的,熟练地运用这个策略,投资者也可以实现自己的投资只赚不赔。当然,前提是投资者能接受相对较低的投资回报。

10. 为什么基金经理都喜欢"押宝"？

每当基金公司公布年度或者季度业绩的时候,大家经常会看到排名靠前的基金。但奇怪的是,如果投资者购买这些基金后就会发现,实际的业绩可能没有预期的那么好,甚至从买进后就会发生亏损,这是怎么回事呢?

例如,2021 年上半年结束的时候,公布的基金数据就非常典型。截至 2021 年 6 月 30 日,主动权益基金整体收益率为 7.43%,其中 87.42%的布局 A 股的权益基金获得正收益,排名第一的是韩广哲管理的金鹰民族新兴混合,收益率为 53.15%,排名第二的是肖肖和陈金伟管理的宝盈优势产业,收益率为 52.17%,排名第三的是孔学兵管理的金信稳健策略,收益率为 47.44%。成绩最差的是东方周期优选,收益率为－17.90%,然后是方正富邦创新,收益率为－16.74%,倒数第三是大成智惠量化,收益率为－14.60%。

从排名前三的基金来看,有几个明显的特征。首先就是持仓,金鹰民族新兴混合的持仓特征非常鲜明,主要是新能源、医药和科技这三个行业,而这三个行业恰恰是 2021 年第 2 季度市场表现最好的三个板块,也就难怪业绩靠前了。同时大家查看这只基金过去一年的走势就会发现一个更有意思的现象,这只基金第 1 季度的业绩一般是负数,2020 年 12 月 31 日净值为 2.2880 元,而 2021 年 3 月 31 日的净值为 2.2870 元,也就是说这 50%多的收益完全来自 2021 年第 2 季度。再结合持仓的股票和板块在第 2 季度的表现,不难得出一个结论,押对宝了。

金鹰民族新兴混合 2021年第2季度股票投资明细　来源：天天基金　截止至：2021-06-30

序号	股票代码	股票名称	相关资讯	占净值比例	持股数（万股）	持仓市值（万元）
1	300274	阳光电源	股吧 行情	7.32%	25.15	2,893.76
2	601012	隆基绿能	股吧 行情	7.21%	32.07	2,848.74
3	002371	北方华创	股吧 行情	6.53%	9.30	2,579.63
4	688599	天合光能	股吧 行情	5.71%	79.55	2,255.11
5	002459	晶澳科技	股吧 行情	5.69%	45.89	2,248.61
6	300751	迈为股份	股吧 行情	5.25%	4.56	2,073.43
7	002709	天赐材料	股吧 行情	5.19%	19.25	2,051.77
8	603799	华友钴业	股吧 行情	4.99%	17.26	1,971.09
9	300122	智飞生物	股吧 行情	4.73%	10.01	1,869.17
10	300750	宁德时代	股吧 行情	3.52%	2.60	1,390.48

显示全部持仓明细>>

金鹰民族新兴混合 2021年第1季度股票投资明细　来源：天天基金　截止至：2021-03-31

序号	股票代码	股票名称	相关资讯	占净值比例	持股数（万股）	持仓市值（万元）
1	300750	宁德时代	股吧 行情	8.84%	3.06	985.84
2	603799	华友钴业	股吧 行情	8.74%	14.18	974.73
3	300122	智飞生物	股吧 行情	8.69%	5.62	969.39
4	000516	国际医学	股吧 行情	6.23%	50.33	695.56
5	300274	阳光电源	股吧 行情	6.23%	9.68	694.83
6	002709	天赐材料	股吧 行情	5.74%	7.84	639.82
7	002460	赣锋锂业	股吧 行情	5.70%	6.75	636.26
8	002810	山东赫达	股吧 行情	3.61%	6.28	402.74
9	300726	宏达电子	股吧 行情	3.07%	4.87	342.02
10	300363	博腾股份	股吧 行情	3.03%	6.40	337.98

再看宝盈优势产业收益是否具有同样的特性。不出所料，从第2季度的十大重仓股票来看，完全符合市场那段时间的主流行情特征，还是科技、科技、科技！

最后是金信稳健策略，这个就更有意思了，所有的持仓几乎都和芯片有关，而芯片股当时的表现大家应该都明白，第1季度下跌，第2季度大涨，几乎完美地契合了这只基金的表现，毫无疑问也是押对宝了。只是这只基金名字叫稳健策略，这种押宝的方式能否叫稳健值得商榷。

大家仔细回忆一下以前的冠军基金，会发现它们其实都有类似的特点——集中性押宝。从2019年刘格菘押宝科技包揽前三名，到2020年

宝盈优势产业混合A 2021年2季度股票投资明细　　来源：天天基金　截止至：2021-06-30

序号	股票代码	股票名称	相关资讯	占净值比例	持股数（万股）	持仓市值（万元）
1	002706	良信股份	股吧 行情	4.53%	210.69	4,749.05
2	601677	明泰铝业	股吧 行情	3.76%	202.04	3,949.88
3	000301	东方盛虹	股吧 行情	3.66%	183.73	3,839.96
4	300870	欧陆通	股吧 行情	3.59%	60.18	3,762.58
5	002724	海洋王	股吧 行情	3.57%	275.20	3,745.43
6	688002	睿创微纳	股吧 行情	3.55%	37.35	3,728.93
7	300587	天铁股份	股吧 行情	3.38%	157.99	3,546.88
8	600984	建设机械	股吧 行情	3.37%	330.57	3,540.40
9	301002	崧盛股份	股吧 行情	3.19%	40.86	3,346.12
10	688665	四方光电	股吧 行情	3.18%	24.52	3,337.89

显示全部持仓明细>>

宝盈优势产业混合A 2021年1季度股票投资明细　　来源：天天基金　截止至：2021-03-31

序号	股票代码	股票名称	相关资讯	占净值比例	持股数（万股）	持仓市值（万元）
1	002823	凯中精密	股吧 行情	7.55%	101.58	1,126.52
2	603639	海利尔	股吧 行情	5.21%	30.75	777.04
3	601677	明泰铝业	股吧 行情	4.96%	38.37	740.54
4	000786	北新建材	股吧 行情	4.66%	16.11	695.31
5	688002	睿创微纳	股吧 行情	4.58%	7.70	682.84
6	688665	四方光电	股吧 行情	4.44%	11.06	663.31
7	603008	喜临门	股吧 行情	4.34%	24.50	647.05
8	600984	建设机械	股吧 行情	4.15%	52.44	619.84
9	002402	和而泰	股吧 行情	4.11%	29.87	613.53
10	300587	天铁股份	股吧 行情	4.10%	36.12	611.51

赵诣复制了刘格菘的手法，押宝新能源，再到2021年上半年，这些基金用同样的手法，不出意外以后还会出现类似的手段。

为什么会出现这种情况？原因很简单，就是业绩排名。基金公司为了能做大发行规模，对基金经理的考核周期会越来越短，业绩好的基金经理可以发行新基金，这样就可以多拿管理费，个人可以获得较多的奖金，业绩不好的基金经理就离职。对一些基金经理特别是新人来说，没有那么多的时间让他们来慢慢打磨，他们只能冒险一试。

这些基金经理还有一个特点，就是管理基金的年限很短。例如，金鹰民族新兴混合的韩广哲，虽然2011年就已经加入银华基金且2012年

○ 金信稳健策略灵活配置混合 **2021年3季度股票投资明细**　　　来源：天天基金　截止至：2021-09-30

序号	股票代码	股票名称	相关资讯	占净值比例	持股数（万股）	持仓市值（万元）
1	300458	全志科技	股吧 行情	9.60%	247.60	17,950.78
2	600460	士兰微	股吧 行情	9.30%	304.50	17,383.90
3	603290	斯达半导	股吧 行情	8.28%	38.00	15,489.56
4	300327	中颖电子	股吧 行情	7.94%	237.98	14,847.57
5	688018	乐鑫科技	股吧 行情	7.72%	68.95	14,431.51
6	600171	上海贝岭	股吧 行情	6.77%	354.00	12,666.12
7	688536	思瑞浦	股吧 行情	6.31%	18.50	11,804.97
8	300474	景嘉微	股吧 行情	5.37%	80.56	10,034.55
9	002409	雅克科技	股吧 行情	4.37%	107.05	8,174.34
10	600641	万业企业	股吧 行情	4.30%	298.78	8,037.10

显示全部持仓明细>>

○ 金信稳健策略灵活配置混合 **2021年2季度股票投资明细**　　　来源：天天基金　截止至：2021-06-30

序号	股票代码	股票名称	相关资讯	占净值比例	持股数（万股）	持仓市值（万元）
1	300327	中颖电子	股吧 行情	9.42%	131.03	11,167.30
2	300458	全志科技	股吧 行情	9.00%	121.82	10,678.35
3	300496	中科创达	股吧 行情	8.40%	63.40	9,958.30
4	300782	卓胜微	股吧 行情	7.53%	16.61	8,926.21
5	600460	士兰微	股吧 行情	7.39%	155.55	8,765.37
6	688699	明微电子	股吧 行情	6.83%	28.41	8,105.54
7	688018	乐鑫科技	股吧 行情	5.95%	30.23	7,056.26
8	603290	斯达半导	股吧 行情	5.67%	21.01	6,723.49
9	300671	富满微	股吧 行情	4.56%	41.09	5,408.43
10	002409	雅克科技	股吧 行情	4.04%	59.10	4,787.09

就开始管理银华消费主题，但仅仅做了 1 年的基金经理就离职了。后期加入金鹰基金也是在 2019 年才开始管理几只基金，管理年限全部加一起也只有 3 年多，只能说是一位新人。管理宝盈优势产业的肖肖和陈金伟也差不多，肖肖的管理年限不足 5 年，而陈金伟更是纯新人，到 2021 年中期获得第二名的时候其管理年限不到 1 年，众多的新人想出头除了押宝没有更好的办法。

押宝失败之后会发生什么呢？2021 年上半年倒数第一的东方周期优选，第 2 季度换了一位新的基金经理。之前的基金经理是薛子徵，薛子徵的手段也是押宝！只不过他的运气不太好，他押的是银行、保险、地产。而这些股票最近几年的表现都不怎么样,也就难怪基金的业绩不太好了(从 2020 年到 2021 年上半年都是倒数第一)。

2021 年上半年的业绩冠军出来之后,很多人都会有一个想法:是不是应该买这些冠军基金经理新发行的基金呢?笔者曾经说过同一个基金经理管理的基金,在新基金发行完成之后需要建仓,而由于选股逻辑和对这些股票的偏好是完全没有发生变化的,那么作为一位基金经理来说,他们要做的也很简单,就是继续买进之前的基金所持重仓持有的股票,而一旦这么操作,后果又会是怎样呢?简单地说,就是新发行的基金为老基金抬轿子,老基金可以享受到新资金入场抬高股价赚取的利润,而新基金就只能当炮灰,如果可以选择的话,买同一个基金经理管理的老基金是优于买新发行的基金的。例如,2019 年冠军刘格菘在 2020 年 3 月 18 日发行了广发小盘成长混合,这只基金和刘格菘管理的广发双擎升级在前 10 大重仓股中有 8 个是完全重合的。同期广发双擎升级净值增长了 61.14%,而广发小盘成长混合增长了 55.5%,这就是差距。

追买这些已经获得良好成绩的明星基金经理的老产品是否合适?其实不太合适。例如,冠军广发双擎升级混合在 2021 年上半年的表现就很一般,在同期 4360 只同类型基金中排第 1482 位。2020 年的冠军农银新能源略好一点,2021 年上半年的盈利是 24.08%,在同期的 4360 只同类型基金中排第 163 位。所以投资者的期望不要过高,毕竟最优秀的基金经理长期盈利水平只有 20% 左右,这些冠军基金的业绩是不可能长期复制的。

如果一定想追买那几只业绩好的基金,会产生什么结果?假设分别在 2021 年 7 月 1 日买入金鹰民族新兴混合、宝盈优势产业、金信稳健策略各 10000 元,到 2022 年 12 月 31 日,持有金鹰民族新兴混合会亏损 1946.78 元,年化收益率为 -13.43%,实际损失了 19.47%;持有宝盈优势产业会亏损 132.39 元,年化收益率为 -0.88%,实际损失了 1.32%;

开放式基金收益计算器

请在下列输入框中填写数字，* 项为必填项

*选择开放式基金： 001298

*开始持有日期： 2021-07-01

结束持有日期： 2022-12-31

*申购金额： 10000 元

申购费率： %

赎回费率： %

*分红方式： ○现金分红 ◉红利再投

计算　清除

计算结果： **金鹰民族新兴混合**

持有天数： 548 天

赎回总金额： 8,053.23 元

期间总收益金额： -1,946.78 元

期间收益率： -19.47 %

年化收益率： -13.43 %

注：计算结果仅供参考，交易费率采用外扣法计算，不填写默认为0%

开放式基金收益计算器

请在下列输入框中填写数字，* 项为必填项

*选择开放式基金： 001487

*开始持有日期： 2021-07-01

结束持有日期： 2022-12-31

*申购金额： 10000 元

申购费率： %

赎回费率： %

*分红方式： ○现金分红 ◉红利再投

计算　清除

计算结果： **宝盈优势产业**

持有天数： 548 天

赎回总金额： 9,867.61 元

期间总收益金额： -132.39 元

期间收益率： -1.32 %

年化收益率： -0.88 %

注：计算结果仅供参考，交易费率采用外扣法计算，不填写默认为0%

持有金信稳健策略会损失 2822.58 元,年化收益率为-19.82%,实际损失了 28.23%。

买押宝的基金,基本上都发生了严重的亏损。

11. 同样的主题基金为什么差距这么大？

2021 年 5 月到 8 月，军工指数出现了大幅度的上涨，在这 3 个月内指数从 10000 点左右上涨到 13900 点左右，涨幅接近 40%。由于相关股票的大涨，军工主题基金在这 3 个月内表现得非常好，当时和军工有关的主题基金共 29 只，在这 3 个月的时间内净值涨幅最高的接近 55%，最低的也接近 30%，而超越指数涨幅的有 16 只！

军工主题基金为什么会表现得这么好？大家可以查看一下中证军工指数的权重情况，航发动力、中航光电、中航西飞、中航沈飞、中国重工、振华科技、光启技术、高德红外、航天发展、中航高科是前十大权重公司，而这些公司在 2021 年 5 月至 8 月这 3 个月内几乎所有的股票都是大涨，所以指数的上涨也就一点都不稀奇了。

按照惯例，每当某些基金大涨的时候，就会有大量的资金流入追涨，这也是很多普通投资者的习惯。例如，当时在军工主题基金中排名第一的中邮军民融合灵活配置混合，在 2021 年第 1 季度末只有 1.44 亿份，而在第 2 季度中申购量就达到了 1.35 亿份；还有华夏产业升级混合，在 2021 年第 1 季度末只有 1.55 亿份，而第 2 季度申购量达到了 1.82 亿份；总规模较大的易方达国防军工混合，截至 2021 年第 2 季度末达到了 142.89 亿元，这只基金在第 1 季度末只有 85.36 亿份，第 2 季度申购量达到了 36.35 亿份。可是同样都是军工主题基金，却有一只很特殊的基金，不但份额没有增加，反而减少了，这就是军工 ETF。

例如，国泰中证军工 2021 年第 1 季度末份额 118.99 亿份，第 2 季度末份额 114.10 亿份,减少了 4.89 亿份;富国中证军工龙头 2021 年第 1 季度末份额 79.81 亿份,第 2 季度末份额 69.82 亿份,减少了近 10 亿份。为什么会发生这种情况呢?原因也不复杂,大家看一看这些公司的持有人就明白了,这些 ETF 的持有人都是以机构为主,最为典型的是富国中证军工龙头,这只基金的所有份额中有 75% 以上都是由机构持有,只有不足 25% 是个人持有,他们的行为代表的是机构特征,而普通的开放式主题基金主要是个人持有,他们的持有人和规模变化情况代表的是散户特征。

机构为什么要减持这些基金呢?原因主要有以下两点:其一是 ETF 的交易是由市场价格决定的,而净值的多少是由基金持有股票的涨跌决定的,因此就不可避免地出现两种价格之间的差值。价格高于净值称作溢价,价格低于净值称作折价。军工股票上涨较快势必会造成部分短线资金涌入,使基金市场价格快速上涨,当市场价格超过净值一定比例的时候,根据 ETF 的交易规则,机构的套利机会就出现了。机构除了可以直接卖出基金份额套现之外,还可以通过买入相关股票转换成基金份额再抛售的方式实现套利。这些专业机构清楚地知道一定会有其他机构这样做,基金总是不断抛售,对应的价格一定涨不起来,所以最简单的办法就是减仓来保全利润。其二是机构和散户最大的不同,相比普通散户,机构更了解行业的特性。军工行业最大的特性就是市场价格与公司实际经营情况的背离。大多数投资者想法很单纯,觉得军工行业利润高而且未来有很大的发展,当然也有不少投资者是出于家国情怀而买入军工行业的股票或基金。可是军工行业非常特殊,不太可能有较快速的增长,例如,中证军工指数中权重第一的航发动力,从 2013 年到 2021 年净利润仅从约 8 亿元增长到 11 亿元,净利润年增长幅度只有个位数,营业收入增长则更慢,航发动力在 2013 年已经有 258 亿元,到 2020 年却只有 286 亿元,增长极为缓慢。其中的道理也很简单,军工企业产品都是销售给国家,军工企业的销售额不能通过自身来提升,只能由国家的订单决定。因为是销售给国家,所以价格是由国家定的,导致利润较低(净利率低于5%)。既然销售额和利润率都无法大幅度提升,也就谈不上成长性了,所以军工股的上涨基本上就是一种情怀的推动,完全和价值无关。

想明白这个道理,自然就能理解为什么机构会趁基金大幅度上涨的时候,反向减持ETF了吧。作为投资者来说,在进行主题基金投资的时候,除了考虑市场热点和资金流向之外,还应该多考虑行业特性和交易规则,否则很容易吃亏。

12. 买基金最容易犯的错有哪些？

买基金已经是很常见的投资理财方式。别看那么多人买基金，其实大多数人对基金的一些基本知识其实是一知半解的，甚至是银行、证券公司等基金销售机构的工作人员，对于基金的认知也同样有相当大的误区。

误区一：大包大揽的宣传资料

大家买基金的时候一定看过一些宣传画或彩页，客户经理也一定告诉过投资者某基金过往业绩有多么厉害，专家理财还有什么不放心的呢？事实上，在官方文件和宣传资料中，投资者是找不到专家这两个字的，能找到的是专业这两个字。别看这一字之差，代表的意义还是有很大差别的。专家指在学术、技艺等方面有专门技能或专业知识全面的人、特别精通某学科或某项技艺的有较高造诣的专业人士。专业是专门从事某种学业或职业的意思，也就是说只要是从事某方面工作的人，都可以称作专业，但是只有技艺很高深的人才会被人们称为专家。

在中国证券监督管理委员会颁布的《证券投资基金销售管理办法》〔第 20 号令〕第三章第十九条中明确规定：

基金宣传推介材料必须真实、准确，与基金合同、基金招募说明书相符，不得有下列情形：

（一）虚假记载、误导性陈述或者重大遗漏；

（二）预测该基金的证券投资业绩；

（三）违规承诺收益或者承担损失；

（四）诋毁其他基金管理人、基金托管人或基金代销机构，或者其他基金管理人募集或管理的基金；

（五）夸大或者片面宣传基金，违规使用安全、保证、承诺、保险、避险、有保障、高收益、无风险等可能使投资人认为没有风险的词语；

（六）登载单位或者个人的推荐性文字；

（七）中国证监会规定禁止的其他情形。

认真阅读以上规定，客户经理在向投资者推销基金时，是否经常会有意无意地触碰到以上的条款？特别是第（二）款、第（三）款、第（五）款、第（六）款。

误区二：听信推荐

当投资者走进银行或者证券公司向客户经理询问关于基金的问题的时候，投资者有可能已经跳进了一个巨大的陷阱，因为客户经理向投资者推荐的基金基本上是在大厅内摆放宣传资料的那只基金，怎么会这么巧呢？当投资者想去买基金的时候，刚好有一只基金特别适合，简直就像为投资者量身打造一般，而且管理这只基金的还是业内有较高知名度的基金经理，过往业绩非常优秀。往往大多数时候，这种基金还特别抢手，甚至投资者询问时恰好是这只基金最后几天的销售期，再犹豫就买不到了。

也有不少人会发现，在网上购买基金的时候推介给投资者的基金的各种图表数据都非常好，而且还有手续费的优惠，有的时候甚至还会显示认购倒计时，让投资者不得不立刻下单。

基金是一种特殊的金融产品，同一只基金并不一定适合每一个人，因此给不同的人推销同一只基金产品大概率是错误的，这就好比一个人去医院看病，如果医生给每个人都开六味地黄丸，你觉得合适吗？所以凡是同一时间段内去买基金的人都适合同一只基金，肯定有问题，那么问题出在哪里呢？

道理其实很简单,每位客户经理都会有领导给他们下达销售任务,单位的领导还有总部下达的销售任务,层层加码。每当有销售任务下达时,客户经理一定会给每一位向他们咨询的客户推荐当时正在发行的那只基金,否则怎么完成销售任务呢?所以请相信,客户经理给投资者推荐的基金,不一定适合每一位投资者。

误区三:买爆款

大家经常会看到一些所谓的爆款基金,这种基金往往在进入销售期之前会在媒体和销售机构做较长时间的预热,向广大投资者推介某明星基金经理要发行的某只新基金。这种爆款基金在完成发行之后不仅认购总规模很大,而且大多数时候甚至还会按比例配售。

2018年曾经发行的一只叫兴全合宜混合的基金,火爆到要按比例配售,可是这只基金发行结束后净值就一直下跌,9个月之后跌到0.8289元,1年以后,净值才勉强回到1元,同期的其他基金业绩比它好得多,这就是爆款基金的悲剧。2023年初,这只基金的规模从最初的327亿元下降到178亿元,5年内净值增长只有50%左右。而同一时间段内由同一位基金经理管理的另一只基金兴全合润混合的收益率却接近80%,两者差距非常明显。

误区四:抄底

也许是炒股养成的习惯,不少基金投资者在某些知名基金净值出现下跌的时候,特别喜欢买便宜的基金抄底。例如,葛兰管理的中欧医疗健康,从中欧医疗健康A的规模变动情况中,可以很清楚地看到在基金发行的前几年规模变化并不大,发行完成2年后总资产也才10亿元左右。

这只基金净值增长最快的阶段是在2018年年底到2021年年中,在这个过程中基金份额也出现了较大的增长,从不足10亿份增加到了60亿份左右。但是真正惊人的是当2021年7月基金净值达到历史最高点

○ 份额/净资产规模变动详情

日期	期间申购（亿份）	期间赎回（亿份）	期末总份额（亿份）	期末净资产（亿元）	净资产变动率
2023-03-31	8.89	11.54	123.17	279.65	-5.99%
2022-12-31	10.32	9.79	125.82	297.46	6.61%
2022-09-30	20.38	12.21	125.29	279.02	-14.37%
2022-06-30	14.06	13.10	117.12	325.86	5.76%
2022-03-31	26.97	21.31	116.16	308.12	-9.51%
2021-12-31	40.52	15.11	110.50	340.52	8.91%
2021-09-30	54.55	31.78	85.09	312.68	19.07%
2021-06-30	31.02	26.62	62.31	262.60	34.63%
2021-03-31	53.22	24.93	57.91	195.06	91.09%
2020-12-31	14.98	13.43	29.62	102.08	24.91%
2020-09-30	26.31	25.85	28.07	81.72	1.90%
2020-06-30	23.29	8.91	27.61	80.20	202.84%
2020-03-31	10.91	9.39	13.23	26.48	30.55%
2019-12-31	9.65	4.99	11.70	20.28	75.95%
2019-09-30	3.40	4.68	7.04	11.53	-3.34%
2019-06-30	4.25	4.19	8.32	11.93	7.81%
2019-03-31	3.69	4.66	8.26	11.06	21.10%
2018-12-31	4.49	2.69	9.24	9.14	-2.49%
2018-09-30	3.78	6.89	7.43	9.37	-39.01%
2018-06-30	7.80	6.19	10.54	15.36	26.03%
2018-03-31	8.75	4.94	8.93	12.19	92.14%
2017-12-31	5.23	1.40	5.12	6.34	357.52%
2017-09-30	0.60	1.04	1.28	1.39	-26.62%
2017-06-30	0.92	0.67	1.72	1.89	27.29%
2017-03-31	0.05	0.10	1.48	1.48	4.80%
2016-12-31	0.03	0.13	1.53	1.42	-13.16%
2016-09-30	---	---	---	1.63	0.00%
2016-09-29	---	---	1.63	---	

中欧医疗健康 A 的规模变动

之后开始大幅度下降，不足 1 年时间下跌幅度接近 50％。整个下跌过程中有大量的投资者蜂拥而至，试图抄底，不到 1 年的时间内基金份额竟然翻倍了！葛兰管理的基金在过去的几年中业绩确实很好，给投资者创造了几十亿元的利润。但让人难以接受的是，由于管理规模的不断增加，再加上下跌幅度的加大，她给投资者造成了数百亿元的亏损，她到底是为投资者创造最多收益的基金经理，还是毁灭投资者财富最多的基金经理呢？

基金和股票不同,净值的下跌代表基金管理人的能力出现了问题,千万不要随意抄底,否则只会越陷越深。

误区五:喜欢买主题基金

主题基金是基金投资者较喜欢的品种,历史上主题基金也曾经多次出现在阶段涨幅榜的前列,但同时主题基金也是给基金投资者制造最大亏损的基金类别之一,这中间的问题出现在哪里呢?

其实道理非常简单,我们首先要知道主题基金是怎么来的。通常情况下,当市场上出现了某个热门的概念,有一部分股票因此出现了连续的大涨,受到了机构和散户的追捧时,基金公司也会同步推出相对应的主题基金。基金公司发行产品的目的是能卖出去,大家都愿意认购,这样它们就能收到管理费了,所以一定是什么热门卖什么。

虽然看上去没什么问题,但从概念形成到大家认可,再到基金公司开始对相关产品进行设计、研究,再拿出完整的方案,然后送到监管部门进行审批同意,最后进入发行,这一系列的流程通常需要几个月的时间,所以很可能当基金公司推出某主题基金的时候,相关的概念股在市场上已经火了好几个月,股价已经涨得很高了。当这些主题基金募集完毕,开始入场的时候,股票可能已经达到了最高价,这种情况下投资者大概率会成为接盘侠了。所以,新发行的主题基金风险比一般的产品要高得多。

后记

我唯一一份做得时间比较长的工作实际上是以公益身份参与电视台财经节目的制作,从 2008 年协助湖北卫视《天生我财》节目制作到 2017 年因病退出,差不多十年的时间。如果算上 2000 年加入证券公司,以嘉宾身份参与湖北卫视《谈股论市》的节目录制和湖北电视台都市频道《元富财经》的节目录制,前后长达十八年,单是在电视直播的时长就超过 1500 个小时。

在漫长的电视节目制作生涯中,我感到庆幸的是,从 2014 年开始以媒体观察员的身份参与上海证券交易所和深圳证券交易所组织的"中小投资者走进上市公司"活动。那段日子非常忙碌,每个月要出差两次,每次 3～5 天,在采访归来后还要利用下一次出差的间隙把节目制作出来。从 2014 年第一次跟深圳证券交易所走访格林美开始,逐渐形成了一种模式:每到一家公司除了参与调研和走访外,还要与上市公司的创始人、董事长、总经理、董秘等做面对面的专访交流。通过和这些行业精英的交流,我学到了很多书本上没有的知识。

对我产生巨大影响的行业精英有如下几位。第一位是雅戈尔的创始人李如成,他让我见识到了做人需要谦虚和低调,还教会了我做投资应该看人而不是看风口。第二位是九牧王的老板林聪颖,他的那句"公司赚钱了给股东分红难道不是天经地义的事情吗?"让我至今都牢牢记得。第三位是时任方大特钢董事长的钟崇武,他教会了我持续高分红的企业是不可能做假账的。第四位是天孚通信的董事长邹支农,他教会了我诚实守信经营,不搞投机取巧一样可以成功……

当然,我也见过很多反面案例。正是通过和这些行业精英的交流,我学到了很多知识,并且形成了自己的投资风格。2017年因病退出《天生我财》后,应广东股市广播的邀请,一方面参与电台节目制作,另一方面偶尔参加它们组织的走访上市公司的活动。

从2014年到2019年这5年时间里,我在全国范围内走访了将近100家上市公司,行程数万公里,光差旅费就花了近50万元。这是迄今为止我觉得花得最值得的一笔钱,实在是获益匪浅。2020年,因为疫情的到来,一切都停下来了。

疫情初期,武汉成为全世界瞩目的焦点。而我恰好身在武汉,又很不幸染病,那段时间活命成了我唯一的念想。我的运气很好,虽然身染重症,却得到了一张床位,更是幸运地成为入住火神山医院的第一批病患。在医院的那段日子里,我目睹了那些伟大的白衣战士冒着生命危险治病救人,他们根本没有想过自己的安危。在住院二十多天之后,我顺利康复出院。

我怀有感恩之心,并开始在今日头条上把自己这么多年的所见所闻以及经验记录下来,分享给大家。真诚而不求回报的分享,获得了大家的认可,粉丝也越来越多。2023年5月,我已经获得今日头条的30多万粉丝和抖音的50多万粉丝。

随着时间的推移和写作数量的增加,我逐渐意识到碎片化写作的缺点(查找重要信息和资料的难度太大了),很多粉丝都反映找不到以前的某一篇文章。我这才萌生了将历年文章整理并正式出版的想法,于是就有了大家现在看到的这本书——《看好你的钱袋子——投资理财避坑问答》。

这本书里写的内容都是多年来我在工作实践中的所见、所闻、所想,可能会存在一定的片面性,敬请读者谅解。考虑到自己在理论方面的不足,因此特别邀请了中国地质大学(武汉)经管学院副教授徐翔女士与我共同撰写本书,希望能为广大读者提供帮助。

在此特别感谢曾经走访过的上市公司的行业精英,从他们身上学到的知识使我终身受用;感谢那些冒着生命危险来武汉救援的援鄂医疗队队员们,没有他们的冒死逆行,我和很多重病患者可能已经不在人世;感谢诸多粉丝的鼓励和支持,否则我没信心写出来这本书;感谢梁甜,没有她的提议就没有撰写这本书的动机;感谢华中科技大学出版社的各位朋友,是你们最终让这本书面世。

最后要感谢的是我的女儿万雨珈,她为我们题写了书名,这是对她的鼓励,也是对我们的祝福。

万春晖

2023 年 5 月